군상담 이론과 실제

오은경 고혜인 임려원 김은경 신수진 이지은 김미소 이지연
박미영 박성림 정현주 김인숙 신말숙 노성현 조정미 공저

MILITARY COUNSELING

양성원

Preface

군 상담은 독립된 전문 영역임에도 불구하고, 여전히 충분히 조명되지 못한 분야다. 상담현장에서 군 장병을 만나는 일은 드물지 않지만, 정작 군대라는 특수한 환경을 이해하지 못한 채 상담이 이루어지는 경우가 많다. 군대는 단순한 공간적 배경이 아니라, 상담의 방식과 관계, 태도 전반에 영향을 주는 심리적·문화적 맥락이다. 따라서 군 상담은 일반 상담과는 다른 고유의 언어와 정서, 지형을 갖는다.

최근 병영문화는 급격히 변화하고 있다. Z세대가 주축이 된 현재의 군 조직에서는 위계보다는 소통, 명령보다는 심리적 안전이 더욱 중요한 요소로 떠오르고 있으며, 이에 따라 군 상담의 역할도 확대되고 있다. 정신건강 고위험군 개입, 갈등 조정, 진로와 전역 후 삶에 대한 조력 등 군 상담자는 개인과 조직을 연결하는 핵심 역할을 수행해야 한다.

그러나 지금까지 군 상담 현장에서 활용할 수 있는 실제적이고 체계적인 자료는 부족했다. 조직 특수성과 병영 내 문화, 장병들의 발달적·문화적 특성을 고려한 개입서는 거의 없는 실정이었다. 이 책『군 상담 이론과 실제』는 이러한 현실을 반영하여, 상담자가 현장에서 바로 활용할 수 있도록 이론과 전략, 실제 사례를 중심으로 구성되었다.

책은 군 상담의 핵심 영역을 중심으로 각 장을 체계적으로 구성하였다. 1장에서는 군 조직과 병영문화에 대한 이해를 바탕으로 상담의 기본적 맥락을 정리하였고, 2장에서는 군 상담의 전반적 흐름과 실제를 조망했다. 이어 3장부터는 개인상담, 집단상담, 위기상담 등 주요 상담 영역을 실제 사례와 함께 다루며, 장병의 심리적 요구에 구체적으로 반응하는 방식을 소개한다.

6장 이후에는 코칭기법, 심리검사, 성 관련 상담, 중독, 가족, 다문화, 전역 및 진로, 상담자의 자기돌봄과 윤리까지, 군 상담자가 마주할 수 있는 다양한 실제 상황을 다루었다. 이는 단순한 이론 소개를 넘어, 실제 상담 장면에서 들리는 장병의 언어를 담기 위한 진심 어린 노력이기도 하다.

이 책은 '상담자의 성장을 돕는 책'이라는 원칙 아래 집필되었다. 군 상담자는 병영 조직 내 중간자적 위치에서 외로움과 책임 사이를 오가며 일하게 된다. 반복되는 위기 개입, 윤리적 딜레마는 소진을 유발할 수 있으며, 마지막 장에서는 이러한 상담자의 현실과 자기돌봄의 중요성을 정면으로 다뤘다.

군 상담은 더 이상 보조적 영역이 아니다. 장병 개인의 회복은 병영의 건강성으로, 더 나아가 사회의 안전으로 연결된다. 이 책이 군 상담을 처음 시작하는 상담자에게는 든든한 첫걸음이, 현장에서 활동 중인 상담자에게는 다시 방향을 점검하고 성찰하는 계기가 되기를 바란다.

마지막으로 이 책을 함께 만들어 주신 저자 한 분 한 분께 깊이 감사드린다. 박성림(1장), 조정미(2장), 김인숙(3장), 김미소(4장), 신수진(5장), 이지은(6장), 오은경(7장), 고혜인(8장), 노성현(9장), 이지연(10장), 박미영(11장), 신말숙(12장), 정현주(13장), 김은경(14장) 선생님의 헌신과 노력 없이는 이 책이 빛을 볼 수 없었을 것이다. 전체의 방향을 함께 고민하고 흐름을 하나로 엮어 낸 임려원 박사님의 따뜻한 조율 또한 이 여정에 든든한 중심이 되어 주었다. 이 책이 앞으로 군 상담의 이론과 실천을 연결하는 튼튼한 징검다리가 되기를 소망한다.

※ 본 교재에서는 독자의 이해를 돕기 위해 다음과 같이 용어를 통일하여 사용한다. 육군, 해군, 해병대, 공군 등 각 군에서는 병사를 지칭하는 명칭이 서로 다르나, 본 교재에서는 '병사'와 '장병'이라는 용어를 혼용하여 사용한다. 또한 군 조직 내에서는 상담 담당자를 '상담관'이라 부르지만, 일반 상담 분야에서 널리 통용되는 '상담자'라는 용어를 사용함으로써 일관성을 유지하고자 한다. 아울러 본문에 수록된 사례는 실제 상담 경험을 바탕으로 각색한 것으로, 등장인물의 이름과 상황은 모두 임의로 구성되었음을 밝힌다.

2025년 7월

저자 일동

Contents

Part 02 군 상담의 실제와 적용

chapter 08 군 심리검사 / 151

Part 03 특수영역 상담과 상담자의 성장

chapter 09 성폭력 및 성문제 상담 / 173

chapter 10 중독 상담 / 191

chapter 11 군 가족상담 / 213

01

군 상담의 기초와 이해

chapter

01 군 조직과 병영문화의 이해

1. 군 조직의 구조

1) 군 조직의 기본 구조

군 조직은 일반 사회 조직과 달리, 군사적 위협과 침략으로부터 국가를 방위하기 위해 강력한 명령 수행 체계를 바탕으로 통제되고 움직이는 집단이다. 구성원들은 전쟁의 위기 상황이나 유사시 생명을 담보로 임무를 수행해야 하므로, 상관의 지시에 복종하는 엄격한 위계 구조가 필수적이다. 이처럼 군 조직 내에서는 개인의 다양성보다 집단주의적 관계가 우선시되며, 국가 방위와 조직 임무 수행을 위해 획일적인 가치관이 요구된다. 또한 병사, 부사관, 장교, 장성으로 이어지는 계급 체계는 군 조직의 특성상 매우 엄격하게 유지된다. 이는 유사시 신속하고 효율적인 의사결정과 명령 전달을 가능하게 하며, 각 구성원에게는 계급과 직책에 따라 명확한 권한과 책임이 부여된다. 위계질서 속에서의 절대적인 복종은 곧 생존과 임무 완수를 위한 핵심 조건으로 작용한다.

2) 직업군으로서의 군 특성

군은 특수한 사명과 위계적 조직 구조를 가지며 인적 자원 관리, 리더십, 조직 문화가 매우 중요하게 작용한다. 군인은 자신의 생명을 걸고 국민과 국가를 보호하기 위한 특수 직업군이라고 할 수 있다. 상관과 부하 관계가 매우 일반적인 관계 형태로 각자 고유의 임무를 위한 상시 대기와 전시를 대비한 각종 훈련, 조직 우선의 가치관, 개인의 시간과 공간 제한 등 특수한 직업윤리가 요구된다. 이러한 특성은 일반 직업인들과는 다른 직무 정체성, 직업 사명감을 형성하게 한다.

군은 함께 임무를 수행하는 조직이기에 구성원의 사기 진작을 위한 안정적인 관계가 매우 중요시되며 일반 사회 조직과는 다른 효율적 인적 관리가 필요하다. 특히, 고립된 조직 환경과 위계성, 집단생활, 무력 사용이라는 임무 특성으로 인해 다른 공공 분야에 비해 인권 침해 발생 가능성이 높다. 그러므로 어느 조직보다 인권 감수성 함양이 필요하며 군 인권에 대한 위상 정립을 위해 별도의 인권 교육을 비롯하여 각종 사건 사고 예방을 위한 지속적인 교육과 관심이 요구된다. 또한 각 군에서는 다양한 병과/특기에 해당하는 간부 양성에 상당한 비용과 시간이 소요되기에 조직 적응력 및 업무 수행 능력을 향상하고 이직 의도를 낮추기 위한 다양한 복지 지원 제도를 마련하고 있으며 무엇보다 정신건강 문제 해결을 위한 군 내부 및 민간 지원 체계를 확대하고 있다.

3) 계층성과 명령체계의 심리적 영향

군 조직의 계층성과 명확한 명령체계는 구성원 간 의사소통을 경직시키고 심리적으로 다양한 영향을 준다. 상급자의 말과 태도는 하급자에게 강한 정서적 영향을 미치며, 권위적인 소통은 과정보다 결과 중심의 분위기를 만들고, 하급자의 의견이 무시될 경우 갈등을 유발한다. 공감과 피드백이 부족한 소통은 비판적 의견 제시의 어려움, 위축 반응, 권위에 대한 과잉 반응 등으로 이어지며, 자기표현 억제와 관계의 경직성은 특히 병사와 초급 간부의 부적응에 큰 영향을 준다.

이로 인해 정신적 스트레스를 겪는 구성원은 상담이나 진료가 필요함에도 불이익에 대한 두려움으로 이를 회피하기도 한다. 간부의 경우 진급이나 평판에 대한 우려로 민간 진료를 선호하며, 초급 간부는 진료 여건 부족과 스트레스 누적으로 조기 전역이나 진로 전환을 선택하기도 한다. 군 가족 역시 위계적 구조의 영향을 받아

비교의식, 차별감, 상대적 박탈감 등 독특한 스트레스를 경험할 수 있다. 이처럼 계층적 구조는 구성원과 그 가족에게 직간접적으로 심리적 영향을 미치며, 다양한 적응의 어려움을 초래할 수 있다.

4) 조직 구조로 인한 정서적 문제

군 조직의 강한 위계와 명령 체계는 병사들의 정서와 심리에 큰 영향을 미친다. 병사에게 군은 처음 겪는 '완전 통제 시스템'으로, 권위에 대한 감정, 지시에 대한 반응, 계급에 따른 거리감 등이 정서적 불안정 또는 혼란을 유발한다. 자대 전입 초기에는 선임과의 관계에 대한 불안, 작은 실수로 인한 지적과 낙인에 대한 두려움을 호소하는 경우가 많다. 또한 다수와의 공동생활, 수직적 관계에서 오는 대인관계 어려움은 소외감, 외로움, 대인기피, 두려움, 혐오감 등 부정적 정서를 유발할 수 있다.

군 생활 자체가 우울감이나 긴장, 공포로 느껴지며, 병사는 자신의 특성이 존중받지 못한 채 다수에 맞춰야 한다는 압박을 받는다. 이로 인해 자신을 무능하게 여기거나 극심한 스트레스 속에서 삶에 대한 희망을 잃는 위기 상황에 노출되기도 한다. 하지만 병사들은 간부에게 정서적 문제를 쉽게 털어놓지 못하므로, 상담자는 병사의 말 이면에 있는 구조적 압박과 정서적 신호를 민감하게 파악할 필요가 있다(전종희, 2023).

5) 군 상담의 시사점

군 조직은 급변하는 사회, 안보 환경과 구성원의 가치관 변화에 맞춰 효율적인 조직 관리 방법을 적용해야 하며, 일반 사회 조직과 차별화된 인적 관리 방안을 찾아야 한다. 군 조직의 특성과 그로 인해 발생하는 장병들의 심리적, 정서적 어려움을 개선하기 위해서 군 상담자는 우선 내담자의 어려움을 개인의 문제가 아니라 조직 구조와 문화 속에서 형성된 '심리적 반응'으로 이해하고 개입할 수 있어야 한다. 또한 군 생활 부적응의 위험 요인 외에 내담자가 가진 내적, 외적 자원과 다양한 보호 요인을 적극적으로 발견, 활용하여 내담자의 고유성을 존중하고 지지하며 내담자의 적응 노력이 군 조직의 임무 수행에 기여하고 구성원들과 함께 성장의 기회가 될 수 있도록 조력해야 한다.

2. 병영문화의 변천사

1) 과거 병영문화의 특성

군 복무는 성인 남성의 삶에 큰 영향을 미치며, 군 조직은 철저한 계급제와 위계질서를 기반으로 운영된다. 장병들은 상급자의 명령에 무조건 따르는 것을 핵심 가치로 여기며, 일상 전반에 걸쳐 계급에 따른 규율이 작용한다. 폐쇄된 환경 속에서 외부와 단절된 생활은 병사들에게 정서적 고립감과 심리적 위축을 유발하기 쉽고, 특히 권위적인 구조 속에서 하위 계급인 병사들은 자율적 정체성과 충돌하는 혼란을 경험한다.

선임의 과도한 지시나 불합리한 관행은 우울감과 불안을 유발하며, 위계 중심의 문화는 명확한 지시와 빠른 실행에는 효과적일 수 있으나, 감정 표현이나 기본권 보장에는 제약이 따른다. 병사들은 낙인과 비밀보장에 대한 불신으로 인해 고통을 드러내기 어려워 혼자 감내하는 경우가 많다. 이러한 문화는 군 인권 개선과 심리 지원의 필요성을 사회적으로 환기시켰고, 이후 군은 수평적 소통과 안전한 표현 환경 조성을 위해 병영문화 혁신에 나섰다. 그러나 구조적 위계성과 전통적 권위주의는 여전히 극복되지 못한 과제로 남아 있으며, 이는 상담적 접근의 중요성을 뒷받침한다.

2) 병영 내 인권 의식

최근 사회 전반의 인권 감수성 향상과 함께 군대 내에서도 인권 개념이 제도적으로 확장되고 있다. 모든 조직은 위계 구조를 가지며, 특히 군은 지시와 명령 중심 구조로 인해 권력 남용 가능성이 크다. 이는 폭언, 폭행, 부당한 업무 배정, 사생활 침해 등 다양한 형태의 인권 침해로 나타났고, 일부는 극단적 선택으로 이어져 사회 문제로 대두되기도 했다. 과거에는 이러한 문제들이 내부에 은폐되는 경우가 많았지만,

최근에는 장병들이 자신의 권리를 인식하고 이를 지키기 위한 실천에 나서는 모습도 증가하고 있다.

2001년 「국가인권위원회법」 제정 이후, 군 조직 역시 점차 인권 의식 향상의 흐름을 받아들이고 있으며, 군 인권센터의 설립은 대표적 사례이다. 이 센터는 군 구성원에게 심리적 지지와 제도적 보호를 제공하며, 인권 침해 문제를 사회적으로 공론화하는 데 중요한 역할을 한다. 각 부대에서는 정기적인 인권 교육을 통해 장병의 감수성을 높이고, 친인권적 문화를 정착시키기 위한 노력을 기울이고 있다.

다만 일부에서는 인권 교육이 형식적 수준에 머무르거나, 장병들 간에는 인권이 조직에 대한 저항이나 자기 방어 수단으로 오용되는 사례도 있어 개선이 필요하다(최진호, 2023). 군은 단순한 조직이 아닌 국가 안보를 책임지는 기관이기에, 인권 문제는 개인이 아닌 국가적 과제로 접근해야 한다. 인권 보장은 장병의 복무 만족도와 자긍심을 높이는 핵심 요소이며, 피해자들이 두려움 없이 목소리를 낼 수 있는 심리적·제도적 환경 마련이 안전한 병영문화의 필수 조건이다.

3) 워라밸 지향의 병영 환경

사회 전반의 가치관 변화와 함께, 군에 입대하는 장병들의 세대적 특성과 기대 역시 크게 달라지고 있다. 병사와 초급 간부 대다수는 1990년대 후반 ~ 2000년대 초반 출생의 Z세대로, 수평적 소통과 자율성을 중시하며 일과 삶의 균형(워라밸)을 중요하게 여긴다. 이들은 공정한 피드백, 여가 보장, 평등한 대우 등을 중시하고, 반대로 위계 중심 문화나 강압적 통제에 대해 거부감을 보이며 이는 부적응과 낮은 복무 만족도로 이어질 수 있다(김미희, 2023).

이러한 변화에 대응해 군은 구성원 중심 리더십, 병사의 온전한 인격 존중, 공정한 조직문화 확산을 목표로 다양한 제도 개선을 추진하고 있다. 일과 후 휴식 보장, 휴대전화 사용 허용, 외출 확대, 자기계발 지원 등 병영생활의 질을 높이는 정책이 도입되었고, 초급 간부의 워라밸을 위한 복지 제도도 함께 추진되고 있다. 또한 장병을 '제복 입은 시민'으로 인식하도록 하는 인권교육과, 병영생활 전문상담관 제도의 확대를 통해 심리적 지원 체계도 강화되고 있다. 민간 병원 진료비 지원, 정신건강 체계 개선 등 건강권 보장을 위한 노력도 함께 이루어지고 있다.

군은 새로운 세대의 기대를 반영하여 병영 환경의 변화를 위해 다각적인 노력을 기울이고 있으나, 경직된 문화, 의료 접근성, 교육 실효성 등 여전히 해결해야 할 제도적 과제가 남아 있다. 워라밸 향상이 실질적으로 체감되기 위해서는 지속적인 개선과 혁신이 요구된다.

4) 새로운 병영문화가 상담에 미치는 영향

최근 병영 환경과 장병 세대의 변화는 군 상담의 목표와 방식에 중대한 전환을 요구하고 있다. 군 상담은 적응력 향상과 문제 해결을 돕는다는 점에서 일반 상담과 유사하지만, 군 조직 내에서는 사고 예방, 병력 관리, 전투 준비 태세 유지 등 군 특수성을 반영한 기능도 수행한다. 특히 Z세대 장병의 등장은 상담자에게 다음과 같은 변화된 접근을 요청한다.

첫째, 상담은 권위주의적 방식에서 벗어나 동반자적 · 참여적 방식으로 전환되어야 한다. 수직적 구조보다는 수평적 소통에 익숙한 Z세대 장병에게는 일방적 조언보다 자율성과 자기결정권을 존중하는 상담이 효과적이다. 장병을 문제 해결의 주체로 인식하고 함께 해답을 찾아가는 방식이 내담자의 심리적 성장에 도움이 된다.

둘째, 정체성과 자율성 존중이 중요하다. 군 생활 속에서 자신의 개성이 무시되거나 자율성이 억제된다고 느끼는 장병은 위축되거나 자존감에 손상을 입기 쉽다. 상담자는 장병의 고유한 정체성을 수용하고, 자율적인 판단과 선택의 기회를 제공함으로써 자기 주도성과 회복력을 키울 수 있도록 도와야 한다.

셋째, 군 상담은 장병의 기본권 보호를 핵심 가치로 삼아야 한다. 인권 침해로 인한 트라우마나 정서적 상처를 다룰 때는 단순히 문제 해결에 집중하기보다 내담자가 인간으로서 존중받는다는 경험을 하도록 돕는 것이 중요하다. 상담자는 장병의 권리를 지키는 인권 옹호자로서, 비밀보장과 의료 접근권 보장을 위한 제도적 목소리도 함께 내야 한다.

이처럼 군 상담은 단순한 문제 해결을 넘어 장병의 자율성과 인권, 심리적 복지를 중심에 두고 건강한 병영문화를 구축하는 핵심 축으로 기능해야 한다.

5) 병영문화 변화에 따른 상담자의 역할

병영문화의 변화는 군 상담의 방향성과 상담자의 역할에도 재정립을 요구하고 있다. 상담자는 장병의 정신건강 문제 개선을 통해 조직의 전투력 유지에도 기여해야 하며, 특히 Z세대 장병의 특성과 수평적 소통 문화를 반영해 '지도자 - 피지도자' 프레임을 넘어서는 접근이 필요하다. 상담자는 지시자나 평가자가 아닌, 장병의 관점을 경청하고 스스로 문제를 인식하고 해결하도록 유도하는 촉진자이자 조력자로 자리매김해야 하며, 변화하는 시대 흐름 속에서 병영문화의 긍정적 전환을 지원하는 핵심 역할을 수행해야 한다.

- 개인적 차원에서의 지원: 장병들의 스트레스, 우울, 불안, 대인관계 어려움 등 다양한 정신건강 문제를 다루고 군 생활 적응을 도우며 실수에 대한 두려움과 낙인, 존중받지 못하는 느낌 등 개인적인 고충을 경청하고 지지하는 역할을 함으로써 장병들이 심리적 안정을 찾는 데 도움이 될 수 있다.

> 평소 내성적이고 말수가 적던 한 병사는 생활관 내 동료와 사소한 다툼 이후 불면과 식욕 저하, 피로감을 호소하며 상담실을 찾았다. 초기엔 "제가 예민해서 그런 것 같다"고 하던 그는 반복된 상담을 통해 갈등 상황에서 느낀 불안과 자책, '작은 실수도 용납되지 않는 분위기'에 대한 긴장감을 털어놓았다. 상담자는 그의 감정을 정당하게 인정하고 수용하며 심리적 안정감을 제공했고, 이후 그는 본인의 감정을 조절하고 직접 동료에게 사과하며 관계 회복을 시도할 수 있었다.

- 치료 지향과 성장 지향의 통합: 기존의 부적응 장병을 대상으로 하는 문제해결 및 업무수행능력 향상과 같은 치료 지향적 관점을 넘어, 성장 지향적 관점을 추가해야 한다. 장병들이 군 생활의 어려움 속에서도 스스로를 이해하고 수용하며 개인적인 성장을 이룰 수 있도록 돕는 역할이 필요하다.

> 타 부대에서 전출 온 21세 병사는 적응 실패로 인해 두 차례 근무이탈을 한 이력이 있었다. 그러나 상담을 통해 자신이 과거 학교폭력 피해 경험에서 비롯된 권위에 대한 불신, 단체생활의 공포를 느끼고 있다는 사실을 인식하게 되었다. 상담자는 그가 감정적 거리를 조절하는 훈련을 하고, 본인이 잘할 수 있는 분야(독서 토론)를 통해 자존감을 회복할 수 있도록 도왔다. 그 병사는 후에 자발적으로 독서 모임을 만들어 3명의 병사들과 함께 활동하며 '군대 안에서도 나다움을 유지할 수 있다'는 경험을 얻게 되었다.

- 조직 환경에 대한 이해와 기여: 군 상담은 개인 문제 해결을 넘어, 군 조직의 인적 효율성과 병영문화 개선을 통해 전투력 강화에 기여해야 한다. 이를 위해 상담자는 병영문화, 위계 구조, 소통 방식에 대한 깊은 이해를 바탕으로 개인의 어려움이 조직 구조와 어떻게 연결되는지 파악하고, 제도 개선에 실질적 제안을 할 수 있어야 한다.

> 한 부대에서 병사 3명이 동일 간부에 대해 극도의 불안과 스트레스를 호소하며 잇달아 상담실을 찾았다. 병사들은 훈계가 아닌 인격적 비하, 반복되는 비교, 명령의 이중성 등을 이유로 들었다. 상담자는 상황을 정리하여 보고서를 작성했고, 이를 통해 해당 간부와의 비공식 면담, 부대 내 소통 실태 설문을 시행했다. 이후 중대 단위로 '간부 - 병사 소통 워크숍'이 열렸고, 이 과정에서 간부 역시 본인의 과도한 압박 방식이 소통 단절로 이어졌음을 인정하며 개선의 뜻을 밝혔다.

- 간부교육 및 관계 개선 촉진: 간부들이 병사들을 올바로 이해하고 배려할 수 있도록 하는 인간관계중심 상담 교육 프로그램의 실시는 간부에게 새로운 시각을 제공하고 병사들에게는 상담을 통해 군 생활 적응에 긍정적인 영향을 줄 수 있다. 상담자는 간부들에게 병사들의 심리 문제를 돕는 역할을 교육함으로써 부대 관리의 효율성을 높이는 데 기여할 수 있다. 선·후임 간의 관계 악화는 인권 문제와 연결되므로 상담자는 부대 내 대인관계의 중요성을 강조하고 긍정적인 관계 형성을 위한 노력을 지원해야 한다.

> 신병 중 한 명이 지속적인 언어적 모욕을 호소하며 상담을 요청했다. 상담자는 가해 선임을 개별 면담한 후, 상급 간부에게 중재 요청을 하였다. 이후 선·후임 간의 관계 재정립을 위한 간단한 교육 세션이 중대 전체에 실시되었고, 간부 대상 '상황 기반 공감 훈련'도 연계되었다. 선임은 "내가 하도 혼나서 그게 당연한 줄 알았다"고 말하며 훈육 방식을 바꿨고, 병사들의 긴장도 역시 점차 완화되었다.

- **낙인 개선 노력**: 군 생활 부적응에 상당한 영향을 미치는 실수와 어려움에 대한 낙인 문제를 해결하기 위한 노력이 필수적이며 상담자는 이러한 낙인을 완화하고 도움을 요청하는 행동에 대한 부정적인 인식을 개선하는 데 기여해야 한다.

> 한 병사가 자해 후 정신건강센터 진료와 상담을 병행하고 있었는데, 주변 병사들 사이에서 '문제 병사'라는 시선이 형성되었다. 상담자는 중대장과 협의하여 병사의 사연을 비공개로 보호하되, 전 부대를 대상으로 '정신건강 교육 주간'을 실시하고, '상담은 약자가 아닌 용기의 행동'이라는 메시지를 담은 포스터를 제작해 홍보하였다. 이후 상담실 방문에 대한 병사들의 경계심이 줄어들었고, 몇몇 병사는 자발적으로 상담을 신청하기 시작했다.

이와 같이 병영문화의 변화에 따라 군 상담자의 역할 확대도 요구되고 있으며 상담자는 개인의 문제 해결에만 머무르지 않고 조직 문화의 변화를 촉진하고 인권적인 환경을 조성하며 장병들이 군 조직에서 건강하게 성장할 수 있도록 다각적인 차원에서 지원하는 역할을 수행해야 한다.

3. 세대별 장병 특성

세대는 동일한 역사와 문화권 내에서 유사한 시기에 출생하여 역사적, 문화적 경험을 공유함으로써 다른 세대와 구분되는 유사한 의식구조나 행위 유형을 갖는 개인들의 집단이다. 군 조직 구성원들을 출생 시기별로 구분할 때 대표적인 세대 명칭으로 X세대, 밀레니얼세대, Z세대 등으로 나눌 수 있는데 각 세대별 특성은 다음과 같다.

1) X세대 장병(1965년~1980년생 기준)

기존에 없던 새로운 특성을 무엇으로 정의하기 어려운 세대라는 의미로 명명된 X세대는 대량생산 및 소비사회 체제에서 기존 체제에 반항하며 다양한 생활방식의 변화를 시도한 세대이다. 조직의 안녕과 발전을 위해 불합리하게 보이는 조직 문화나 폭력에도 관행에 순응하기보다는 대항했던 세대로 민주화시대, 세계화, 경제성장과 위기, 탈권위주의 등 불안정한 사회변화를 경험하면서 삶의 안정성을 추구하면서도, 동시에 위험을 감수하며 도전하는 태도를 보인다. 아날로그와 디지털 시대를 모두 경험한 세대로 폭넓은 시각을 가지고 개인의 선택을 존중하며 자기 주도적인 삶을 살아가는 한편, 경제적 위기와 불확실성 속에서 성장했기 때문에 안정성을 중요하게 생각하기도 한다. X세대는 자신의 경험을 바탕으로 한 실용적인 사고를 선호하며 이전의 집단주의와 권위를 중시한 베이비붐 세대와 자유롭고 개인적인 가치를 중요시하는 Z세대 사이에서 가치관 차이로 인한 갈등을 경험하기도 한다. 안정성과 위험 감수 사이에서 균형을 찾는 것이 중요하며, 다양한 세대와의 협력과 변화에 대한 적응력을 바탕으로 사회의 중요한 주체로 자리매김하고 있다. 군 조직 내 세대 구성 비율에서 X세대는 관리자인 장교나 부사관에 해당하며 군 조직의 중추적 역할을 담당하고 있다.

2) 밀레니얼세대 장병(1981년~1996년생 기준)

M세대 또는 Y세대로 불리는 밀레니얼세대는 2000년대의 상징적 첫 세대로, 인터넷과 함께 성장하며 글로벌화와 디지털화의 중심에서 자라났다. 이들은 기존 X세대와 달리 개인주의적 자유를 추구하며, 평등한 성 역할과 개인의 가치를 중시한다. 청소년기부터 SNS와 IT 기술에 익숙해, 정보를 공유하고 소통하는 데 능숙하며, 자신의 의견을 적극적으로 표현하고 사회적 트렌드에 민감하게 반응한다. 이들은 경험과 공유를 중요시하고 즐거움을 가치 있게 여기며, 미래보다 현재의 만족을 중시하는 경향이 있다. 성과에 따른 공정한 보상과 복지, 자율성과 효율성을 중요하게 여기며, 조직문화에서도 수직적 구조보다는 수평적 관계를 선호한다. 다만, 일부는 부모의 과잉보호와 물질적 풍요 속에서 자라 사회적 압박이나 어려움을 감내하는 데 취약한 모습도 보인다. 군 조직에서는 주로 장교와 부사관 등 중간관리자 계층에 해당된다.

3) Z세대 장병(1997년생 이후)

Z세대는 유년기부터 디지털 환경에 익숙한 '디지털 원주민(Digital Native)' 세대로,

모바일을 통한 빠른 정보 탐색과 기술 활용에 능숙하며 SNS 기반의 비대면, 수평적 관계를 선호한다. 세계화와 다문화 환경 속에서 성장하여 개인과 가족의 만족을 중시하고, 자신이 좋아하고 행복한 것을 중요하게 여긴다. 이들은 불공정에 민감하며 공정한 대우를 강하게 요구하고, 불의에 대한 표현과 개선 의지를 지닌다. 군 조직 내에서는 병사와 초급 간부 계층에 해당되며, 수직적 명령 방식이나 강압적인 소통에 부담을 느끼고 위계적 조직 문화에 불편함을 표현하기도 한다. 또한, 조직의 과도한 관심이나 상사·동료와의 억지스러운 관계를 부담스러워하며, 부적응으로 인해 삶의 만족이 떨어질까 불안을 느낄 수 있다. 반면, 자신의 능력을 인정받고, 포용적이고 긍정적인 분위기에서 개인 성장을 이룰 수 있을 때 조직에 안정감을 느끼는 경향이 있다.

4) 세대 차이가 군 상담에 주는 시사점

군 조직은 X세대, 밀레니얼세대, Z세대가 함께 생활하는 다세대 공동체로, 특히 병사와 초급간부는 Z세대, 간부층은 X세대 및 밀레니얼세대로 구성되어 있다. 빠르게 변화하는 사회 속에서 세대별 가치관과 소통 방식은 차이를 보이지만, 군은 구조적 특수성으로 인해 이를 즉각 수용하기 어려워 세대 간 간극이 심화되고 있다.

Z세대는 자율성, 정서적 안정, 공정한 대우를 중시하며, 위계적이고 일방적인 군 문화에 대해 심리적 저항을 느낄 수 있다. 이에 따라 군 상담은 단순한 적응 지도나 문제 해결을 넘어, 장병의 세대 특성과 감정 표현 방식을 이해하고, 정서적 공감과 참여를 기반으로 접근해야 한다. 특히 Z세대는 상담의 비밀 보장에 민감하며, 정보 유출 가능성에 대한 불안은 상담 회피로 이어질 수 있다. 따라서 상담자는 발달 단계와 세대 감수성을 반영한 맞춤형 접근을 제공하고, 자살 위기 등 고위험군 개입에서도 정서적 공감을 기반으로 해야 한다. 세대 간 갈등 조율을 위한 통합적 전략, 공감적 상담 분위기, 간부의 세대 이해 기반 리더십 교육 또한 상담의 효과성을 높이는 데 필수적이다. 다만, 지나치게 개별화된 접근은 군의 통일성과 명령 체계와 충돌할 수 있어 균형 있는 접근이 요구된다.

상담자는 군 조직의 특수성과 세대별 발달 특성을 통합적으로 이해하고, 장병들이 자신을 수용하며 건강한 관계를 형성하도록 돕는 공감적 상담을 실천함으로써, 조직 적응과 전투력 향상에 실질적으로 기여해야 한다.

5) 상담자의 세대 감수성

세대 감수성이란 서로 다른 세대가 가진 고유한 경험, 가치관, 소통방식 등을 이해하고 존중하는 능력을 의미한다. 다세대가 함께 근무하는 군에서 제공되는 상담 서비스는 여러 한계점을 가지고 있다. 간부와 병사, 상급자와 하급자 간의 상담은 수직적인 관계에서 이루어진다는 문제점이 있으며, 간부들은 병사 개인에 대한 충분한 관심과 상담 시간을 부여하기 어렵고 인원관리 측면에서 필요한 질문을 하게 되는 경우가 많다. 군에서 제공되는 도움 역시 개인의 욕구, 경험, 문제가 다름에도 정해진 기준과 제도로 일률적으로 제공되는 경향이 있으며, 이는 오히려 문제를 악화시키기도 한다. 병영생활전문상담관이 배치되어 장병들의 적응 및 정신건강 향상에 기여하고 있지만 군 내 구성원들에게는 상담을 받는 것 자체가 '문제 인원'으로 인식되어 자발적 내담자를 제외하고는 상담 받는 것을 부담스러워하는 경우도 있다. 이러한 군 상담 환경의 특수성을 고려할 때 군 상담자의 세대 감수성 역량 강화는 필수적이며 다음과 같이 개별 장병의 세대 특성과 문화를 이해함으로써 상담 효과를 높일 수 있다.

- 조직 환경 및 세대 간 문화 차이 이해: 군 조직의 전통적 문화와 Z세대의 가치관, 선호하는 소통방식 등이 충돌하며 부적응을 유발하는 만큼, 상담자는 이러한 세대 간 차이를 이해하고 초급간부나 병사들이 겪는 어려움의 근본 원인을 파악해야 한다.
- 개인 특성 존중: 초급간부나 병사들이 자신의 성격이나 특성이 존중받지 못하고 기존의 방식에 맞게 바뀌도록 강요당하는 것 같은 경험은 상담자가 개개인의 고유한 특성 존중과 이해의 태도가 군 상담에서 얼마나 중요한지 알 수 있게 해 준다. 상담자는 세대별 다양한 가치관과 성향에 대한 고정관념을 버리고 수용적인 태도를 가져야 한다.

- 맞춤형 상담 전략의 필요성: 군 상담에서 내담자에 대한 도움은 일률적인 것보다 개인의 필요에 맞는 접근이 중요하며 이는 부적응 내담자의 배경차이에 따른 차별화된 상담 전략과 세대별 특성에 따른 맞춤형 상담 방식이 보다 효과적이다.
- 낙인 완화 및 도움 요청 촉진: 세대 간 이해 부족은 오해와 갈등을 야기하고, 어려움을 겪는 병사들이 도움을 요청하는 것을 망설이게 할 수 있다. 상담자가 세대적 특성을 이해하고 비판단적인 태도로 접근할 때, 병사들은 더욱 안전하게 자신의 어려움을 표현하고 군 내 상담 서비스를 이용할 수 있다.
- 신뢰 관계 형성: 상담에서 중요한 라포 형성, 타인과의 긍정적 관계 형성의 중요성, 상담 내용의 비밀보장에 대한 우려 등은 상담자가 내담자들의 신뢰를 얻기 위해 노력해야 할 부분이다. 세대적 특성을 이해하고 공감하는 태도는 이러한 신뢰관계 형성의 기반이 될 수 있다.

4. Z세대 심리 특성

1) Z세대의 개별성

Z세대는 세계화와 다문화 환경 속에서 자라며 국가에 대한 자긍심이나 조직에 대한 충성보다는 개인의 가치와 삶의 의미를 중시한다. 조직 문화에 대한 민감도는 낮은 편이며, 개별적인 사고와 행동을 중요시하고 '나 홀로 문화'를 자연스럽게 받아들이는 성향을 보인다. 진정한 개인주의를 지향하는 이들은 자신뿐 아니라 타인도 존중받아야 한다고 여기며, 서로 간섭하지 않는 관계를 선호한다(최은석, 2021). 일과 삶의 균형을 중시하며 획일적인 규율과 강제에 저항하는 경향이 있고, 비교보다는 '나만의 정체성'을 추구한다. 의미 없는 지시에는 동기 저하를 쉽게 겪는다. 또한 Z세대는 공정성을 기반으로 한 노동관을 가지며, 불공정한 대우에 민감하게 반응하고 이를 개선하려는 외부 표현 욕구도 크다. 자유롭고 수평적인 소통을 선호하며 조직 내 상사와도 정기적이고 즉각적인 피드백을 원한다. 강압적이고 위계적인 소통에 부

담을 느끼지만, 자율적 권한이 주어질 경우 오히려 책임감과 몰입도가 높아지는 경향이 있다(이용권, 2022).

2) 디지털 환경에 대한 높은 친숙성

Z세대는 유아기부터 디지털 환경에 노출된 세대로, 기술과 기기 활용에 능숙하며 SNS 기반의 비대면 소통에 익숙하다. 새로운 플랫폼에 빠르게 적응하고, 다양한 디지털 기기를 활용해 많은 시간을 온라인 활동에 투자한다. 이들은 빠른 정보 접근과 실시간 반응에 익숙하며, 텍스트보다는 영상 매체를 선호해 정보 탐색이나 여가 시간을 주로 영상 콘텐츠를 통해 보낸다.

이러한 디지털 친숙성은 직접적인 대화보다는 간접적·시각적 의사소통을 선호하게 만들며, 기계적 지시보다는 참여 중심의 전달 방식이 더 효과적일 수 있다. 군에 입대한 Z세대 병사들 또한 이러한 디지털 친숙성을 지니고 있으나, 보안상의 이유로 스마트폰을 제외한 다양한 디지털 기기는 사용이 제한되는 경우가 많아 불편감이나 단절감을 호소하기도 한다. 또한 스마트폰 사용이 허용된 이후에는 여가 시간에 집단 활동보다는 개인적인 스마트폰 활용에 집중하는 경향이 커져, 디지털 환경 속 고립감이 새로운 과제가 되기도 한다.

3) 관계 민감성과 소속 욕구

Z세대에게 조직 내 의사소통은 민감한 요인 중 하나이다. 이들은 효율적이고 수평적인 소통을 원하며 관계에서 공감적 소통을 기반으로 하는 '정서적 안전감'을 통해 소속감을 느낀다. 조직 내 의사소통에 만족하지 못하면 심리적 안녕감이 저하되고 조직에 대한 전반적인 이해가 저하되기도 한다. 이들은 타인에게 비치는 자신의 모습에 민감하고 상대의 말투나 표정, 태도에 예민하게 반응하며 비언어적 메시지도 중요하게 인식하는 경향이 있다(최온유, 2022). 디지털 기기를 통한 소통에 익숙한 이들은 SNS를 통해 일상을 공유하면서도 타인의 평가를 의식하는 성향이 있고, 정서

적으로 의미 있는 사회 경험이 부족한 경향도 있어 이는 타인과의 의사소통에서 어려움을 겪는 원인이 될 수 있다. 이러한 관계 민감성은 군대와 같이 위계질서가 강한 조직에서는 상하 계급 간의 갈등, 단체 생활에서 오는 갈등 등으로 스트레스를 경험하며 적응에 어려움을 겪을 가능성이 있다.

4) Z세대 장병의 심리적 어려움

Z세대 장병은 개방적이고 다양성을 존중하는 문화에 익숙하지만, 군의 획일적 규율과 위계 중심 환경에서 심리적 압박과 부적응을 겪을 수 있다. 감정 표현에 익숙한 이들은 군의 억제된 분위기 속에서 위축과 고립을 경험하며, 자율성과 정체성이 침해된다는 느낌은 불안, 우울, 자살 충동으로 이어질 수 있다. 단체 생활의 불편, 낯선 대인관계, 선임과의 긴장은 소외감과 혐오로 확장되기도 한다(전종희, 2023). 그러나 도움 요청 시 소문이나 낙인에 대한 두려움으로 상담을 회피할 경우, 이는 자존감 저하와 자기비난, 무력감으로 이어질 수 있다. 특히 실수에 대한 낙인은 자기표현을 위축시키며 정서적 회복을 방해한다.

비록 군내 다양한 심리 지원 체계가 존재하지만, 정신건강에 대한 편견과 행정 절차의 번거로움, 시간 · 접근성 부족 등 현실적 장벽이 크다. 무엇보다도 문제를 개인 책임으로 돌리는 분위기는 장병의 도움 요청을 더욱 어렵게 만든다. 따라서 단순한 제도 마련을 넘어, 장병이 안전하게 정서적 어려움을 표현하고 도움을 받을 수 있는 조직 문화 조성이 필요하며, 이는 군의 안정성과 신뢰 형성을 위한 핵심 과제다.

5) 상담 시 유의 사항

Z세대 장병의 심리적 어려움과 군 생활 부적응을 다루기 위해서는 상담 시 여러 측면을 고려해야 한다. 간부들은 병력 관리와 사고 예방의 중요성을 인식하지만, 상담에 필요한 지식과 역량이 부족하다고 느끼며, 수직적 관계에서 이루어지는 상담은 진정성 있는 공감과 개방을 이끌어 내는 데 한계가 있다. 간부들의 상담은 종종 신상

확인이나 단편적인 조언에 그치기도 한다. Z세대 장병과의 상담은 교정 중심보다는 공감과 수용, 선택권 제공이 효과적이다. 디지털 친숙성을 고려한 온라인 기반 심리교육이나 정서표현 도구는 상담에 도움이 될 수 있으며, 후기 청소년기로서의 발달 특성과 정체성 혼란을 함께 고려해야 한다. 상담자는 Z세대의 심리적 기제를 이해하고, 감수성을 바탕으로 맞춤형 접근을 해야 한다.

상담은 장병의 정서적 안정에 기여할 수 있지만, 근본적인 환경 변화 없이 효과에는 한계가 있다. 군 인권과 정신건강에 대한 사회적 요구를 반영한 조직 차원의 노력과 함께, 세대 감수성을 갖춘 진정성 있는 상담이 병영 내 심리적 지지와 사기 진작에 실질적으로 기여할 수 있다.

chapter

02 군 상담의 개관

1. 군 상담의 정의

1) 군 상담의 개념과 목적

상담은 내담자의 정서와 행동에 개입하여 심리적 안정을 돕고, 자율적 문제 해결 능력을 키우는 전문적 과정이다. 군 상담은 이러한 일반 상담의 원리를 바탕으로 하되, 폐쇄적이고 위계적인 군 조직의 특수성을 반영하여 보다 전략적이고 맞춤형으로 이루어져야 한다. 군 상담은 병사들이 겪는 심리적・정서적・행동적 문제를 예방하고 조기에 개입하여 해결 또는 완화하는 전문적 지원 활동이다. 이는 병사 개인의 정신건강 증진뿐만 아니라 군 조직의 전투력 유지와 운영 효율성 향상에 기여하는 핵심 기능을 한다. 또한 군 상담은 단순히 문제 해결에 그치지 않고, 병사 스스로 문제를 인식하고 대응할 수 있는 자기조력 능력을 기르는 과정이며, 이는 군 복무 중 적응은 물론 전역 이후 건강한 사회생활의 기반이 된다.

군 상담의 목적은 다음과 같이 정리할 수 있다.

• 병사의 심리적 안정과 군 복무 적응을 지원

군이라는 특수한 환경에서 겪는 심리적 어려움(예: 고립감, 외로움, 불안 등)과 상황적 스트레스(예: 인간관계 갈등, 임무 부담 등)를 완화함으로써 병사들이 안정된 상태에서 군 복무를 할 수 있도록 돕는다.

• 문제 행동의 조기 발견과 개입을 통한 예방 기능 수행

군 상담은 병사 개인의 이상행동, 위기 징후, 자살 사고 등의 조기 발견과 개입을 통해 보다 심각한 사태로 발전하는 것을 막는 선제적 예방 기능을 한다.

• 군 조직의 효율성과 전투력 유지에 기여

병사 개인의 정신건강은 군 조직 전체의 임무 수행 능력과 직결되며, 이는 단순한 개인 복지 차원을 넘어 군 전력의 안정성과 지속성에 중대한 영향을 미친다. 상담은 병사 개개인의 심리적 기능을 회복하고 대인관계의 질을 향상시키는 과정을 통해, 군 내 의사소통과 협업, 스트레스 대응력 등 핵심 역량을 강화한다. 이러한 심리적 자원의 회복은 결과적으로 조직의 응집력과 사기 유지, 나아가 전투력 강화로 이어진다.

• 건강한 자기 이해와 자아정체감 형성을 돕는 발달적 기능 수행

군 복무 시기의 병사들은 에릭슨의 심리사회적 발달단계에서 '정체감 vs 역할혼미(청소년기)' 또는 '친밀감 vs 고립감(성인초기)'에 해당하는 중요한 전환기 단계에 있다. 군 상담은 이 시기에 자기 이해를 돕고, 타인과의 관계를 성숙하게 조율하도록 지원하는 발달적 상담의 기능도 수행한다. 군 상담은 병사 개인의 복지 향상과 군 조직의 안정성 확보를 동시에 달성하는, 전문성과 실용성을 겸비한 상담활동이라 할 수 있다. 특히 Z세대 병사들과 같이 감수성이 높고 자율성과 소통을 중시하는 세대에 적합한 상담 접근을 통해, 군 조직의 병영문화 개선과 생산성 향상이라는 장기적인 목표에도 기여할 수 있다.

2. 군 상담의 필요성

대한민국의 병역제도에 따라 대부분의 청년들은 20대 초반, 자아정체감과 친밀감을 형성하는 중요한 시기에 군 복무를 시작한다. 이들은 입시 경쟁과 대학 생활을 거친 직후 낯선 군 환경에 투입되며, 지시와 명령, 규율과 통제로 움직이는 폐쇄적인

구조 속에서 적성과 무관한 보직, 고강도 훈련, 갑작스러운 집단생활 등으로 인해 심리적 불안과 갈등을 겪기 쉽다. 이러한 적응 과정에서 병사들은 신체적 탈진, 대인관계의 어려움, 자해나 충동적 행동 등의 문제를 드러내기도 한다.

1) 심리적 안정과 적응

군 상담의 핵심 기능 중 하나는 병사의 심리적 안정을 회복하고 군 환경에 적응하도록 돕는 것이다. 20대 초반에 입대하는 병사들은 자아정체감 형성과 사회적 관계 확장을 과제로 하는 발달 시기에, 위계와 규율 중심의 폐쇄적 조직에 편입되면서 심리적 혼란과 불안을 경험하기 쉽다.

군 생활 초반에는 통제된 일과, 낯선 환경, 집단생활, 사생활 제약 등 다양한 스트레스 요인이 반복되며, 이는 불안, 우울, 분노, 신체화 증상, 대인기피 등으로 나타날 수 있다. 이때 군 상담은 병사가 자신의 감정을 안전하게 표현하고 정리할 수 있도록 돕는 정서적 통로가 되며, 감정 인식과 자기표현 능력을 자연스럽게 강화하는 계기를 제공한다. 상담자는 병사의 성격, 과거 적응 방식, 현재 감정 반응 등을 종합해 맞춤형 개입을 실시하며, 병사가 군 안에서 자기 의미를 찾고 건강한 관계를 맺을 수 있도록 지원한다. 이러한 상담은 병사의 성장을 돕는 동시에, 부대의 안정과 전투력 유지에도 긍정적으로 작용한다.

2) 문제행동 예방과 성장

군 상담의 중요한 기능 중 하나는 병사의 심리적 위기나 문제 행동을 조기에 발견하고 예방하는 것이다. 군은 사적 공간이 제한된 집단생활, 명령 중심 구조, 반복적인 훈련 등으로 병사에게 지속적인 긴장을 유발하며, 감정 조절이 어려운 병사는 우울, 무력감, 분노 등을 겪을 수 있다. 이러한 감정이 누적되면 자해, 자살 사고, 무단이탈, 공격적 행동으로 이어질 가능성이 높다. 군 상담은 초기 면담, 정서 체크리스트, 심리검사 등을 통해 위험 신호를 조기에 포착하고, 개인 및 집단 상담으로 연계해 위기 상황을 완화한다. 또한 지휘관 및 간부와 협력하여 병사의 상태를 관찰하고 상담 개입과 생활관리가 유기적으로 연결되도록 한다.

상담은 문제 해결과 더불어, 병사가 자신의 감정과 행동을 이해하고 주체적인 변화 가능성을 찾도록 돕는다. 이는 자기 통찰과 감정 조절 능력을 높이는 과정이며, 장병이 군 복무는 물론 전역 이후에도 건강하게 성장할 수 있도록 돕는 적극적인 발달 지원이다.

3) 전역 후 삶을 준비하는 통로

많은 병사들은 전역을 기대하면서도, 정작 다가오면 막막함과 불확실함에 직면한다. 무엇을 해야 할지 모르겠고, 세상은 낯설며, 자신에 대한 감각조차 흐릿해진다. 전역을 앞둔 병사들이 스스로를 "백지 상태"라고 표현하는 이유다. 이러한 심리적 공백을 채우고 새로운 삶의 방향을 모색하도록 돕는 것이 군 상담의 중요한 역할이다. 상담자는 병사에게 단순히 진로를 묻기보다, 현재의 감정과 생각을 안전하게 표현할 수 있는 공간을 제공한다. 이를 통해 병사는 군 복무를 통해 쌓아 온 책임감, 위기 대처력, 협동심 등이 앞으로의 삶에도 의미 있게 작용할 수 있음을 깨닫게 된다. 이 과정은 자기효능감을 회복하고 삶을 능동적으로 설계할 수 있도록 돕는 여정이며, 군에서의 관계 단절로 인한 외로움과 상실감을 마주하고 회복하는 데에도 상담이 기여한다. 상담자는 병사가 전역 후에도 건강한 관계를 맺고 안정된 정체감을 형성할 수 있도록 심리적 기반을 마련해 주는 지원자 역할을 수행한다.

4) 조직 문화 안정과 리더십

군 상담은 병사의 심리적 어려움에 대한 지원을 넘어, 부대 전체의 조직 문화 안정과 지휘관의 리더십을 돕는 중요한 역할도 수행한다. 상담자는 단순한 심리 전문가가 아니라 군 조직의 생태를 이해하고 전략적으로 개입할 수 있는 조율자로 기능해야 하며, 이를 통해 조직 내 긴장 완화와 병영문화 개선에 기여할 수 있다. 병사들의 심리적 안녕은 신뢰와 존중의 분위기, 안정된 소통과 갈등 해결 문화와 직결된다. 상담자는 병영 내에서 드러나지 않는 소외, 불화, 위계 갈등 등의 정서적 긴장을 조기에 파악하고, 감정 조정과 관계 회복을 위한 중재자로 개입한다. 이를 통해 병사 개인뿐 아니라 부대 전체의 분위기를 안정시키는 데 기여한다.

또한 상담자는 지휘관과의 협조를 통해 병사의 심리 흐름, 부대 분위기, 잠재적 갈등 요소에 대한 정보를 제공하며, 지휘관이 보다 공감적이고 현실적인 리더십을 발휘할 수 있도록 돕는다. 예를 들어, 한 병사의 소극적인 태도가 단순한 불성실이 아닌 심리적 어려움에서 비롯된 것임을 상담을 통해 파악하고 지휘관에게 전달할 수 있다면, 보다 유연하고 효과적인 대응이 가능하다. 이러한 협업은 병사에게는 이해받는 경험을, 지휘관에게는 심리적 부담 완화와 리더십 향상을 가능하게 하며, 조직 전체의 건강한 순환 구조를 만드는 데 기여한다. 군 상담은 리더십과 병사의 관계를 잇는 심리적 기반이자 전략적 자원으로, 갈등 예방과 부대 안정, 전투력 유지를 위한 핵심 역할을 수행한다.

5) 국가 안보와 국방력 구축

군대는 단지 총과 훈련으로 유지되는 조직이 아니다. 병사 한 명의 무너진 마음이 소대를 흔들고, 하나의 사건이 부대 전체에 영향을 미친다. 겉으로는 질서정연해 보일지라도, 내부에는 감정, 충돌, 억눌린 목소리들이 존재하며, 군 상담은 이 보이지 않는 내면을 지지하는 심리적 기둥 역할을 한다. 전투복을 입은 병사들이 마음까지 서 있을 수 있도록 돕는 것이 상담의 본질이다. 상담의 힘은 조직을 넘어 국가 전체로 확장된다. 한 병사의 심리적 안정은 그를 넘어 전우, 지휘관, 가족, 나아가 국민과 연결된다. 인권과 존엄이 존중받는 병영문화는 '믿을 수 있는 군대'라는 사회적 신뢰를 형성하며, 부모들이 자녀를 군에 보내는 불안을 덜게 하는 근거가 된다.

군대는 다양한 청년들이 함께 살아가는 공간으로, 갈등과 오해는 피할 수 없다. 이 속에서 상담은 차이를 해석하고 갈등을 조율하며 다름을 존중하는 기술을 가르친다. 이는 병사가 사회로 돌아간 이후에도 협동과 연대를 실천할 수 있는 건강한 시민으로 성장하는 바탕이 된다. 국방력은 결국 사람에게서 비롯되며, 그 사람을 붙잡는 힘은 조용한 상담실에서 시작될 수 있다.

6) 군 상담, 어디에 어떻게 쓰이는가

군 상담은 특정 계층이나 문제 상황에만 국한되지 않으며, 군 조직 전반에 걸쳐 폭넓게 적용된다. 복무 유형, 계급, 직무, 성별, 연령을 불문하고 심리적 어려움은 어디에서든 발생할 수 있고, 이에 대한 심리적 개입은 개인의 안녕은 물론 부대의 안정성과 전투력 유지에 밀접한 영향을 미친다.

주요 상담 대상은 병사 집단이다. 병사들은 자아 정체감을 형성하는 시기에 입대해 위계적이고 집단 중심의 생활에 적응하면서 대인 갈등, 복무 부적응, 진로 불안, 정서 고립 등을 경험한다. 이를 위한 상담은 개인상담, 집단 프로그램, 심리검사 등 다양한 방식으로 이루어진다.

또한 간부, 군무원, 군 가족도 중요한 상담 대상이다. 간부는 지도와 통솔 책임 속에서 감정노동과 조직 내 압박을 경험하지만, 표현의 어려움으로 인해 심리적 어려움이 드러나지 않는 경우가 많다. 상담은 간부의 소진을 예방하고 리더십을 강화하는 데 기여한다. 군무원은 조직 내 소외감이나 정체성 혼란을 경험할 수 있으며, 상담은 이들의 역할 이해와 관계 회복을 돕는다. 군 가족은 반복되는 이사, 장기 부재, 육아 부담 등으로 심리적 어려움을 겪으며, 가족 기능을 지지하는 상담과 지원체계가 필요하다.

군 상담은 단일 대상에 대한 일회적 개입이 아닌, 조직 전체의 심리적 안정과 기능 유지를 위한 체계적 시스템으로, 군의 건강성과 회복탄력성을 높이는 데 중요한 역할을 수행한다.

3. 군 상담과 일반상담

군 상담은 내담자의 심리적 고통을 경감하고 정서적 지지를 제공한다는 점에서 일반 상담과 기본적인 목적을 공유하지만, 실제 현장에서 이루어지는 과정은 상당히 다르게 전개된다. 특히 군이라는 특수한 조직 문화와 구조 속에서 진행되는 상담은 일반상담에서 당연히 여겨지는 여러 조건이 충족되지 못하는 경우가 많으며, 이에 따라 상담자의 역할 수행 방식도 달라진다.

1) 공통점: 심리적 지지와 성장

군 상담과 일반상담은 모두 심리적 고통을 완화하고 정서적 안정을 회복하며, 자기효능감과 삶의 방향성을 회복하도록 돕는 것을 공통의 목표로 한다. '고통의 감소'와 '성장의 촉진'이라는 본질적 목적은 군이라는 특수한 환경에서도 동일하게 작용하며, 내담자들이 경험하는 우울, 불안, 분노 조절 문제, 정체감 혼란, 대인관계 갈등, 진로 고민 등은 군 안팎을 막론하고 공통적으로 나타난다.

상담에 적용되는 이론적 기반 또한 유사하다. 정신분석, 인간중심, 인지행동, 해결중심 단기상담 등 다양한 이론은 내담자의 특성과 주제에 따라 선택되어 적용되며, 상담자와 내담자 간의 신뢰 형성은 모든 상담의 핵심 치료 요소다. 상담자는 공감, 경청, 비판단적 태도를 바탕으로 정서적으로 안전한 분위기를 조성하고, 내담자가 감정과 생각을 자유롭게 표현하며 자기 내면을 탐색할 수 있도록 돕는다.

또한 상담 과정에서 형성된 신뢰와 수용 경험은 내담자의 대인관계에도 긍정적인 영향을 미친다. 윤리적으로도 상담자는 비밀보장, 자율성 존중, 공정성, 성실성 등의 원칙을 준수하며, 특히 상담 내용의 보호는 내담자가 마음을 열 수 있도록 하는 전제 조건이다.

상담 주제는 정서 문제뿐 아니라 학업, 직업, 관계, 미래 계획 등 현실적 문제까지 포괄하며, 상담자는 초기 면담과 심리검사 등을 통해 내담자의 배경을 이해하고 개입 전략을 수립한다. 이후 상담은 목표 설정, 회기 운영, 종결과 추수 단계로 구조화되며, 변화 과정을 지속적으로 평가하고 반영한다. 군 상담과 일반상담은 철학, 구조, 접근 방식에서 본질적으로 일치하며, 상담자는 환경을 넘어 내담자의 회복과 성장을 함께하는 동반자로서의 사명을 수행해야 한다. 상담은 단순한 문제 해결이 아닌 존재 회복의 여정이자, 모든 상담자에게 주어진 보편적 과제이다.

2) 차이점: 구조와 환경, 상담 접근의 차별성

군 상담은 일반상담과 동일한 목적과 기법을 공유하지만, 환경, 내담자의 참여 동기, 조직 구조 등에서 뚜렷한 차이를 보인다. 특히 자발성과 내담자 특성에서 큰 차이가 나타난다. 일반상담의 내담자는 다양한 배경을 지닌 개인으로, 상담 요청이 자발적이고 개방적인 태도를 보이는 경우가 많다. 반면 군 상담은 병사, 간부, 군무원, 군가족으로 대상이 제한되며, 특히 병사는 상급자의 지시나 행정 조치로 비자발적으로 참여하는 경우가 많아 상담 초기부터 방어적이고 불신적인 태도를 보일 수 있다.

이러한 특성에서 군 상담자는 '상담 동기'보다 '현재의 감정'에 주목하며 내담자의 심리적 주도권을 회복시키는 접근이 필요하다. 상담 공간 또한 군은 전용 상담실이 부족해 북카페, 회의실 등 부적절한 장소에서 진행되기도 하며, 이로 인해 내담자의 자기 노출이 어려워질 수 있다. 이럴 때 상담자는 공간의 제약을 함께 인식하며 불편함을 대화 안으로 끌어들여 신뢰 형성을 도와야 한다. 또한 군 조직의 위계적 구조와 권위주의 문화는 내담자가 상담자를 상급자로 오해하게 만들 수 있어, 상담자는 공감적 태도와 비지시적 접근을 통해 방어를 낮추고 관계를 형성해야 한다.

상담 구조에서도 차이가 있다. 일반상담은 비교적 시간과 연속성이 보장되지만, 군 상담은 단회기 중심, 전출・교대 등으로 상담 연속성이 떨어지는 경우가 많다. 따라서 군 상담자는 짧은 시간 안에 신뢰를 형성하고, 현실적인 목표와 단기 개입 전략을 수립할 수 있어야 한다. 군 상담은 일반상담과 함께 조직 특성과 내담자 맥락에 맞춘 유연하고 민감한 접근이 요구되며, 상담자의 관계 형성 능력과 조직에 대한 이해는 핵심 역량이다.

〈군 상담과 일반상담〉

구분	군 상담	일반상담
주 대상자	병사, 간부, 군무원 등 군 조직 구성원	일반인
환경	군 특유의 위계적이고 폐쇄적인 환경	개방적이고 자율적인 환경
문제유형	군 복무 부적응, 군 조직 내 관계 및 구조에서 발생하는 특수 문제	일상에서 발생하는 다양한 심리 · 정서적 문제
상담 접근	간부 지시나 의뢰에 따른 비자발적 내담자 비율이 높음	자발적인 내담자가 주를 이룸
윤리적 쟁점	보고 책임과 비밀보장 사이에서 균형 유지가 요구됨	비밀보장 우선됨

4. 군 상담자의 역할

군 상담자는 단순히 개인의 심리적 고통을 경감시키는 데 그치지 않고, 군이라는 특수 조직 내에서 장병(병사, 간부)들의 안정과 조직의 효율성을 동시에 고려해야 하는 다차원적 역할을 수행한다. 버나드(Bernard, 1979)의 변별 모델에 따르면, 상담자는 교사(teacher), 상담자(counselor), 촉진자(consultant)라는 세 가지 핵심 역할을 수행한다. 여기에 군 상담자에게는 군 특유의 위계적 구조와 집단 문화를 반영한 고유의 역할이 추가적으로 요구된다.

1) 정서적 지원자

군 상담자는 병사들이 억압된 환경 속에서 겪는 감정을 안전하게 표현할 수 있도록 돕는 정서적 지지자의 역할을 한다. 상명하복과 집단주의 문화 속에서 병사들은 감정을 억누르기 쉬우며, 감정을 드러내는 것이 약점으로 인식될까 우려해 내면화하는 경향이 있다. 이때 상담자는 판단 없이 감정을 수용하고 경청함으로써 병사에게 '감정을 말해도 괜찮은 공간'을 제공한다. 예를 들어, 전입 초기 스트레스를 호소하는 병사에게 단순히 적응 문제로 보지 않고, 감정의 배경을 함께 읽어 주는 상담자의 태도는 큰 의미를 가진다. 또한 "답답하다"는 표현 속에 담긴 상황과 생각을 함께 탐색해 감정을 언어화하도록 돕고, 자기 이해와 정서 조절력을 높이는 데 기여한다.

상담자는 병사의 직책, 부대 분위기, 간부와의 관계 등 상황적 요인을 고려해 감정의 원인을 해석하고, 개인 문제를 구조적 반응으로 이해하며 현실적 대처전략을 함께 모색해야 한다. 이를 통해 병사는 감정의 언어를 회복하고 더 성숙한 대인관계를 형성할 수 있으며, 이는 전역 후 사회복귀에도 중요한 심리적 자산이 된다.

> 병사: "사실 요즘 그냥… 짜증나요. 이유는 모르겠는데 계속 답답하고, 말하기도 싫고요."
> 상담자: "그 답답함이 언제부터 시작됐는지 떠오르는 장면이 있을까요?"
> 병사: "음… 전입 온 첫날이요. 생활관 들어가자마자 선임이 괜히 반말하면서 '이제 시작이다' 이런 말 했는데… 그때부터 뭔가 딱 막혔어요."
> 상담자: "그 말 들었을 때, 마음속에 어떤 생각이 스쳤는지 기억나세요?"
> 병사: "아… 아, 여기도 똑같겠구나. 또 참아야겠구나. 그런 생각이었어요."

2) 갈등 중재자

군대는 다양한 성격과 배경을 가진 청년들이 밀접하게 생활하는 공간으로, 갈등은 자연스러운 현상이다. 병사 간에는 말투나 역할 기대 차이로, 병사 - 간부 간에는 위계 구조로 인한 통제와 저항이 얽혀 갈등이 발생한다. 이때 군 상담자는 단순한 해결자가 아니라 관계 회복을 돕는 중립적 촉진자로서 감정과 기대를 해석하는 역할을 한다. 예를 들어, 후임 병사가 선임의 말투에 억압감을 느낄 때, 상담자는 그 감정을 수용하면서 행동의 의도나 습관 여부를 함께 탐색한다. "누가 잘못했는가"보다는 "어떤 감정과 기대가 오갔는가"에 주목해 관점을 전환하도록 돕는다.

상담자는 갈등 당사자를 따로 면담하거나, 필요시 동반 면담을 통해 정서적 지지를 제공하고 감정의 재해석을 유도한다. 병사 - 간부 간 갈등은 특히 민감하므로, 병사의 심리 맥락을 간부에게 전달하고 오해가 확대되지 않도록 조정하는 것이 중요하다. 이러한 갈등 중재는 단순한 문제 해결을 넘어서, 병사들에게 감정 조절과 건강한 소통 방식을 익히는 기회를 제공하며, 전역 후에도 유용한 사회적 역량으로 이어진다. 상담자는 다름을 이해하고 관계를 새롭게 시작할 수 있도록 돕는 다리 역할을 하며, 병사들이 갈등을 성장의 경험으로 기억하게 만든다.

병사 A: “같은 생활관인데, 진짜 이 병장이 저한테만 유독 뭐라고 해요. 일부러 그런 느낌이에요.”
상담자: “그 병장과 어떤 상황에서 가장 불편했다고 느꼈는지 기억나는 장면이 있나요?”
병사 A: “지난주에 전투복 늦게 걷었는데, 다른 애들은 넘어가면서 저만 혼냈어요.”
상담자: “그때 ‘나만 찍혔다’는 느낌이 드셨겠어요. 혹시 직접 대화해 보려 한 적은 있었나요?”
병사 A: “솔직히 무서워서 못 했어요.”
상담자: “괜찮아요. 오늘 저랑 그 상황을 천천히 정리해 보고, 병장님 입장도 함께 들을 수 있다면 서로 오해를 푸는 시작이 될 수 있어요.”

3) 문제 행동 예방자

군 상담자는 자해, 자살 사고, 무단이탈 등 문제 행동이 발생한 뒤 개입하는 ‘사후 개입자’가 아니라, 조기에 위험 신호를 감지해 선제적으로 대응하는 ‘예방자’에 가깝다. 이러한 행동은 대부분 수면 변화, 감정 기복, 사회적 철수, 징계 누적 등 정서적 경고신호를 동반한다. 상담자는 병사의 언행, 대인관계, 생활 태도 등을 주의 깊게 관찰하고, 기초 심리검사나 스트레스 체크리스트 등을 통해 위기 가능성을 평가한다. 예를 들어, 한 병사의 “자는 척하며 시간을 보낸다”는 말에서 무력감과 이탈 충동을 감지하고 정기 상담으로 연결해 위기를 막은 사례처럼, 사소한 표현도 중요한 단서가 된다.

상담자는 표현되지 않은 고통을 언어화하고, 감정조절 프로그램이나 간부와의 협조를 통해 추가 개입을 이끈다. 조기 개입과 민감한 관찰은 병사 개인뿐 아니라 부대 전체의 안전망을 구축하는 핵심적인 상담자의 역할이다.

병사: “밤마다 잠이 안 와요. 눈은 감았는데 계속 이상한 생각만 나요.”
상담자: “그 ‘이상한 생각’이 어떤 생각인지, 조금 말해 줄 수 있을까요?”
병사: “그냥… ‘이렇게 사는 게 무슨 의미가 있지’ 같은 생각이요. 요즘은 바깥 세상 생각도 안 나요.”
상담자: “혹시 그런 생각이 들 때, 평소보다 더 무기력하거나 위험한 행동을 하고 싶단 생각도 드세요?”
병사: “…가끔요. 진심으로 그런 건 아닌데, 그냥 없어졌으면 좋겠다는 생각은 들어요.”

4) 체계 내 연계자

군 상담자는 단순한 정서적 지지자에 머물지 않고, 병사와 다양한 조직 자원을 연결하는 조정자이자 촉진자로서 기능해야 한다. 병사의 어려움은 생활 여건, 지휘 체계, 복지 제도 등 구조적 요소와 얽혀 있는 경우가 많기 때문이다. 생활관 적응에 어려움을 겪는 병사가 불면과 신체 증상으로 의무실을 자주 찾는다면, 이는 단순한 건강 문제가 아닌 과거 경험에서 비롯된 정서 반응일 수 있다. 상담자는 군의관과 협력해 병사의 상태를 확인하고, 지휘관에게는 생활환경 조정을 제안하며, 필요시 가족 상담이나 복지 연계도 검토한다.

성 고충 등 민감한 사안은 인권센터, 법무실, 성고충상담실 등과 조심스럽게 연계하되, 병사의 동의를 바탕으로 보호 절차를 안내하고 조율한다. 이러한 연계는 병사에게 '혼자가 아니다'는 감각을 되찾게 하며, 상담 내용이 실제 변화로 이어지게 한다. 군 상담자는 '들어주는 사람'을 넘어, 문제 해결을 위해 함께 움직이는 사람으로서, 개인 회복뿐 아니라 조직의 건강한 변화를 촉진하는 핵심 연결자 역할을 수행한다.

병사: "부대에서 스트레스를 너무 받아서 약이라도 처방받고 싶어요. 그런데 어디 가서 말해야 할지 모르겠어요."
상담자: "정확히 어떤 증상이 있는지 저와 먼저 나눠 보고, 의무실과 연계해서 정신건강의학과 진료를 받을 수 있도록 도와드릴게요."
병사: "혹시 그거 말하면 다른 사람들이 알게 되는 건 아니죠?"
상담자: "상담 내용은 비밀로 유지됩니다. 그리고 진료 연계 시에도 병사님의 동의 없이 절차가 진행되는 일은 없어요. 필요하다면 행정 절차도 함께 도와드릴 수 있어요."

5) 신뢰 기반의 촉진자

군 상담자는 병사에게 조직 내에서 유일하게 마음을 털어놓을 수 있는 사람일 수 있다. 명령과 보고 중심의 환경에서는 감정을 드러내기 어렵고, 상급자의 평가가 두려워 침묵하거나, 동료들 앞에서는 체면과 눈치로 인해 진심을 숨기게 된다. 이처럼 표현의 여지가 부족한 구조 안에서, 상담자는 병사가 심리적 긴장을 풀고 안심할 수 있는 안전지대를 만들어야 한다. 특히 지시나 권유로 상담을 시작한 병사에게 상담자는 또 다른 '상급자'처럼 느껴질 수 있다. 따라서 기술보다 중요한 것은 진심 어린 태도이다. "괜찮다"는 말 뒤에 감춰진 감정을 조심스럽게 묻고, 그 말이 진심인지, 아니면 그렇게 말해야 한다고 느껴서인지 탐색하는 과정이 신뢰의 출발점이 된다.

무표정한 얼굴 뒤에도 병사들은 진심으로 자신을 이해해 주는 누군가를 기다리고 있으며, 그런 만남은 "나는 의미 있는 사람이다"라는 감각을 회복하게 만든다. 상담자는 그 마음 결에 조용히 머무르며, 병사가 다시 시도할 힘을 얻도록 돕는다. 군 상담의 다양한 역할은 모두 신뢰라는 중심축 위에 놓여 있다. 상담자는 단순히 이야기를 듣는 존재가 아니라, 병사가 자신을 다시 바라보고 변화를 그려 볼 수 있도록 돕는 안내자이며, 이런 관계는 장병 개인은 물론 군 조직 전체의 회복력과 응집력을 높이는 데 기여한다.

> 병사: "처음에는 상담받으라고 해서 억지로 왔는데… 여기선 괜찮네요. 말해도 안 혼나니까."
> 상담자: "군 안에서 이렇게 편하게 이야기할 수 있는 공간이 많지 않죠. 억지로 왔지만, 용기 내어 말해 줘서 고마워요."
> 병사: "여기서라도 말 안 하면, 그냥 터질 것 같았어요."
> 상담자: "여기는 병사님이 어떤 마음을 가지고 있든, 그것부터 시작해도 되는 공간이에요. 억누를 필요 없어요."

5. 군 상담자의 전문성

1) 군 상담자의 자격

군 상담자는 병영 내 심리적 고충을 전문적으로 다루기 위해 상담학, 심리학, 사회복지학 등 정신건강 관련 전공과 전문 자격을 갖춘 심리 전문가여야 한다. 단순한 소통 능력만으로는 복잡한 문제에 대응하기 어렵기 때문에, 임상적 판단과 개입 역량을 갖춘 자격 이수가 필수적이다.

현재 군 상담관으로 활동하기 위해 주로 요구되는 자격은 다음과 같다.

첫째, 한국상담심리학회와 한국상담학회의 자격증이다. 한국상담심리학회는 상담심리사 1급과 2급, 한국상담학회는 전문상담사 1급과 2급 자격을 부여하며, 수련 시간, 사례 보고, 시험 등을 거쳐 취득된다.

둘째, 국가 자격도 중요하다. 청소년상담사(여성가족부)는 청소년 대상 전문상담 자격이고, 정신건강임상심리사와 정신건강사회복지사(보건복지부)는 정신질환 평가, 개입, 위기상담에 능숙한 인력을 배출한다. 임상심리사(산업인력공단)는 심리검사 해석과 평가 능력을 요구하는 자격이다.

군 상담 분야에서는 이러한 자격 외에도 실무 경험과 사례 개입 역량, 다학제 협업 경험 등이 중요하게 평가되며, 병영문화와 위계 구조에 대한 이해도 필수로 여겨진다. 단순한 자격 보유를 넘어서, 군 조직의 특성과 병사들의 삶에 대한 감수성과 현실 적용 능력을 갖춘 전문가가 요구된다. 이는 심리적 복지와 조직의 안정성에 기여할 수 있는 기반이 된다.

2) 군 상담자의 자질

군 상담자는 전문성과 인간성을 겸비한 심리 전문가로, 병사의 정서적 지지뿐 아니라 조직의 안정과 복무 적응을 돕는 복합적 역할을 수행한다. 기본적으로 상담자에게 요구되는 상담 지식, 윤리 의식, 공감 능력 외에도, 군 상담자는 위기 개입 능력과 군 조직의 특수성에 대한 이해, 긴장된 상황에서도 침착하게 개입할 수 있는 실무 역량이 추가로 요구된다.

• 군 조직에 대한 이해

군 상담자는 군대가 계급과 명령 체계로 구성된 위계적이고 폐쇄적인 집단임을 충분히 이해해야 한다. 병사들은 자율성과 선택권이 제한된 환경에서 복무하며, 이러한 구조적 특수성은 병사의 심리에 직접적인 영향을 미친다. 따라서 군 상담자는 군의 규율, 명령 체계, 병사의 복무 환경과 일과 구조, 그리고 지휘관의 리더십 스타일까지 이해하고 있어야 상담 과정에서 현실성 있는 개입과 조언이 가능하다.

• 위기 개입 능력

군 조직 내에서는 자살 사고, 자해, 탈영, 폭력, 성추행, 외상 후 스트레스(PTSD) 등 응급 개입이 요구되는 사건이 빈번히 발생할 수 있다.

군 상담자는 위기 상황에서 신속하고 적절하게 개입할 수 있는 임상적 판단력과 개입 기술을 갖추어야 하며, 사안의 심각도에 따라 지휘관 보고, 보호 조치, 외부 자원 연계 등 체계적 대응이 요구된다. 특히 자살 예방 교육과 위기 대응 프로그램의 기획 및 실행 능력은 군 상담자의 핵심 역량 중 하나다.

• 심리평가 및 상담기법 적용

군 상담자는 다양한 심리검사를 실시하고 해석할 수 있는 능력을 갖추어야 하며, 이를 바탕으로 내담자의 심리 상태를 정확히 파악하고 상담 개입 계획을 수립해야 한다. 심리검사 결과는 지휘관의 의사결정 지원 자료로 활용되기도 하므로, 해석과 전달 모두에서 객관성과 전문성이 요구된다. 또한 상담자는 상담기법을 실제 장병들에게 유연하게 적용할 수 있어야 한다. 예컨대, 불안과 긴장이 높은 병사, 분노 조절이 어려운 병사, 위축되고 소극적인 병사 등 다양한 유형의 내담자에 따라 인지 행동적 개입, 감정 표현 훈련, 대인관계 기술 향상 등의 맞춤형 기법을 적용할 수 있어야 한다. 상담자는 내담자의 자기조절 능력을 회복시키고, 조직 내 대인관계에서 안정적 소통을 유도하는 데 기여해야 한다.

• 윤리 의식과 비밀보장의 균형

모든 상담자는 내담자의 비밀보장을 존중해야 하지만, 군 상담자는 군 조직의 특수성 속에서 비밀보장과 보고 책임 사이의 균형을 유지해야 한다. 「병영생활전문상담관 운영에 관한 훈령」 제22조에 따르면, 자해, 자살 의도, 성추행, 탈영 등 복무 부적응 및 기본권 침해가 우려되는 사례는 대대(대)장급 이상 지휘관에게 보고해야 한다. 따라서 군 상담자는 상담 초기부터 이러한 제한 조건을 내담자에게 명확히 설명하고, 신뢰를 유지하면서도 조직적 책임을 다할 수 있는 윤리적 판단력을 갖추어야 한다. 또한 군사기밀이나 정보 보호와 관련된 민감한 내용에 대해서는 상담 과정 중

각별한 주의가 필요하다.

• 교육자이자 지도자로서의 자질

군 상담자는 단지 내담자와의 1:1 상담을 넘어서, 지휘관과 간부를 대상으로 상담 교육 및 정신건강 교육을 실시하는 교육자 역할도 수행한다. 자살예방교육, 스트레스 관리, 의사소통 교육 등은 병사들의 정신건강을 예방하고 지휘자의 병력 관리 능력을 향상시키는 데 중요한 역할을 한다. 상담자는 연 2회 이상 정기 교육을 수행할 수 있으며, 이를 통해 상담 친화적 병영문화 조성에 기여하게 된다.

• 인간 존중과 신뢰 관계 형성

상담자의 인간적인 자질은 군 상담 현장에서도 매우 중요하다. 진정성 있는 태도, 공감 능력, 인내심, 정직성, 비판단적 태도는 병사로 하여금 심리적 문을 열게 만드는 핵심 요인이다. 특히 상급자 중심의 권위 문화에서 소외감을 느끼는 병사들에게 상담자는 '자신을 이해해 주는 유일한 사람'이 될 수 있다. 이러한 신뢰 기반의 관계 형성은 병사에게 자기 이해, 정서 조절, 변화를 위한 동기 형성을 가능하게 한다.

• 지속적 자기개발과 전문가로서의 성장

군 상담자는 시대와 세대의 변화에 민감하게 대응할 수 있도록, 상담 전문성을 지속적으로 강화해야 한다. 이를 위해 정기적인 학회 참석, 워크숍 참여, 사례 슈퍼비전, 윤리교육 이수 등이 필요하다. 특히 Z세대 병사들과 효과적으로 소통하기 위해서는 최신 정신건강 트렌드와 세대 특성에 대한 이해가 필수적이다. 또한, 군 상담관 슈퍼바이저로 지정된 상담자는 다른 상담관들의 직무역량 강화를 위한 피드백 제공, 정책 제언, 제도 개선 활동 등 상담자 훈련과 조직 기여를 병행하는 고차원의 역할을 수행할 수 있어야 한다.

3) 군 상담의 윤리적 원칙

군 상담자 역시 일반 상담자와 마찬가지로 전문성과 함께 윤리적 기준을 준수해야 한다. 내담자의 자율성을 존중하고, 해를 끼치지 않으며, 이익을 주기 위한 상담 태도는 기본이다. 또한 모든 내담자를 공정하게 대하며, 신뢰와 성실에 기반한 상담 관계를 유지해야 한다. 다만 군 상담은 조직의 특수성으로 인해 몇 가지 윤리적 고려가 필요하다. 가장 대표적인 것은 비밀보장의 제한이다. 일반상담에서는 비밀보장이 원칙이지만, 군 상담에서는 자해나 자살 의도, 성추행, 탈영, 상습 구타 등 복무 부적응 사례를 인지한 경우, 지휘관에게 보고할 의무가 있다. 따라서 상담자는 초기 면담 시 내담자에게 비밀보장의 범위와 예외를 명확히 설명해야 하며, 개인의 권익과 조직의 안전 사이에서 균형 있는 판단이 요구된다. 또한, 군 조직 내에서는 상담자와 내담자가 직무상 상하관계로 얽혀 있을 가능성이 있기 때문에 이중관계를 주의해야 한다. 상담자는 직무와 상담의 경계를 분명히 인식하고, 객관성을 유지하며, 필요시 다른 상담자에게 사례를 조정하는 등의 윤리적 판단이 필요하다. 군 상담자는 내담자 개인의 심리적 안녕을 보호하는 동시에, 군 조직의 질서와 기강도 함께 고려하는 이중 책무를 지닌 윤리적 조력자라고 할 수 있다. ※ 14장 참고

chapter

03 군 상담이론과 적용

1. 정신분석 상담이론

정신분석 상담이론은 오스트리아의 정신과 의사이자 심리학자인 프로이트(Sigmund Freud)에 의해 창시되었는데, 이 이론에서는 정신장애가 무의식의 갈등에 의해 유발될 수 있다고 본다. 즉, 정신분석이론에서는 정신장애가 무의식인 갈등, 원초아(id), 자아(ego), 초자아(superego) 간의 갈등과 힘겨루기, 어린 시절 경험한 부모와의 갈등, 미숙한 방어기제에 의해 유발되며, 치료의 목적을 다양한 방법을 통해서 무의식을 의식화하도록 돕는 것에 둔다. 프로이트에 의해 창시된 '고전적 정신분석 이론'은 그의 사망 이후 여러 학자들에 의해 수정되어 자아심리학, 대상관계이론, 자기심리학 등으로 확장되면서 계속 수정과 보완이 이루어지고 있다.

1) 인간관

프로이트는 인간을 이성적 존재보다는 본능과 무의식에 지배되는 수동적인 존재로 보았다. 그는 모든 행동에는 심리적 원인이 있으며, 특히 어린 시절의 경험이 성격 형성과 증상에 깊은 영향을 미친다고 설명했다. 정신적 결정론에 따르면, 원인 없이 행동이 일어나는 법은 없고, 무의식적 동기가 행동의 배경이 된다. 무의식은 자각되지 않지만 인간의 생각과 행동을 좌우하며, 정신장애는 무의식 내 갈등, 원초아 · 자아 · 초자아 간의 긴장, 미성숙한 방어기제, 부모와의 갈등 등에서 비롯될 수 있다. 정신분석 치료는 이러한 무의식의 내용을 의식화하여 심리적 건강을 회복하는 것을 목표로 한다.

2) 주요 개념

• 성격 구조

프로이트는 인간의 성격을 원초아(id), 자아(ego), 초자아(superego)의 세 구조로 설명했다. 원초아는 본능적 충동이 자리한 부분으로, 쾌락 원리에 따라 즉각적인 만족을 추구한다. 자아는 현실을 고려하며 욕구 충족을 조절하는 역할을 하며, 현실 원리에 따라 긴장을 견디고 만족을 지연시킨다. 초자아는 양심과 이상적 자아로, 도덕적 기준과 사회 규범에 의해 형성된다. 이 세 요소가 충돌할 때 불안이 발생한다. 자아와 원초아 간의 충돌은 신경증적 불안을 일으키고, 자아가 현실의 위협을 인식하면 현실적 불안이 생긴다. 초자아와의 마찰에서는 도덕적 불안이 유발되며, 이는 자기비판이나 죄책감으로 나타나기도 한다. 이러한 불안을 줄이기 위해 사람들은 무의식적으로 다양한 방어기제를 사용한다.

• 방어기제

방어기제는 고통으로부터 우리를 보호한다는 점에서는 유용하나, 무분별하고 충동적으로 사용될 때에는 병리적인 것이 된다. 다양한 방어기제는 현실의 부정이나 왜곡이며, 무의식적으로 작동된다는 공통적인 특징을 가진다. 대표적인 유형은 다음과 같다.

억압	수용하기 힘든 원초적 욕구나 불쾌한 경험이 의식에 떠오르지 못하도록 무의식에 눌러 두는 것
투사	용납할 수 없는 자신의 감정이나 욕구를 다른 사람의 것으로 돌리는 것
전치	자신의 감정이나 욕구를 위험한 사람이나 대상에게 표출하지 않고 안전한 것으로 돌려 대리적으로 충족하는 것
반동형성	받아들이기 어려운 심리상태와 반대되는 행동을 함으로써 불안을 회피하는 것
주지화	정서적인 주제를 이성적인 주제로 전환하여 추상적으로 다룸으로써 불안을 회피하는 것
합리화	빈약한 성과나 실패와 같이 불쾌한 상황을 그럴듯한 이유로 정당화함으로써 불안을 회피하는 것
퇴행	이전의 발달단계로 되돌아감으로써 현재의 불안이나 책임감을 회피하는 것
동일시	다른 사람의 특징을 자신의 것으로 여기면서 불안과 같은 감정을 감소시키는 것
승화	성적이거나 공격적인 욕구를 사회적으로 수용될 수 있는 건설적인 행동으로 변환하는 것

• 심리성적 발달단계

프로이트는 무의식에 존재하는 아동기의 경험을 중요하게 생각하였으며, 가장 근원적인 성적 추동이 유아의 성장 과정에서 어떻게 나타나는지 관심을 가졌다. 그는 유아가 쾌락을 추구하는 신체 부위는 나이에 따라 변하는데, 이러한 욕구 충족이 성격 형성에 중요하다고 보았다. 심리성적 발달단계는 쾌락을 주는 '성적 추동 에너지'인 '리비도'가 신체의 어느 부위에 집중되느냐에 따라, 구강기, 항문기, 남근기, 잠복기, 성기기의 다섯 단계로 구분된다.

구강기(출생~1세)	입을 통해 빨고, 먹고, 깨무는 행위에서 긴장 감소와 쾌락을 경험하는 시기. 구강만족적 욕구가 지나치게 충족되면 지나치게 낙관적, 의존적인 성격/구강 공격적으로 고착된 사람은 지나치게 비관적, 공격적인 성격 발달
항문기(1~3세)	리비도가 항문에 집중되는 시기. 본능적 충동인 배설과 외부적 현실인 배변 훈련 경험의 영향으로 성격 발달. 배변 훈련으로 배설하는 때/장소 학습. 배변 훈련의 시작과 함께 아이는 쾌락 지연 학습. 배변 훈련이 순조롭게 진행되지 않으면 항문 공격 성격/항문 보유 성격 발달
남근기(4~5세) 프로이트의 성격 형성에 가장 중요한 시기	리비도의 초점이 성기에 집중되는 시기. 성기를 만지거나 환상을 통해 쾌락 충족. 남근기의 갈등은 반대 성인 부모와의 근친상간 욕망에 대한 환상과 관련. 오이디푸스 콤플렉스는 남자아이의 어머니에 대한 무의식적 욕망에서 비롯된 갈등. 엘렉트라 콤플렉스는 반대 성인 아버지에 대한 여자아이의 애정에 비롯된 갈등
잠복기(6세~사춘기)	성적 본능의 휴식기. 부모를 떠나 학교에서 친구들과 어울리면서 사회화 과정 경험. 이 시기에 초자아가 더욱 발달하며, 이 시기 동안에는 학교 활동, 취미, 스포츠, 우정 관계 등을 통해 성적 충동 승화
성기기(사춘기~)	급격한 신체 성장과 호르몬 변화를 경험하는 청소년기. 이러한 신체적 변화로 오랫동안 휴식기에 있었던 리비도가 성기로 집중. 이성에 대한 관심/성행위 추구. 생식 능력을 갖춘 인간은 남녀 서로 다른 성적 정체감을 인식/타인과의 관계를 통해 만족 추구

• 치료기법

정신분석 치료의 핵심적 원리는 '무의식의 의식화'이며, 내담자로 하여금 무의식적 갈등을 자각하여 해결하게 함으로써 정신장애가 치유될 수 있다는 것이다. 즉, 이는 자아의 기능을 강화하여 충동적이고 비합리적인 원초아를 효과적으로 제어하여 자아가 성격의 주인으로서 자리 잡아 원초아, 초자아, 현실의 요구를 효과적으로 조정함을 의미한다. 치료자는 최대한 중립적인 태도를 취하고 자신의 영향력을 최소화한 상태에서 내담자가 무의식적인 것들을 떠올리도록 두어야 한다.

• 자유연상(Free association)

내담자가 방어기제를 사용하여 억압한 무의식에 숨겨진 진실을 찾기 위해 사용하는 기법. 내담자에게 떠오르는 것은 무엇이든 표현하도록 하여, 연상을 통해 표현된 무의미한 여러 가지 내용이 함께 퍼즐처럼 맞춰지면서 의미를 획득하게 된다.

• 꿈분석(Dream analysis)

수면 중에 자아는 억압을 감소시키며 꿈을 통해 소망을 충족한다. 프로이트는 '꿈은 무의식으로 가는 왕도'라고 표현했는데, 이는 무의식 영역에 숨겨진 과거의 왜곡되고 억압된 내용을 찾고 이해하는 데 꿈이 최고의 메시지를 전달한다는 의미이다.

• 전이분석(Transference analysis)

전이는 내담자가 인생 초기의 의미 있는 대상과의 관계에서 발생했으나 억압되어 무의식에 묻어 두었던 감정, 신념, 욕망을 자기도 모르게 상담자에게 표현하는 현상이며, 내담자가 상담자에게 부여하는 모든 투사의 총합을 의미한다. 내담자는 상담자에게 감정을 전이함으로써 현재의 어려움을 야기시키는 초기의 인생 갈등을 정서적으로 재경험하게 된다. 상담자는 내담자의 전이를 유도하고 해석하여야 한다.

역전이는 상담자가 내담자에게 일으키는 전이 현상이다. 이는 내담자를 싫어하는 감정이나 과잉애착, 과잉관여로 나타나며 이러한 상담자 자신의 왜곡된 반응은 상담의 진전을 방해한다. 효과적인 상담을 위해서는 내담자의 분노, 사랑, 비판 등의 강력한 감정을 받을 때 발생하는 역전이를 객관적으로 상담자가 처리할 수 있어야 한다.

• 저항분석(Resistance analysis)

상담자의 분석과 해석으로 내담자가 느끼는 불안의 위협은 자아 방어체계를 작동시켜 저항을 통해 억압을 유지하려고 시도한다. 저항은 변화에 대한 두려움, 무의식적 소원과 욕구의 충족을 계속 유지하고 싶은 마음, 무의식적 갈등을 직시하는 것에 대한 두려움으로 인해 발생한다. 상담자는 저항을 해결하기 위해 많은 시간과 노력을 들여야 한다.

• 해석

상담자는 자유연상에서 보고한 자료, 꿈 분석, 실언, 증상, 전이 등의 의미를 내담자가 깨닫도록 해석하여야 한다. 그러나 섣부른 해석은 내담자의 저항을 크게 만들어 오히려 역효과가 날 수 있으므로, 내담자가 받아들일 수 있는 정도 등을 고려하고 적당한 시기, 적절한 정도로 해석한다.

3) 정신분석 상담이론을 활용한 군 상담

• 상담유형: 군 복무 중 정서불안 및 분노 문제
• 사례유형: 상급자의 지시에 과도하게 반응하고, 동료와 자주 충돌하는 병사

해당 병사는 상급자의 지시에 과민하게 반응하거나, 동료와의 사소한 갈등에도 분노를 통제하지 못해 고립되는 상황을 반복하고 있다. 상담을 통해 그는 어린 시절 아버지로부터 지속적인 언어적 비난과 무시를 경험했음이 탐색되었고, 이로 인해 권위 있는 인물에 대한 두려움과 반발심을 지니게 되었음이 드러났다. “갑자기 열이 치솟는다”는 그의 표현은, 감정을 조절하지 못하는 자신에 대한 자괴감으로 이어진다. 이러한 반응은 군의 위계적 구조에서 과거의 부정적 대상관계가 다시 활성화된 결과로 볼 수 있다. 정신분석적 군 상담, 특히 대상관계이론은 현재의 위기 반응이 단순한 환경 요인뿐 아니라 과거 관계의 재현일 수 있음을 설명하며, 상담자는 병사가 무의식적 관계 패턴을 통찰하고 자아 안정성을 회복하도록 지원해야 한다.

• 1단계: 상담 목표 설정 - 내적 대상관계의 자각과 자아 기능 회복

상담자는 병사의 상급자에 대한 반발과 예민한 반응이 단순한 군 조직의 위계 때문이 아니라, 과거 아버지와의 정서적 갈등에서 비롯된 무의식적 반응일 수 있음을 함께 탐색한다. 병사는 사소한 지시나 말투에도 과도하게 반응하며 “왜 그런지 모르겠다”고 말하고, 이는 “무시당하면 내가 사라지는 것 같다”, “그 말투는 날 바보로 만든다”는 과거의 정서 기억과 맞닿아 있다. 상담의 목표는 병사가 이러한 감정의 근원을 자각하고, 과거의 상처가 현재 관계에 영향을 미치고 있음을 이해하며, 감정

을 조절하고 담아낼 수 있는 자아의 힘을 회복하는 데 있다.

• 2단계: 상담 과정 - 전이와 저항, 방어기제의 해석

상담이 진행되면서 병사는 상담자에게 경계하거나 반대로 감정적으로 의지하려는 모습을 보인다. 이는 과거 대상관계에서의 정서적 패턴이 상담 장면에 전이된 것으로, 예컨대 무시당했던 아버지와의 관계가 반복되고 있는 것이다. 상담자가 약속에 몇 분 늦었을 때 병사는 "저도 이제 안 나올까 했어요"라고 말하지만, 속마음의 서운함이나 분노는 쉽게 표현하지 못한다. 이는 '실망 당하기 전에 내가 먼저 포기한다'는 방어적 전이로 해석될 수 있다. 상담자는 이러한 반응을 직접 지적하기보다는 "그런 감정, 예전에도 느껴 보신 적 있나요?"처럼 자연스럽게 감정의 연결을 탐색하며 병사가 스스로 통찰하도록 유도한다. 또한 병사가 분노를 유머로 넘기거나 타인의 감정을 비꼬는 방식으로 반응할 때는, 억압이나 반동형성 같은 방어기제가 작용하고 있음을 염두에 두고, 그 이면에 있는 불안과 인정 욕구를 함께 다룰 수 있도록 돕는다.

• 3단계: 개입 효과 - 자기 이해를 통한 관계 재구성과 정서 조절력 향상

상담이 일정 시점에 이르렀을 때, 병사는 "상급자가 싫다기보다, 무시당한다고 느껴질 때마다 내가 예전처럼 작아지는 느낌이 들었어요"라고 말하며 자신의 감정 기원을 자각하기 시작한다. 그는 점차 분노의 기저에 있는 두려움과 무시당하지 않으려는 강박, 그리고 인정받고 싶은 어린 시절의 욕구를 인식하게 된다. 이러한 통찰을 통해 병사는 더 이상 감정에 압도당하기보다, 감정을 설명하고 타인과 조율할 수 있는 정서적 주체로 변화해 간다. 군 복무라는 제한된 환경에서도 자신이 감정을 선택하고 조절할 수 있다는 자각은 자아 기능 회복의 핵심 성과이다. 결국, 정신분석적 접근은 병사 개인의 현재 행동과 감정을 단편적으로 바라보지 않고, 과거의 정서적 경험과 현재의 관계 재현을 통해 총체적으로 이해함으로써, 위계적 군 조직 안에서도 자기통제력과 자기 이해를 바탕으로 한 성숙한 관계 맺기를 가능하게 한다.

2. 인지행동 상담이론

'인간은 생각하는 존재다'라는 전제는 우리가 겪는 감정과 행동이 사건 자체보다 그 사건을 해석하는 방식, 즉 신념 체계에 달려 있다는 점을 강조한다. 미국의 심리학자 엘리스(Albert Ellis)는 이러한 관점에서 '합리적 정서행동치료(Rational-Emotive Behavior Therapy)'를 제안했다. 그는 비합리적인 신념을 합리적으로 전환함으로써 정서와 행동을 변화시킬 수 있다고 보았다. 그의 ABC 이론은 A(사건), B(신념), C(결과)라는 구조로, B의 내용을 수정하면 C의 변화가 가능하다는 점에 주목한다.

아론 벡(Aaron Beck)은 자동적 사고와 인지왜곡이 정서 문제에 영향을 준다는 입장에서 '인지치료'를 발전시켰다. 그는 특히 우울한 사람들에게서 반복되는 비합리적 사고 패턴을 관찰하고, 이를 재구조화하여 증상을 완화하려 했다. 벡은 다양한 심리 문제에 대한 척도를 개발했고, 인지 수준의 조정이 증상 개선에 효과적임을 입증했다. 인지행동치료는 문제 해결과 행동 변화에 초점을 맞춘 실용적 접근으로, 비교적 단기간 내에 치료 효과를 기대할 수 있는 실천적 장점이 있다.

1) 인간관

엘리스는 인간이 합리성과 비합리성을 모두 지닌 존재라고 보았다. 즉, 사람은 선천적으로 성숙과 성장에 기여하는 합리적인 신념뿐 아니라, 자기 파괴적일 수 있는 비합리적인 신념도 함께 지닌다고 보았다. 이 관점에서 심리적 장애는 비현실적이고 비논리적인 사고방식에서 비롯된다고 본다.

벡의 인지치료는 개인의 주관적 인식과 이성적 판단을 강조한다. 즉, 인간은 무의식에 끌려다니는 존재라기보다는 자신의 사고와 판단에 따라 감정과 행동을 조절할 수 있는 주체적 존재로 여겨진다. 벡은 인간이 자유의지를 가지고 삶을 변화시키려는 능력을 지녔다고 보며, 비이성적 사고를 정신병리의 핵심 원인으로 이해한다.

2) 주요 개념

엘리스의 합리적 정서 행동치료에는 인지, 정서, 행동이 상호작용하는 과정에서 인지가 주축이 되어 정서와 행동에 영향을 준다고 생각한다. 즉, 부적응 행동은 인간이 비합리적 신념을 가지고 상황을 해석해서 생기는 것이므로 왜곡된 인지를 변화시키는 것이 중요하다고 본다.

• 비합리적 신념

자신, 타인, 세상에 대한 비현실적 기대와 요구를 말하며, '반드시 ~~해야 한다(must, shoulds)'라는 절대적, 완벽주의적인 당위적 요구의 형태를 띠고 있다. 당위적 요구는 실현되기 어려운 비현실적인 것이며 필연적으로 좌절을 초래하여 부정적 감정과 행동을 유발하므로 개인이 겪는 정서적 문제의 근원이 된다.

• 비합리적 사고

부정적 감정과 행동을 일으키는 핵심적인 비합리적 사고는 절대적인 강요와 당위, 파국화, 좌절에 대한 낮은 인내력, 자신과 타인에 대한 질책인데, 이는 비현실적인 당위적 요구가 과도한 부정적 감정과 행동으로 이어지는 인지적 과정을 보여 주고 있다.

• ABC 이론

A(Activating event)는 '촉발 사건', B(Belief)는 '신념 체계', C (Consequence)는 정서적, 행동적 '결과'를 의미하며, 비합리적 신념을 논박하여 효과적인 철학을 갖게 하여 새로운 감정과 행동을 경험하도록 하는 것이 심리치료의 목적이다.

인지 치료 이론에서는 성격을 한 개인의 인지 도식으로 본다. 한 개인이 세상을 바라보는 틀인 인지 도식은 스키마, 핵심신념, 중간 신념, 자동적 사고 등 네 가지 인지 수준으로 이루어져 있다.

• 스키마(Schema)

인지 도식은 자신, 세상, 미래를 보는 개인의 특유하고 습관적인 사고방식을 말한다. 한 개인이 자신만의 고유한 방식으로 세상을 바라보는 틀이며, 생애 초기의 개인적인 경험과 타인과의 상호작용으로부터 발달한다. 우울증을 유발하는 인지 도식은 결핍, 패배, 상실, 무가치 등을 포함하며, 불안장애의 공통적인 인지 도식은 위험이나 위협을 포함한다.

• 핵심신념(Core belief)

자동적 사고의 바탕이 되는 자신에 대한 근원적이고 깊은 수준의 믿음이다. 이는 자신, 세계, 미래에 대한 자신의 견해를 반영하며, 모든 영역에 영향을 미치고 지나치게 일반화되는 특징이 있다.

• 중간 신념(Intermediate belief)

이는 자동적 사고를 형성하는 극단적인 태도, 규칙, 가정으로 구성되어 있으며, 핵심신념의 영향을 받는다. 중간 신념은 주어진 상황을 보는 관점에 영향을 주며, 그렇게 형성된 관점은 또다시 그 사람이 어떻게 생각하고 느끼고 행동하는가에 영향을 준다. 즉, 중간 신념은 핵심신념이 자동적 사고를 유발하는 데 중간 역할을 한다.

• 자동적 사고(Automatic thought)

이는 어떤 사건을 경험할 때 자신의 의지와 상관없이 부지불식 간에 저절로 떠오르는 생각을 의미한다. 왜곡되거나 극단적 또는 부정적인 내용의 자동적 사고는 심리적 문제와 직접적인 연관성을 갖는다. 한 개인에게 내재된 핵심신념이나 중간 신념은 어떤 특정한 상황에서 지각에 영향을 주고 자동적 사고로 나타난다. 이는 아주 빠르고 순간적으로 나타나며 한순간에 생겨나는 것이 아니라 부정적인 경험이 반복되어 형성된다. 우울 증상을 경험하는 사람들은 자기, 세상, 미래에 대해 부정적, 비관적으로 보는 '인지삼제'적인 관점을 가진다.

• 역기능적 인지 도식(Dysfunctional schema)

이는 개인의 현실적응에 도움이 되지 않는, 부정적인 내용으로 이루어진 생각의 틀을 의미한다. 역기능적 인지 도식을 가지고 있는 사람은 일상생활의 스트레스 사건 경험 시에 부정적인 자동적 사고가 떠오르게 되고 다양한 유형의 인지적 왜곡이 나타나서, 경험하고 있는 사실의 왜곡이나 오류로 인한 문제 증상을 겪게 된다.

• 인지적 왜곡(Cognitive distortion)

이는 개인의 인지 도식에 결함이나 오류가 있어서 특정 상황에 대한 정보를 제대로 지각하지 못하거나 사실과 다르게 해석하고 받아들이는 것을 뜻한다. 인지적 왜곡의 대표적인 유형은 다음과 같다.

흑백논리	생활 사건의 의미를 이분법적 범주 중 하나로 해석하는 오류. 예: '성공' 아니면 '실패'
과잉일반화	특수한 상황의 경험으로부터 일반적 결론을 내려 무관한 상황에도 그 결론을 적용시키는 오류. 예: 한두 번 실연한 남자가 자신은 '항상' '어떤 여자에게든' '어떤 행동을 하든' 실연할 것이라 생각
정신적여과	특정 사건과 관련된 일부의 정보만 선택적으로 받아들여 그것이 마치 전체를 의미하는 것으로 오해석하는 것. 예: 발표 시 일부만 부정적인 반응, 그 일부의 청중에게만 반응하여 자신의 발표가 실패했다고 생각
의미확대/의미축소	어떤 사건의 의미나 중요성을 실제보다 지나치게 확대/축소하는 오류. 예: 우울한 사람들이 부정적인 일의 의미를 과도하게 확대/긍정적인 일의 의미는 축소하는 잘못
개인화	자신과 무관한 사건을 자신과 관련 있다고 오해석하는 것. 예: 길거리 모여 있는 사람들의 웃음을 자신을 비웃는 것이라 오해석
파국화	사소한 사건 때문에 인생이 엉망이 될 것이라고 과장되게 해석. 예: 기말고사를 망쳐서 내 인생은 모두 끝났다고 생각

3) 인지행동 상담이론을 활용한 군 상담

• 상담유형: 군 복무 중 적응 장애 및 부정적 사고패턴
• 사례유형: 전입 초기 병사 - 극심한 부적응, 타인 기피, 자기 비난 사고

훈련소 수료 후 전입 부대에 배치된 지 한 달 된 병사는 복무 내내 불면과 식욕부진을 호소하며, 일상업무에서도 반복적인 실수와 위축된 태도를 보인다. 상급자가

다정하게 조언해도 "저를 싫어하시는 것 같다"고 해석하며, 동료들과의 대화에서도 자주 "제가 문제를 일으켜서 불편하실 거예요"라며 대인관계를 회피한다. 상담 초기 병사는 반복적으로 "나는 원래 못하는 사람", "다른 사람들은 다 괜찮은데 나만 적응을 못 한다"는 식의 부정적 자동사고를 드러낸다. 인지행동적 군 상담은 현실에 적응하지 못하는 병사의 감정과 행동의 이면에 있는 왜곡된 사고패턴을 찾아내고 수정함으로써 정서적 안정과 기능적 행동을 회복하도록 돕는 과정이다. CBT는 '사고 - 감정 - 행동'의 연결고리를 중심으로 하여, 병사가 자신의 자동적 사고를 인식하고, 합리적으로 재구성할 수 있도록 돕는 이론적 틀을 제공한다.

- 1단계: 상담 목표 설정 - 부정적 자동사고의 자각과 대안적 사고 형성

상담 초기, 병사는 "나만 혼나는 것 같아요", "다들 저를 불편해하는 것 같아요"라는 말을 반복하며 과도한 일반화와 이분법적 사고를 드러낸다. 상담자는 이를 자동적 사고(Automatic Thoughts)로 파악하고, 병사가 자신의 사고와 감정, 행동이 어떤 방식으로 연결되어 있는지를 도식화하여 함께 탐색한다. 예를 들어, '작업 중 실수 → "난 또 실수했어, 난 쓸모없는 병사야" → 불안과 위축 → 대인관계 회피'라는 사고 - 감정 - 행동의 고리를 시각화하면서, 병사가 자신의 사고가 감정을 결정한다는 점을 이해할 수 있도록 돕는다. 상담의 목표는 병사가 왜곡된 사고를 인식하고, 그에 따라 감정과 행동이 어떻게 형성되는지를 자각함으로써, 비합리적 사고를 수정하고 적응적 반응을 만들어 내는 것이다.

- 2단계: 상담 과정 - 사고기록표 활용, 인지 재구조화, 행동실험

상담자는 병사에게 사고기록지를 활용하여 힘들었던 사건, 자동사고, 감정과 행동을 정리하도록 안내한다. 초기에는 "혼나면 나는 쓸모없는 사람이다", "한 번 실수하면 낙오자다"와 같은 비합리적 사고가 나타난다. 이에 상담자는 "한 번의 실수가 무능을 뜻하나요?", "상급자의 말을 실망으로만 해석한 이유는 뭘까요?", "다른 병사였다면 뭐라고 말해 줬을까요?" 등의 질문으로 인지 재구조화를 유도하고, 병사가 인지 왜곡을 파악하고 대안을 모색하게 돕는다. 아울러 "동료에게 하루 3번 말 걸기", "하

루에 한 가지 장점 적기"와 같은 행동실험을 제시하고, 이를 실천한 뒤 그 경험을 함께 검토하며 자기효능감을 키울 수 있도록 지원한다.

• 3단계: 개입 효과 - 사고 수정에 따른 정서 안정과 적응력 회복

상담이 지속되면서 병사는 실수를 자기 존재의 부정으로 보던 이전과 달리 "실수는 배울 기회"라는 인식으로 전환한다. 대인관계에서도 '나 때문에 불편할 거야'라는 생각에서 '익숙해지는 중'이라는 사고로 감정을 조절한다. 이러한 인지 변화는 정서와 행동에도 긍정적으로 작용해, 병사는 불면이나 불안이 줄고 동료와의 관계에서도 적극적인 소통을 시도하게 된다. 인지행동적 개입의 핵심 효과는 병사가 외부 탓만이 아닌 자신의 사고를 조정하며 자아 존중감과 회복력을 회복하게 된 점이다.

3. 인간중심 상담이론

인간중심 상담이론은 칼 로저스(Carl R. Rogers)가 주창한 인본주의적 접근으로, 인간은 본래 자기실현을 향해 나아가려는 성향을 지닌 존재라고 본다. 이러한 성장 경향이 차단될 때 심리적 문제가 발생하며, 상담자는 내담자가 자신의 잠재력을 회복할 수 있도록 돕는 환경을 제공해야 한다. 인간중심 상담은 무의식보다 의식적 자기 인식을 중시하며, 조건적인 평가가 아닌 진정성 있는 관계를 통해 회복을 지향한다. 로저스는 기법보다 상담자의 태도와 관계의 질을 상담의 핵심으로 보았다.

1) 인간관

인간중심 상담이론은 긍정적인 인간관에 근거하고 있으며 로저스는 인간은 기본적으로 유능하고 강인한 존재이며 자신의 잠재 가능성을 실현시킬 수 있는 능력을 가지고 있다고 보았다. 즉, 이 이론에서 인간은 하나의 통합된 유기체로서 이해되어야 하며, 인간 유기체는 신체적 기능과 감각, 감정, 동기, 사고 등의 심리적 기능이 통합된 조직된 체계로서 환경과 상호작용하며 매 순간 유기체적 경험을 하게 된다.

이런 유기체적 경험은 현상적 장, 심리적 현실을 구성하게 된다.

2) 주요개념

• 현상적 장

매 순간 개인의 의식에 지각되고 경험되는 모든 것으로, 개인이 변화하는 세계를 지각하고 경험하는 심리적 공간이며 개인의 사적이고 주관적인 경험세계를 의미한다. 현상적 장은 개인에게 실제적인 세계로 여겨지면 내적 참조체계가 되어 개인의 모든 판단과 행동의 근거가 된다. 인간중심치료에서는 내담자의 내적인 경험 세계를 이해하는 것이 중요하며, 내적 참조체계에 대한 공감이 필수적이다.

• 자아실현 경향성

로저스는 인간의 기본적 동기를 인간 자신을 유지하면서 잠재력을 건설적인 방향으로 성취하려는 선천적인 경향성인 '자기실현 경향성'으로 보았다. 이런 '자기실현 경향성'을 제한하는 유일한 구속 요인은 '환경'이며, '자기실현 경향성'을 지원하는 호의적인 여건이 주어지지 않으면 개인의 성장과 성숙에 제한이 생긴다. '자기실현 경향성'은 일치성, 무조건적 긍정적 존중, 공감적 이해를 통해서 진행된다.

• 자기개념

자기개념은 개인이 자신에 대해서 지니고 있는 지속적이고 체계적인 인식이다. 즉, 현재 자신이 어떤 사람인지에 대한 개인의 인식, 자아상을 의미한다. 자기개념은 처음에는 모호하다가 내부에서의 자기 경험과 외부 타인들과의 상호작용을 통해 점차 자기에 대한 인식이 명확하고 견고해진다. 자기개념에는 현재의 자기 모습을 반영하는 현실적 자기와 긍정적 존중을 받기 위해 추구하는 이상적 자기가 있다.

• 가치의 조건화

개인은 각각의 경험을 자신이 어떻게 느끼는가에 따라 평가하는 과정을 가지는데,

이것이 '유기체적 가치화 과정'이다. 인간은 부모나 중요한 타인과의 상호작용을 통해서 '가치의 조건'을 습득하게 되는데, 많은 경우에 부모나 교사가 조건부의 존중과 애정을 주기 때문에 아동은 긍정적 존중을 받기 위해서 그들이 원하는 가치와 기준을 받아들여서 내면화한다. 개인은 가치의 조건을 자기개념 일부로 내면화하여 이와 일치하지 않는 자신의 특성이나 경험은 불편하거나 불쾌한 것으로 여기게 된다.

• 자기와 경험의 불일치

개인이 자신의 있는 그대로의 유기체적 경험을 자기개념과 일치하는 것으로 받아들이고 통합하면 건강한 심리적 적응이 이루어진다. 이에 반해서 개인이 자신의 유기체적 경험을 무시하거나 왜곡하여 그러한 경험을 자기 구조로 통합하지 못할 때 심리적 부적응이 발생한다.

• 무조건적 긍정적 존중

개인이 경험하는 가치의 조건을 줄이기 위해서는 '무조건적 긍정적 존중'이 필요하다. 개인의 모든 경험이 '무조건적 긍정적 존중'을 받게 되면, 개인은 자신의 경험을 있는 그대로 충분히 수용하여 자기 구조로 통합하여 '온전히 기능하는 사람'이 된다.

• 온전히 기능하는 사람

온전히 기능하는 사람의 가장 중요한 특성은 '경험에 대한 개방성'이다. 이런 사람들은 어떤 일이 일어나고 있는지를 충분히, 사실적으로 경험하기 위해서 두려움이나 방어적 태도 없이 '자신의 경험을 있는 그대로' 받아들인다. 인간중심 상담이론의 궁극적인 목표는 내담자가 온전히 기능하도록 돕는 것이다.

3) 인간중심 상담이론을 활용한 군 상담

- 상담유형: 자존감 저하 및 자기부정 문제
- 사례유형: 복무 중 상시 위축 상태에 있는 병사 - 자신감 결여, 수동적 태도, 타인의 기대에 예민하게 반응

중대 내 업무 수행에 있어 특별한 문제를 보이지 않지만, 사소한 실수에도 지나치게 자책하고, 동료나 간부의 시선에 극도로 민감한 병사가 상담에 의뢰되었다. 그는 "항상 누군가의 눈치를 보며 살아왔다"고 말하며, 자신이 잘해도 주변의 평가에 따라 자존감이 급격히 변동되는 모습을 보인다. 과거 학창 시절부터 아버지의 높은 기대 속에서 자라 온 그는, 칭찬은 받았지만 진정한 수용의 경험은 적었다. 현재 군 복무 속에서의 긴장된 인간관계는 그에게 '나는 여전히 충분하지 않다'는 내면의 확신을 더욱 강화시키고 있다. 인간중심적 군 상담은 병사의 '조건부 자기개념'을 무조건적 존중 속에서 점진적으로 해소하고, 자기 자신에 대한 진실하고 긍정적인 인식을 회복하도록 돕는다. 이는 단지 행동의 수정이 아닌, '있는 그대로의 자신'을 수용받는 경험을 통해 자기실현적 방향으로 나아가는 과정이다.

• 1단계: 상담목표 설정 - 자기수용과 진정성 회복

상담 초기, 병사는 상담자에게도 "이런 말 하면 이상하게 보이겠죠?", "너무 찌질하죠?"와 같은 표현을 반복하며 자신의 감정을 검열한다. 상담자는 평가하지 않고, 있는 그대로의 감정과 언어를 받아들이며 "그렇게 느끼셨군요", "지금 이야기해 주셔서 고맙습니다"라는 반응으로 관계의 기초를 다진다. 상담의 핵심 목표는 병사가 '조건적 자기 가치(내가 ~해야만 인정받는다)'에서 벗어나, 자신의 감정과 존재를 있는 그대로 존중받는 경험을 통해 자기수용의 힘을 키우는 것이다. 상담자는 병사가 지금까지 내면에 눌러놓았던 감정들을 탐색하고 표현할 수 있도록, 수용과 공감, 진정성 있는 태도로 관계를 형성한다.

• 2단계: 상담 과정 - 공감적 이해와 무조건적 긍정적 존중

상담이 진행되며 병사는 점차 내면의 감정을 털어놓기 시작한다. "늘 부족하다고 느꼈다", "사실 두려웠다"는 고백에 상담자는 조언이나 해석 없이 감정을 깊이 공감하며 반영한다. "그때 정말 외로웠겠어요" 같은 공감은 병사가 자신의 감정을 안전하게 마주하도록 돕는다. 군대라는 환경에서는 감정 표현이 어려울 수 있으나, 상담자는 그런 틈에서 병사가 무장해제될 수 있는 공간을 만들어 준다. 상담자는 "이곳에서는 편하게 말해도 된다"는 메시지를 반복해 전달하며, 병사는 점차 '있는 그대로의 나'로 존중받는 경험을 하게 된다. 이는 자기수용과 자기 신뢰로 이어지는 기반이 된다.

• 3단계: 개입 효과 - 자기 개방과 자발적 변화

상담 후반으로 갈수록 병사는 "예전엔 그냥 참았는데, 이젠 말을 할 수 있게 됐다", "괜찮은 척만 하는 게 아니라 솔직해지려 한다"고 표현하며 자신의 변화를 자각한다. 처음에는 '어떻게 행동해야 좋은 병사인가'에 초점이 맞춰졌다면, 이제는 '나는 어떻게 느끼고 어떤 방향을 원하는가'에 관심을 가지게 된다. 이런 변화는 타인이 주는 평가가 아닌, 자신의 내면 감정과 가치에 근거한 자기 결정을 의미한다. 병사는 더 이상 무조건적 순응이나 회피 대신, 자신의 속도에 맞게 관계를 맺고 표현할 수 있게 되며, 이는 자율성과 주체성의 회복으로 이어진다. 인간중심적 상담은 어떤 지시나 해석 없이도, 병사 내면의 잠재력을 스스로 찾아가도록 돕는다. 상담자는 그 길을 강요하지 않고, 단지 곁에서 함께 걸으며 진정한 만남의 경험을 통해 병사가 '자기 삶의 중심'을 회복하도록 돕는다.

4. 수용전념치료

수용전념치료(ACT)는 인지행동치료의 발전된 형태로, 내담자가 고통을 삶의 일부로 받아들이고, 중요한 가치에 따라 살아가도록 돕는 접근이다. 증상을 제거하기보다는 심리적 유연성을 키우는 데 초점을 두며, 공감과 수용을 바탕으로 회피를 줄이

고 마음챙김을 통해 현재에 집중하도록 지원한다. 이를 통해 내담자가 가치에 기반한 행동을 실천할 수 있도록 한다.

1) 인간관

수용전념치료는 인간을 언어와 인지 구조를 통해 사고하고 행동하는 존재로 보며, 고통을 비정상이 아닌 삶의 자연스러운 일부로 이해한다. 이 접근의 핵심 목표는 '심리적 유연성'의 회복이다. 즉, 경험 회피와 인지적 융합을 줄이고, 수용과 탈융합을 통해 유연하게 반응할 수 있도록 돕는다. 상담자는 내담자가 현재에 집중하고, 고통 속에서도 자신이 중요하게 여기는 가치를 따라 행동하도록 지원하는 역할을 한다.

2) 주요개념

- 수용

고통스러운 감정과 사고를 회피하거나 바꾸려 하기보다 있는 그대로 인식하는 것

- 탈융합

자신과 부정적 생각을 결합시켜 생각하는 것에서 벗어나는 것. 언어의 문자적 의미로부터 일정 거리를 두고, 문자적 내용에 사로잡히지 않는 과정. 언어 자체와 언어의 내용 분리하기

- 맥락으로서의 자기

무언가 해야 하는 자신에서 벗어나 현존하기. 지금 - 여기에서의 경험에 집중하는 것

- 현재 상태 몰입/ 현재에의 접촉

과거나 미래가 아닌 현재에 집중하며 몰두하는 것. 알아차림 명상을 통해 현재에 충분히 머물러 경험하고, 올라오는 다양한 감정들을 온전하게 느끼는 것이 중요하다.

• 가치 탐색

내 삶에서 무엇이 가치 있는지 기술하고, 원하지만 하지 못하는 것이 무엇인지 살펴보는 것으로 시작한다. 자신의 삶에서 중요하게 생각하는 핵심가치를 발견한다.

• 전념행동

자신에게 중시되는 가치를 추구하기 위해 필요한 행동을 선정하고, 이를 실행하는 데 전념하는 것. 생각과 행동을 구분해 삶 속에 놓인 다양한 장애물들을 통찰해 구체적인 행동을 선택하고 실행하는 것이 중요하다.

3) 수용전념치료를 활용한 군 상담

• 상담유형: 반복되는 불안과 감정 회피로 인한 기능 저하
• 사례유형: 복무 중 불안장애 경향 병사 - 미래에 대한 불확실성과 자책, 감정 억제로 인한 탈락 위기

성실하게 생활하던 병사가 최근 과도한 긴장과 불안을 호소하며 상담을 의뢰받았다. 그는 사소한 지적에도 심장이 뛰고 얼굴이 달아오르며, 감정을 숨기기 위해 말을 줄이고 수면을 피하는 행동을 반복하고 있다. "또 실수할까 봐 미리 긴장돼요", "문제 병사로 낙인찍힐까 봐 무서워요"라는 사고가 반복되며, 일상 기능 저하와 자존감 하락이 두드러진다. 수용전념치료(ACT)는 감정이나 생각을 없애려 하기보다 그대로 수용하고, 현재에 집중하며 가치에 따라 행동하도록 돕는다. 통제하려는 시도가 오히려 고통을 키우는 상황에서, 감정을 '수용'하고 삶의 방향을 재정립하는 접근이 효과적이다.

• 1단계: 상담 목표 설정 - 감정 회피에서 심리적 유연성 회복으로

ACT 상담 초기에는 병사가 보이는 반복적 감정 회피 전략을 인식하고, 그것이 오히려 현재 삶의 질을 떨어뜨리고 있다는 점을 점진적으로 자각하도록 돕는다. 병사는 "불안하면 안 되니까 그냥 말을 줄여요", "감정을 드러내면 약한 사람처럼 보일까

봐 참아요"라는 회피 전략을 고수하고 있었지만, 상담자는 "그 회피가 당신 삶에 어떤 영향을 주었나요?"라는 질문으로 개입의 방향을 전환한다. ACT의 목표는 감정 통제가 아닌 감정과 함께 존재할 수 있는 능력을 회복하고, 병사 스스로가 '어떤 병사로 살고 싶은가'에 대한 가치 기반의 삶을 정립하도록 돕는 것이다.

- 2단계: 상담 과정 - 정서 수용, 거리두기, 가치 탐색

상담자는 병사에게 불안, 수치심, 자책 같은 감정은 제거 대상이 아니라 단지 떠오른 '생각'과 '감정'일 뿐임을 안내한다. "나는 실패자야"라는 자동사고에 대해 "그건 실제를 말하는 걸까?", "그저 생각일 뿐이라면 어때요?"처럼 질문하며 감정에 거리두기(defusion)를 시도한다. 불안을 억누르려 하던 병사는 "그 감정은 중요한 것을 향해 나아간다는 신호일 수 있다"는 상담자의 재해석을 통해 감정 수용을 배우게 된다. 이후 "당신이 지키고 싶은 태도는 무엇인가요?", "좋은 병사의 기준에 당신도 포함되나요?" 같은 질문으로 자신의 '가치'를 탐색하고, 성실함, 책임감 같은 의미 중심의 행동을 구상하기 시작한다. 감정을 없애는 대신, 감정을 가진 채로 삶의 방향을 선택하는 경험을 하게 된다.

- 3단계: 개입 효과 - 수용을 통한 행동 변화와 회복력 증진

상담 종결 즈음, 병사는 여전히 불안을 느끼지만 더 이상 그것을 억누르려 하지 않는다. "불안은 있지만, 그 감정을 가진 채 하루를 보낼 수 있어요"라며, 회피보다는 할 일에 집중하는 태도로 변화한다. ACT의 핵심은 감정을 없애는 것이 아니라, 감정을 안고서도 삶의 방향을 선택할 수 있는 심리적 유연성의 회복에 있다. 병사는 이제 '문제 병사'가 되지 않기 위해 회피하는 것이 아니라, '내가 되고 싶은 병사의 모습'을 기준으로 행동한다. 수용전념치료는 감정 표현이 어려운 군 환경에서도 병사들이 감정을 수용하고, 자신이 중요하게 여기는 가치에 따라 삶을 주도할 수 있도록 돕는다.

5. 신체감각치료(Somatic-Based Therapy)

신체감각치료는 말로 표현되지 않는 감정과 트라우마를 신체의 감각과 움직임, 긴장 반응을 통해 다루는 접근이다. 이는 신체가 단지 감정의 반응 기제가 아니라, 감정을 저장하고 반영하는 주체라는 관점에서 출발하며, 피터 레빈(Peter Levine, 1997)의 SE(Somatic Experiencing)와 펫 오든(Pat Ogden, 2006)의 SP(Sensorimotor Psychotherapy) 이론에 기반한다.

레빈은 트라우마가 신체의 생리적 각성 상태로 새겨진다고 보았고, 오든은 신체 기억을 통해 감정과 행동 반응을 통합해야 회복이 이루어진다고 강조했다. 신체감각치료는 심리적 외상과 억눌린 감정이 몸에 긴장, 통증, 마비감 등의 형태로 저장된다는 점에 주목하며, 내담자가 자신의 신체 감각을 세심히 추적하고 안전한 범위에서 이를 경험하도록 돕는다. 특히 감정을 언어로 표현하기 어려운 군 병사들에게는, 신체감각치료가 몸의 감각을 통해 감정을 인식하고 해소하는 효과적인 방법이 될 수 있다. 이는 억눌린 감정의 신체화를 예방하고, 몸과 감정 사이의 연결을 회복하여 자기 이해와 정서 안정, 일상 기능의 회복을 가능하게 한다.

1) 인간관

신체감각치료는 인간을 심리 · 정서 · 신체가 긴밀히 연결된 전체적 존재로 이해한다. 인간은 경험을 단지 생각이나 언어로만 처리하지 않고, 몸을 통해 저장하고 반응한다는 관점이 중심이다. 특히 강한 정서적 충격이나 억압된 감정은 긴장, 통증, 마비 등 신체적 형태로 각인되며, 의식적으로는 잊혀졌더라도 신체에는 계속 남아 있을 수 있다. 이 치료는 내면의 고통을 해결하기 위해선 먼저 몸이 전달하는 감각 신호에 귀 기울이는 것이 중요하다고 본다. 정서 회복은 사고의 변화만으로는 충분하지 않으며, 몸의 감각을 인식하고 그와 다시 연결되는 경험을 통해 가능해진다. 감정 표현이 제한된 군 조직에서는 병사들이 감정을 억누르거나 신체화하는 경우가 많기 때문에, 신체감각치료는 이들이 자신의 몸을 안전한 매개로 삼아 감정과 경험을 이해하도록 돕는 유용한 접근이 된다.

2) 주요개념

• 감각 추적(Tracking)

이는 내담자의 몸에서 일어나는 미세한 감각, 긴장, 떨림, 이완과 같은 반응을 있는 그대로 주목하고 따라가는 과정으로, 언어로 명확히 설명되지 않는 감정이나 트라우마의 흔적을 감각 차원에서 직접 다룰 수 있도록 돕는다. 상담자는 내담자에게 "지금 몸에서 가장 두드러지는 느낌은 어디인가요?", "그 감각이 움직이거나 변하는 양상이 있나요?"와 같은 질문을 통해 몸의 현재 상태에 대해 세심하게 인식하도록 안내한다.

• 정서와 신체 간의 연결성

신체감각치료에서는 인간의 감정이 단지 마음속에서 일어나는 현상이 아니라, 동시에 몸을 통해 나타나는 생리적 반응이라고 본다. 예를 들어, 불안은 가슴의 압박감이나 호흡 곤란으로, 분노는 턱과 어깨의 긴장으로, 수치심은 몸의 움츠림이나 시선 회피로 나타날 수 있으며, 이러한 신체적 표현을 인식하고 수용하는 것이 감정 회복의 첫걸음이 된다.

• 자원화(Resource Development)

내담자의 몸 안에서 비교적 편안하고 안정된 감각을 발견하고, 이를 회복의 지지자원으로 확장하는 과정을 의미한다. 신체감각치료에서는 "지금 몸에서 가장 편안한 부위가 있다면 어디인가요?", "그 감각을 더 느끼면서 숨을 쉬어 볼 수 있을까요?"와 같이, 안전한 신체 감각을 의식화하고 자각하는 작업을 통해 내담자가 자기 안에 회복의 기반을 다시 세울 수 있도록 돕는다.

• 소매틱 리리징(Somatic Releasing)

억눌린 감정이나 신체 기억이 자연스럽게 신체적 반응을 통해 해소되는 현상을 뜻하며, 상담 장면에서는 갑작스러운 눈물, 한숨, 미세한 떨림, 몸의 진동 등으로 나타나기도 한다. 이러한 반응은 감정이 과거에 고립되거나 억압된 상태로 남아 있다가 안전한 관계 안에서 조금씩 방출되는 것이며, 상담자는 이를 통제하거나 멈추지 않고 지지적으로 동행하며 감정의 완결을 도와야 한다.

• 접지(Grounding)

내담자가 현재 이 순간의 감각에 주의를 기울이면서 불안정한 감정 상태에서 벗어나 신체적 안정감을 회복하는 기법이다. 예컨대, 발바닥이 땅을 딛고 있는 느낌, 의자에 앉아 있는 압박감, 손의 따뜻함 등에 주의를 기울이는 것은, 과거의 트라우마 감정에서 벗어나 현재와 연결되도록 하는 회복적 개입이 된다. 이는 특히 위기나 외상 경험이 반복되는 군 병사들에게, '지금 여기'의 감각을 통해 긴장을 낮추고 자기 조절력을 회복하는 데 매우 효과적이다.

3) 신체감각치료를 활용한 군 상담

• 상담유형: 트라우마 및 만성 긴장에 따른 신체화 증상
• 사례유형: 복무 중 두통, 수면장애, 가슴 통증을 호소하는 병사 - 감정 표현 억제 및 정서 - 신체 분리

신병교육대를 수료한 뒤 전입한 병사가 계속되는 가슴 답답함, 두통, 불면을 호소하며 의무실에 반복적으로 내원하였다. 신체검사상 특별한 이상은 없지만 병사는 "심장이 자꾸 조여요", "한밤중에 숨이 막혀서 깨요"라고 호소하며, 감정 표현은 거의 하지 않고 "이런 말 하면 오히려 더 이상한 사람 되는 것 같다"고 한다. 그는 감정을 감추는 것이 미덕이라고 믿고, 아픔과 긴장을 말 대신 몸으로 견디는 습관을 오랫동안 지녀 왔다. 이처럼 군대라는 위계적이고 억제된 정서 환경 속에서, 병사는 감정을 억누르고 몸을 긴장된 상태로 고정시키면서 신체화 증상을 겪게 된다. 신체감각

치료(Somatic-Based Therapy)는 언어로 설명되지 않는 감각과 반응을 추적하고, 감정을 몸의 통로를 통해 안전하게 만나게 하여 회복을 돕는 접근이다.

• 1단계: 상담 목표 설정 - 감각 인식 회복과 정서 - 신체 연결 자각

상담 초기 병사는 "몸이 고장 난 것 같다", "이 불편함이 왜 생기는지 모르겠다"며 신체 감각에 거리감을 보인다. 상담자는 증상을 없애는 데 집중하기보다, 불편한 감각을 탐색하고 이해하는 과정에 초점을 맞춘다.

"지금 가장 먼저 느껴지는 감각은 어디인가요?", "그 감각에 색이나 온도를 붙인다면 어떤 느낌일까요?"와 같은 질문을 통해 병사는 점차 감각을 판단이 아닌 정보로 인식하게 된다. 이를 통해 몸의 상태를 있는 그대로 느끼는 연습을 시작하고, 감정과 신체 간의 연결성을 점차 자각한다. 상담의 주요 목표는 감정을 피하기보다, 신체 내부에서 안전하게 감정을 인식하고 머무는 경험을 회복하는 것이다.

• 2단계: 상담 과정 - 감각 추적, 자원화, 움직임을 통한 정서 표현

병사는 감정을 말보다는 "목이 조인다", "등이 뻣뻣하다"는 식의 신체 표현으로 드러낸다. 상담자는 이를 단서로 감각을 세밀히 추적하며 "그 감각이 어디서 더 강하게 느껴지나요?", "모양이나 질감은 어떤가요?" 등의 질문으로 병사가 자신의 몸에 주의를 기울이게 돕는다. 또한 병사가 몸에서 편안함을 느끼는 지점을 찾도록 유도하여 안정감을 회복하게 하고, "그 부위에 몇 초간 호흡을 집중해 보세요"와 같은 자원화 작업을 진행한다.

움직임을 활용한 개입도 병사의 감정 흐름을 도우며, "가슴이 답답하다면 그 부위를 손으로 감싸 보세요", "몸이 움츠러든 느낌이 있다면 천천히 펴 보세요"와 같은 제안을 통해 신체 반응을 점진적으로 풀어낸다. 이러한 과정은 병사가 억눌렀던 감정을 언어가 아닌 몸을 통해 안전하게 표현하고 해소할 수 있도록 돕는다.

• 3단계: 개입 효과 - 몸의 자각을 통한 정서 조절력 회복

상담이 진행될수록 병사는 감정과 신체 감각 사이의 연결을 새롭게 인식한다. "여

전히 답답하지만, 이젠 무조건 참지는 않아요", "불편함이 오면 그 감각이 전하는 메시지를 생각해요"라고 말하며, 감정을 억누르지 않고 수용하는 능력이 회복된다. 이는 단순한 증상 감소가 아니라, 정서적 자기조절력과 회복탄력성의 향상으로 이어진다. 상담자는 종결 과정에서 병사가 익힌 감각 조절 방식을 정리해 주며, "앞으로도 몸이 전하는 신호를 들을 수 있을까요?", "감정 해결이 아닌 감각 머무름은 어떤 의미였나요?" 같은 질문을 통해 자기 주도적 회복을 격려한다. 신체감각치료는 말로 풀 수 없는 감정과 억눌린 기억을 다룰 수 있는 효과적인 접근이며, 감정 표현이 제한된 군 환경에서 병사가 자기 이해와 조절 능력을 키우는 데 실질적 도움을 준다.

02

군 상담의 실제와 적용

chapter

04 군 개인상담

1. 군 개인상담

1) 군 상담 환경

군 조직에서는 군종장교, 주임원사, 지휘관 등 군 간부에 의해 이루어지는 면담 형태의 상담이 존재하며, 병영생활전문상담관이나 성고충상담관처럼 전문 인력을 통한 심리상담도 병행되고 있다. 일반적으로 전문 상담자가 상담을 진행할 때는 독립된 상담실이 있기 때문에, 비교적 안정적이고 구조화된 환경에서 상담할 수 있다. 그러나 격오지나 출장지에서 이루어지는 상담, 혹은 부대의 특수한 여건이나 내담자의 상황에 따라 지휘관실이나 주임원사실, 휴게실 등 상담 환경은 매우 다양하게 제공된다. 따라서 상담자는 상담이 이루어질 장소와 조건이 내담자에게 어떤 영향을 줄 수 있을지 면밀히 고려해야 하며, 내담자의 심리적 안정과 상담 효과를 극대화할 수 있는 환경을 사전에 충분히 검토하고 계획하는 것이 중요하다.

2) 상담 대상에 따른 차이

군 상담 대상은 간부와 병사를 포함한 군인 및 그 가족이다(국방부 훈령 제2931호, 「병영생활전문상담관 운영에 관한 훈령」 제18조). 군은 병사들의 정신건강과 적응을 위해 다양한 제도－심리검사, 병영생활전문상담관, 그린캠프 · 비전캠프 등－를 마련해 왔으며, 이는 주로 병사 중심으로 운영되어 왔다. 하지만 최근 간부의 심리적 어려움과 자살 사고 증가로 인해 이들에 대한 상담 필요성도 크게 부각되고 있다. 2023년 국방부 자료에 따르면 최근 5년간 간부의 자살 사고 인원이 병사보다 많았으며(JTBC, 2023.10.05.), 간부들은 직무 특성상 낙인, 진급, 평가 등에 민감해 상담 접근이 더욱 어려운 상황이다. 이에 따라 외부 EAP 프로그램이나 간부 전담 상담관 제도 등 다양한 시도가 이루어지고 있다.

한편, 국방 헬프콜 통계(2019~2023)에 따르면 병사 상담 건수는 130,912건, 간부는 74,539건으로 간부 수요 역시 상당함을 보여 준다(국방통계 연보, 2024). 이러한 현실을 반영해 본서 4장 '개인상담'에서는 병사와 간부 모두에게 적용 가능한 단기 상담 중심의 자료를 실었다.

3) 상담 공간

군 상담에서 가장 중요한 요소는 내담자의 비밀보장이다. 함께 생활하는 부대원들에게 상담 사실이 알려질 수 있다는 불안은 상담 참여를 위축시키며, 소문에 대한 우려는 집단생활 속 장병에게 큰 부담이 된다. 이러한 불안이 줄어들어야 상담자와의 신뢰 형성이 가능하다. 상담 공간은 외부 시선이나 동선에서 분리된 위치에 마련되어야 하며, 방음이 잘 되고 시각적 노출이 차단된 환경이 적합하다. 내담자의 이동 경로와 상담 시간 역시 노출을 최소화할 수 있도록 조율되어야 한다. 더불어 일반 군 시설과 다른 아늑하고 따뜻한 분위기를 조성하면 장병의 긴장을 줄이고 상담 효과를 높이는 데 도움이 된다.

4) 상담자 자세와 역할

군대에서 장병들이 주로 접하는 면담 대상은 자신들을 지휘하거나 관리하는 상급자일 경우가 많다. 이에 따라 장병들은 '상담'에 대한 명확한 개념이 정립되기 전에, 동료들로부터 부정확한 정보나 오해 섞인 설명을 듣는 경우가 흔하다. 따라서 상담자는 처음부터 자신이 장병을 관리·통제하는 사람이 아니라, 심리적 조력자로서 역할을 한다는 점을 명확히 전달해야 한다. 또한 전문가로서 어떤 방식으로 도움을 줄 수 있는지 구체적으로 안내하고, 상담에 대한 불안감이나 선입견이 나타날 때 이를 민감하게 포착해 반응할 필요가 있다. 무엇보다도 신뢰 형성이 상담의 핵심이므로, 장병과의 라포 형성을 위해 공감적 태도와 진정성 있는 자세를 유지하는 것이 중요하다.

5) 자료 준비와 기록

상담을 체계적으로 운영하기 위해서는 상담신청서, 상담동의서, 심리검사 도구 등 기초 자료를 사전에 준비해야 한다. 상담 기록은 수기 및 온라인 형태로 작성되며, 객관적이고 핵심적인 내용을 중심으로 정리한다. 기록에 접근할 수 있는 권한과 규정은 명확히 설정되어야 하며, 부대와의 사전 협의도 필요하다. 또한 병역 처분이나 법적 사유로 상담 기록이 요구될 수 있으며, 이 경우 내담자의 동의와 의사를 최우선으로 하되, 관련 규정을 준수하여 처리해야 한다.

6) 초기 면담 질문

초기 면담은 일반적인 접수 상담과 유사하지만, 군 특성을 고려해 군 적응 정도, 부대 환경, 상담 신청 경위를 파악하는 것이 중요하다. 예를 들어, 지휘관 권유, 심리검사 결과 인계, 자발적 신청 여부는 내담자의 동기를 이해하는 핵심 정보다. 또한 상담 목적, 현재 호소 문제, 심리 상태, 업무·생활 적응, 대인관계, 심리적 자원 등을 함께 확인해야 한다. 위계적 관계에 익숙한 장병에게 신뢰감 있는 분위기를 형성하는 것이 특히 중요하며, 이때는 공감적이고 관계 지향적인 질문이 필요하다.

2. 상담 단계별 전략

1) 초기단계: 신뢰관계 형성과 구조화

상담실에 처음 들어서는 순간은 단순한 시작이 아니라, 상담 전반의 분위기를 결정짓는 중요한 시점이다. 군 조직에서는 장병의 상담 참여가 자발적이기보다는 상급자의 권유나 행정적 의뢰로 이루어지는 경우가 많다. 따라서 상담자는 장병이 느끼는 긴장감과 방어적인 태도를 예민하게 읽어 내고, 이를 완화할 수 있도록 관계 형성에 집중해야 한다.

아이비와 살라켓(Ivey & Zalaquett, 2016)은 초기 상담의 핵심 과제로 명확한 구조 제시와 심리적 안전감 조성을 강조하며, 상담자가 예측 가능한 존재로 자리 잡는 것이 중요하다고 말한다. 특히 수직적 명령 체계에 익숙한 장병에게 상담자는 낯선 존재일 수 있기에, 권위가 아닌 진심과 공감으로 관계를 시작해야 한다. 초기 개입의 목적은 문제 해결에 앞서, 내담자가 '이 공간에서 편안할 수 있는가'하는 의문을 해소하도록 돕는 데 있다.

단체 생활에서 소문과 낙인을 두려워하는 장병일수록 상담실을 경계할 수밖에 없다. 이들을 안심시키기 위해, 상담자는 비밀보장이 철저히 지켜지며, 장병의 동의가 상담 진행의 기준이 된다는 점을 명확히 설명해야 한다. 아래와 같은 설명은 실제 상담 장면에서 유용하다.

> "여기서 나누는 개인적인 이야기는 철저히 비밀로 보호돼요. 물론 군 안에서 상담이라 걱정이 되실 수도 있겠지만, 저는 비밀보장을 지킬 의무가 있어요. 단, 자해나 자살, 성 문제와 관련된 위급 상황에서는 예외가 있을 수 있고, 그 경우에도 ○○일병의 동의를 먼저 구할 거예요. 자세한 건 비밀보장 동의서를 함께 보시죠."
>
> 비자발적으로 상담에 참여한 경우에는, 일방적으로 시작하기보다 내담자의 감정과 생각을 먼저 여는 접근이 필요하다.
>
> "상담 오실 때 어떤 느낌이 드셨나요?"
> "지금 가장 불편하거나 걱정되는 부분이 있을까요?"

이처럼 개방적인 질문으로 장병이 느끼는 부담을 낮추고, 판단 없는 태도로 경청하며 신뢰를 형성해 간다. 내담자가 말이 없거나 방어적이라면, “아직 상담이 낯설게 느껴지실 수도 있어요” 같은 반응을 통해 불안을 가라앉히는 것이 중요하다. 상담에 대한 구조화는 초기단계의 핵심이다. 상담에서 기대하는 바, 도움을 받을 수 있는 범위와 한계, 상담자와 내담자의 역할 등을 안내하고, 가능하다면 상담 회기 수, 주기, 중단 조건까지 함께 조율한다. 예측 가능한 틀을 제시하면, 장병 스스로 상담의 필요성을 인식하며 참여 동기를 갖게 된다.

2) 중기 단계: 문제 분석과 개입

초기 단계에서 신뢰가 안정적으로 형성되었다면, 중기에는 본격적인 상담 목표 설정과 개입이 이뤄진다. 상담자는 내담자의 주요 호소 내용을 구체적으로 확인하고, 회기 내에 달성 가능한 현실적 목표와 개입 방향을 함께 조율한다. 내담자의 성향과 상담 목적에 따라 개입 기법을 선별하여 단계적으로 적용한다. 군 조직 특성상 장병이 겪는 어려움은 단순히 개인적 요인에 국한되지 않는다. 집단생활의 스트레스, 위계 구조, 생활 리듬의 변화, 그리고 자유로운 민간인의 삶에서 군인의 역할로 전환되는 정체감 혼란 등 복합적인 맥락 속에서 고통이 형성된다. 따라서 단편적인 증상이나 진술만으로 판단하기보다는, 군 환경과 심리적 요인을 함께 조망하는 통합적 접근이 필요하다.

“잠을 잘 못 자요”라는 말이 단순한 수면장애일 수 있지만, 생활관 구조, 선임병과의 갈등, 입대 전 습관 등 여러 요소가 얽혀 있을 가능성이 크다. 이처럼 문제의 층위를 다각도로 분석하고, 환경적 조정이 필요한 경우에는 내담자와 논의해 부대 차원의 조치를 고려하기도 한다. 다음은 그러한 개입이 필요한 사례들이다.

- 복무 적응 곤란으로 병역 처분이 필요한 경우
- 심리적 · 신체적 제약으로 업무 수행이 어려운 상황: 업무 조정, 보직 변경 등
- 생활관 내 갈등으로 생활이 어려운 경우: 격실 이동

- 가해자 · 피해자 분리 조치가 필요한 상황
- 가정의 경제적 곤란으로 집중이 어려운 경우: 복지 기금 활용

> 상담 중에는 내담자가 스스로를 비난하거나 비교하는 말을 자주 한다.
>
> "다른 사람들은 잘하는데 왜 저만 힘든가요?"
> "정신적으로 문제가 있는 것 같아요."
> "나만 이런 건가요?"
>
> 이럴 때 상담자는 이를 병리적 문제로 단정하지 말고, 환경에 따른 적응의 어려움으로 받아들이는 관점이 중요하다. 불필요한 진단이나 평가보다는, 지금 이 환경에서 경험할 수 있는 자연스러운 반응임을 인정해 주는 태도가 필요하다.
>
> "사회에서 자유롭게 지내던 사람이 갑자기 통제된 군생활을 시작하면 누구든 혼란스러울 수 있어요."

이처럼 현실적인 공감을 표현하면 내담자의 긴장을 낮추고 정서적으로 연결되는 데 도움이 된다. 그 후, 지금 겪는 어려움이 어디서 비롯되었는지를 함께 탐색하며, 감정과 사고, 관계 맥락을 통합적으로 살펴보는 작업으로 이어진다.

3) 중기 단계: 동기 강화와 실천

문제 탐색 이후에는 내담자가 자신의 변화 가능성을 인식하고 실제 행동으로 옮길 수 있도록 상담자의 지지가 필요하다. 이 시기에는 감정 표현에 머무르기보다, 내담자가 자기 삶의 주도권을 되찾고 작더라도 실천 가능한 변화를 시도할 수 있도록 격려하는 것이 핵심이다.

밀러와 롤닉(Miller & Rollnick, 2002)은 동기강화상담의 핵심 원칙으로 공감, 불일치감 형성, 저항 수용, 자기효능감 지지를 제시하였다. 변화에 대한 내담자의 언어는 종종 모호하지만 그 안에 의지가 담겨 있다. "이대로는 안 되긴 하겠죠?"와 같은 말은 변화의 여지를 내포한 신호이며, 상담자는 이를 민감하게 받아들이고 다뤄야 한

다. 상담자는 내담자가 중요하게 여기는 가치와 현재의 삶 사이의 간극을 인식하도록 돕는다(정송화, 2020). 이 괴리를 스스로 자각하게 되면, 외부의 압박이 아닌 자기 주도적인 변화 동기가 더 쉽게 일어난다.

내담자가 스스로 행동을 계획하고 실천할 수 있도록 상담자는 현실적인 개입 전략을 제공하며, 작더라도 구체적인 실천이 이뤄질 수 있도록 유도한다. 이 실천은 곧 변화의 시작이자, 상담의 전환점이 된다.

- 변화를 유도하는 질문: 변화를 촉진하는 질문과 응답을 주고받는다. 예를 들면, 왜 그런 변화를 원하는지, 그 변화를 이루기 위해 어떤 계획이 있는지, 그렇게 하려고 하는 중요한 이유가 무엇인지, 그 변화를 이뤄 내는 게 얼마나 중요하고 그 이유가 무엇인지 등의 질문이다. 이러한 질문을 통해 내담자가 스스로 변화의 필요성과 의미를 깊이 성찰하고, 변화에 대한 내적 동기를 강화할 수 있도록 돕는다.
- 결정 저울 사용하기: 고민 중인 각 선택지의 이득과 손실을 체계적으로 비교해 보는 기법이다. 각 대안의 장단점을 정교한 질문을 통해 가능한 한 구체적으로 기술하도록 유도한다. 이를 통해 내담자가 자신의 결정을 보다 명확히 인식하고, 그 결정에 대해 편안하고 확신에 찬 마음을 가질 수 있도록 돕는다.
- 감정 일기: 부대 생활 중 매일의 감정 변화와 자신의 반응을 기록함으로써 매일, 매시간 부정적인 감정만이 아니라는 점을 깨닫게 하고, 예외 상황과 자기감정에 대한 지각 능력을 높인다.
- 행동 실험: 기존의 비합리적 신념에 도전하고, 대안적인 행동을 시도해 보는 실천 중심의 기법이다. 예를 들어, '선임들은 무조건 나를 싫어할 것이다'라는 신념을 가진 장병에게는, 당당하게 경례한 후 선임들의 반응을 관찰하고 그에 대한 피드백을 정리하도록 과제를 부여한다. 이를 통해 신념에 대한 현실 검증을 가능하게 한다.
- 역할 연습: 현재 겪고 있는 대인관계의 어려운 장면을 상담실에서 상담자와 함께 시연해 보는 기법이다. 표현하고자 하는 감정이나 행동을 사전 연습함으로써 긴

장감을 완화하고, 자신의 감정 반응을 점검하며 보다 효과적인 표현 방식을 모색할 수 있다.

상담실에서는 연습이나 실천 과제를 제안할 수 있으며, 이를 점검할 때는 결과보다 시도 자체에 주목하고, 비판보다 지지와 격려의 태도를 유지해야 한다. 특히 군 환경은 시간과 공간의 제약이 크기 때문에 과제는 실현 가능성이 높고, 작고 구체적인 변화를 중심으로 설정하는 것이 효과적이다.

(예시) “매일 자기 전 5분간 이완 호흡 연습하기”, “소등 전 침대에서 감정 일기 3줄 쓰기”, “아침에 눈을 뜨고 긍정적 자기 진술 한 문장 시도하기”

사람들은 통제된 상황에서 자유를 갈망하며 동시에 좌절을 경험한다. 군대라는 통제된 환경 속에서도, 내담자가 작은 실천을 통해 좌절을 견디고 변화의 주체로서 자신을 인식하며 자신감을 회복할 수 있도록 돕는 것이 중요하다.

4) 종결 단계: 상담 요약과 정리

상담의 종결은 단순한 마무리가 아니라, 내담자가 상담을 통해 경험한 변화와 통찰을 실생활에 통합하고 지속해 나갈 수 있도록 돕는 중요한 전환의 과정이다. 이 시점에서 상담자는 내담자와 함께 상담 초기에 설정했던 목표를 다시 확인하고, 그 동안의 정서적·인지적·행동적 변화를 구체적으로 점검한다. 동시에 상담 이후의 현실에서 예상되는 어려움에 대해 함께 논의하고, 필요에 따라 또래상담병, 병원, 지역 상담센터 등의 자원을 안내하며 연계한다. 이는 상담이 일시적 경험에 그치지 않고 회복과 성장의 흐름으로 이어질 수 있도록 하는 데 의의가 있다.

상담 종결은 가능한 한 예고된 형태로 진행되어야 하며, 사전 안내 없이 급작스럽게 마무리될 경우 내담자에게 혼란이나 미해결감을 남길 수 있다. 특히 군 상담의 경우 전출, 전역, 파병 등 상담자나 내담자의 환경 변화로 인해 불시에 종결되는 일이 발생할 수 있으므로, 이러한 가능성도 염두에 두고 초반부터 종결 전략을 계획적으로 준비해 나가는 것이 필요하다.

종결 단계에서는 내담자가 상담을 통해 자신이 해낸 노력을 다시 확인하고, 앞으로의 삶을 주체적으로 꾸려 갈 수 있는 역량을 지니고 있다는 점을 인식하게 돕는 것이 중요하다. 이와 함께 그동안의 자기 표현과 시도, 감정의 흐름을 상담자가 진심 어린 격려로 반영함으로써 내담자는 상담자에 대한 의존에서 벗어나 심리적 독립성을 키워 나가게 된다.

5) 각 단계에서 군 특수성

군 상담은 일반 상담과 달리 시간 제약, 회기 간 간격의 불규칙성, 비자발적 내담자, 상담에 대한 낙인 우려 등 고유한 특수성이 존재한다. 따라서 상담자는 단계별 이론을 그대로 적용하기보다, 실제 상황에 맞춰 유연하게 조정하는 태도가 요구된다. 상담 회기가 일정하지 않은 경우, 초기 라포 형성과 구조화를 빠르게 이루고, 이후 회기 단절 가능성을 고려하여 매 회기를 독립적이면서도 구조화된 단위로 구성해야 한다. 이렇게 하면 단 한 번의 상담도 내담자에게 의미 있는 경험으로 남을 수 있다. 비자발적 내담자의 경우, 방어적 반응은 자연스럽게 받아들이되 상담자의 진정성과 전문성을 통해 신뢰를 쌓는 것이 중요하다. 짧은 시간 안에 신뢰와 개입이 동시에 작동해야 하므로 각 회기의 밀도는 더욱 높아져야 한다.

군 상담에서는 전통적인 단계 구분보다는 전체 흐름을 유연하게 조율하는 상담자의 감각이 중요하며, 각 단계의 전략을 상황에 맞게 탄력적으로 적용하는 실천적 지혜가 필요하다.

3. 단기상담 기법

1) 군 상담에서 단기상담의 필요성

군 상담은 현실적으로 제한된 회기 내에서 이뤄지는 경우가 많다. 군 복무는 일정과 환경이 고정적이지 않고, 부대 이동, 훈련 등 다양한 변수가 상존하기 때문에 장기 상담이 어려운 경우가 빈번하다. 특히 지휘관은 빠른 시일 내에 상담의 가시적 성과를 요구하는 경향이 있어, 상담자는 단기상담에 대한 전문성과 즉각적인 개입 역량을 갖추는 것이 중요하다(손영철, 2009). 짧은 회기 내에서 의미 있는 변화를 이끌어 내기 위해서는 내담자와 신속하게 신뢰를 형성하는 치료적 작업동맹(therapeutic working alliance)이 핵심이다. 노벨라와 응(Novella & Ng, 2025)은 여러 선행 연구를 인용하며, 단기상담에서 작업동맹이 심리적 변화와 상담 만족도에 밀접하게 연결되어 있음을 강조하였다. 짧은 시간 안에 내담자가 감정을 털어놓고 상담자와 심리적 연대감을 가질 수 있어야 한다.

이를 위해 상담자는 공감적이고 수용적인 태도, 명확한 언어로 소통하는 기술을 적극 활용해야 하며, 핵심 문제를 빠르게 파악하고 명확하게 정의하는 능력이 요구된다. 문제를 분명히 해야 목표 설정이 가능하며, 이후에는 내담자가 곧바로 실천할 수 있는 개입 전략을 제시하고 때로는 상담실 내에서 직접 연습하기도 한다. 단기상담의 목표는 상담이 종료된 이후에도 내담자가 자신의 문제를 인식하고 관리할 수 있도록 자원을 갖추게 하는 데 있다. 군대라는 환경에서 단기상담은 매우 실용적인 접근으로 기능하며, 상담자는 이에 맞는 기술과 태도를 지속적으로 발전시킬 필요가 있다.

2) 단기상담의 특징

단기상담에는 해결중심 단기상담, 인지행동상담, 단기 게슈탈트 상담 등 다양한 접근이 활용되며, 이들에는 일정 회기 안에서 문제 해결을 시도한다는 공통된 특징이 있다. 구체적으로는 상담 기간의 제한, 명확한 목표 설정, 해결중심의 전략, 실천 강조, 상담자 - 내담자 간 협력관계 등이 핵심 요소로 작용한다(박선하, 2020). 군 상담에 이를 적용할 경우 다음과 같은 방식으로 나타난다.

- 빠른 문제 파악과 현실적 목표 설정: 1~2회기 안에 주요 문제를 파악하고, 현실적으로 달성 가능한 목표를 설정하는 것이 중요하다. 이를 통해 상담의 방향성이

분명해지고, 내담자의 참여 의지와 성취감을 이끌어 낼 수 있다.

- 해결 중심 접근과 자원 활용: 과거보다 현재와 앞으로 할 수 있는 변화에 집중하며, 내담자의 감정과 행동을 구체화해 실질적 개입을 시도한다. 개인의 강점이나 기존의 대처 방법, 사회적 지지망을 탐색하여 상담 안팎에서 활용하도록 돕는다. 작고 구체적인 행동 과제를 통해 상담실 밖에서도 변화를 경험하도록 하며, 이는 상담 효과의 지속성 확보로 이어진다.
- 적극적인 협력과 구조화된 흐름: 상담 초기부터 신뢰 기반의 협력관계를 형성하고, 내담자가 자신의 상태를 인식하고 변화할 수 있도록 명확한 피드백을 제공한다. 특히 군 생활의 특수성을 반영해 내담자에게 실제로 도움이 되는 변화의 이점을 강조하는 것이 동기 형성에 효과적이다. 또한 매 회기 주제를 안내하고, 회기 말에 핵심 내용을 정리해 주는 방식은 불가피한 중단 상황에서도 내담자가 상담 내용을 스스로 이어 가도록 돕는다.

3) 자주 활용되는 단기상담 기법

단기상담은 제한된 시간 안에 내담자의 정서 안정, 자기 이해, 행동 변화를 촉진하기 위해 다양한 기법을 활용한다. 특히 군 상담에서는 장병의 환경과 현실을 반영한 실용적인 적용이 중요하다. 주요 기법은 다음과 같다.

- 문제 명확화: 내담자의 모호한 표현을 구체화하여 핵심 이슈를 신속히 파악하고 상담의 방향을 잡는다. 이는 정서적 혼란 속에서 자신이 느끼는 불편을 명료하게 인식하도록 돕는다.

  (예시) "'힘들다'는 감정이 어떤 상황에서 더 강하게 느껴지나요?"
- 단기 목표 설정: 당장 실현 가능한 행동 목표를 함께 설정함으로써 실천력을 높이고, 성취감을 통해 자기효능감을 회복하도록 한다. 목표는 군 생활 안에서 실행 가능해야 한다.

  (예시) "오늘부터 5분씩 걷는 시간을 정해 보는 건 어떨까요?"

- **강점 찾기**: 과거의 긍정 경험을 떠올리며 내담자의 잠재력을 되살린다. 이는 변화 가능성에 대한 확신을 심어 주는 역할을 한다.
  (예시) "군 생활 중 가장 잘 해낸 일이 뭐였나요?"
- **예외 상황 탐색**: 문제가 발생하지 않았던 때를 떠올려 대처 전략을 찾아낸다. 이는 무기력한 정서를 줄이고 자기 통제감을 높이는 데 도움이 된다.
  (예시) "지난주 중 유난히 편했던 하루가 있었나요?"
- **기적 질문**: 현실의 한계를 넘어서 변화된 미래를 상상하도록 유도한다. 이 과정을 통해 막연한 희망이 구체적인 행동으로 이어질 수 있도록 한다(정문자 외, 2024).
  (예시) "문제가 다 사라졌다면 아침에 일어나서 가장 먼저 달라진 건 뭘까요?"
- **자기 지지 언어 연습**: 자신에게 긍정의 말을 건네는 방법을 익히며 정서적 안정과 자존감을 키운다.
  (예시) "지금 필요한 위로의 말이 있다면, 그 말을 자신에게 해 보는 건 어떨까요?"
- **관점 전환 질문**: 타인의 시선에서 상황을 재구성하도록 하여 경직된 사고에서 벗어나도록 돕는다.
  (예시) "이 상황을 친구가 겪는다면 어떤 말을 해 줄까요?"

그 외에도 이미지나 은유 활용, 단축 질문 등이 회기에 따라 유동적으로 쓰인다. 중요한 점은 상담자가 기법에만 집중하기보다, 내담자의 정서와 상황을 고려한 유연한 접근이 바탕이 되어야 한다는 것이다.

4) 회기 구성

단기상담은 회기별로 기능이 분명하며 단계적으로 구조화되어야 한다. 각 회기에는 고유의 목적과 개입 전략이 존재하며, 회기 간 연계성을 확보하면서도 각각의 회기만으로도 의미 있는 상담이 이뤄지도록 구성되어야 한다. 단기상담 단계를 학자별로 살펴보면 공통으로 관계 형성 및 탐색, 계획, 개입 및 실행, 종결 및 변화 유지의 흐름에 따라 진행된다(박선하, 2020). 다음은 단기상담의 특징을 적용하고 3회기 상담을 가정하여 구성해 본 단기상담 과정의 예시이다.

1회기: 신뢰 관계 형성 → 문제 명확화 & 자원 탐색 → 실천 전략 제안

- 인사 및 상담 동기 확인
- 상담 계약 및 상담 구조화
- 내담자의 현재 고민 또는 호소 탐색
- 감정 표현 촉진 및 정서적 공감 제공
- 문제 정의 및 구체화
- 자원 탐색 및 강점 피드백
- 다음 회기 과제 안내 및 간단한 실천 전략 제안

2회기: 목표 설정 → 실천 계획 수립 → 과제 부여

- 전 회기 회고 및 과제 수행 여부 점검
- 현재 상태 및 문제에 대한 내담자 통찰 강화
- 현실적이고 실천할 수 있는 목표 도출
- 목표 달성을 위한 구체적인 실천 전략 협의
- 과제 설정 및 동기 부여

3회기: 과제 수행 점검 → 변화 유지를 위한 전략 강화 → 종결 또는 연장 여부 결정

- 과제 이행 여부 점검 및 피드백 제공
- 변화 경험에 대한 탐색 및 정서적 의미화
- 향후 유지를 위한 전략 수립 및 자기 모니터링 방법 안내
- 상담 종결 또는 추가 회기 계획 조율

5) 유의사항

단기상담은 제한된 시간 안에서 효과를 높이기 위해 명확하고 전략적인 접근이 필요하다. 상담자는 초기부터 단기상담임을 설명하고 상담의 구조와 개입 범위를 안내해야 하며, 이는 내담자의 몰입과 현실적 기대 형성에 도움이 된다. 상담 주제는

내담자의 우선순위와 상담자의 전문성을 고려해 설정하고, 군 환경 특성상 문제를 좁혀 다루는 것이 중요하다. 감정 표현이 어려운 내담자에게는 상담자의 언어 민감성과 정서 조율 능력이 더욱 요구된다. 지나치게 목표 중심적인 접근은 내담자의 방어를 유발할 수 있으므로 유연한 반응과 감정 중심의 개입이 병행되어야 한다. 상담자가 내담자의 감정과 표현 속도를 존중하면 더 깊은 신뢰를 형성할 수 있다. 종결 시에는 상담 내용을 실천 가능한 전략으로 정리하여, 상담 이후에도 내담자가 스스로 변화의 동력을 이어 갈 수 있도록 지원하는 것이 중요하다.

4. 제한된 시간 내 개입 기술(구조화, 목표 중심)

1) 군 상담의 시간 제약 현실

군 상담의 특성상, 상담 회기가 제한되는 경우가 대부분이며 때로는 상담 시간도 50분이 보장되지 않을 수 있다. 이러한 현실적 제약 속에서 상담자는 매회기를 '마지막 회기'로 간주하고, 제한된 상담 시간에서 최대한의 효과를 내기 위한 전략적 개입이 요구된다.

특히 군대라는 폐쇄적 조직 내에서 심리적 개입은 현실적인 기간과 맥락에 맞춰 유연하게 구조화되어야 한다. 상담자는 상담 시작에 내담자에게 상담의 시간 제한성과 목표 중심 접근에 대해 명확히 안내하고 협조를 얻는 것이 필수적이다.

2) 회기 내 빠른 개입 전략

- 초기 라포 형성 압축 기술: 회기 시작 5분 이내에 내담자의 이름을 부르고, 현재 감정을 묻고, 공감적 반응을 통해 신뢰 기반을 빠르게 구축해야 한다. 짧은 시간 안에 신뢰를 형성하는 것이 핵심이다. (예시) "○○일병, 지금 이 자리에 오시기까지 마음이 어땠는지 간단히 나눠 주실 수 있나요?"
- '지금 여기' 중심 대화: 과거 사건보다 내담자의 '현재 감정'과 '지금 느끼는 어려

움'에 초점을 맞추어, 대화가 분산되지 않도록 한다. 현재형 질문을 활용하여 내담자가 직접 체감하는 문제에 빠르게 접근한다. (예시) "군대 입대 전에도 여러 어려움들이 많으셨군요, 고생 많으셨겠습니다. 그런데 잠깐 지금 순간에 머물러 보겠습니다. 오늘 이 순간, 가장 머릿속을 떠나지 않는 생각이나 어려움이 있다면 무엇인가요?"

- 1문제 1핵심 접근법: 여러 문제를 나열하게 두기보다는 하나의 핵심 이슈에 집중하여 개입한다. 이를 통해 제한된 시간 내 명확한 상담 흐름을 확보하고 내담자의 몰입도를 높인다. (예시) "지금 군 복무 중에 여러 고민이 있으신데요, 그 고민 중에 특히 가장 힘들다고 느끼시는 부분 한 가지만 꼽는다면요?"
- 즉각적 요약 및 반영: 내담자의 말 속에서 핵심 정서를 빠르게 포착하고 정리하여 다시 전달함으로써, 내담자가 자신의 이야기를 '듣고 이해받았다'라는 경험을 하게 한다. (예시) "지금 말씀을 듣다 보니, 혼란스러움 속에서 자신을 지키고자 하는 마음이 느껴졌어요. 그런 마음이 맞을까요?"

3) 단회기 중심 개입 기법

- 척도 질문 & 대안 유도: 정서적 강도나 변화 동기를 수치화한 후, 구체적인 행동 대안을 연결하여 실천 동기를 자극한다. (예시) "지금 스트레스 정도를 0~10 중에 8이라고 하셨죠. 그걸 6 정도로 낮추려면 어떤 게 도움이 될 수 있을까요?"
- 사고 - 감정 - 행동 도식 간단 적용: 인지행동치료의 ABC 모델을 단순화하여, 내담자가 자신의 사고와 감정, 행동 간의 관계를 인식하게 한다. 이는 통찰을 높이고, 자동적 사고에 대한 자각을 유도한다. (예시) "어제 선임과 대화를 나누고 하루 종일 우울했다고 하셨는데요, 그때의 상황, 생각, 기분에 대해 함께 간단히 적어 볼까요?"
- 최종 피드백 주기: 인정, 칭찬, 진단, 처방이라는 4가지 요소를 포함한다. 인정은 내담자의 내방 사유를 인정해 주는 것이다. 즉, 상담에 오게 된 이유나 마음을 공감적으로 인정해 주는 것이다. 칭찬은 내담자의 문제해결에 유용한 것으로 알

게 된 점들을 강조하며 지지해 주는 것이다. 진단은 진단명을 있는 그대로 쓰기보다, 내담자에게 적절하고 자율적인 용어로 재구성하여 제시하는 것이다. 처방(또는 과제)은 내담자에게 효과가 있을 만한 작고 단순한 과제를 제시하는 것이다. 이 모든 피드백 과정은 변화의 시작이라고 볼 수 있다(박중규, 2011).

- 정서적 안전망 언급: 이후 회기가 없을 가능성을 고려하여, 내담자가 위기 상황에 다시 의지할 수 있는 자원(가족, 지인, 동료, 간부, 상담관, 민간 심리 상담 전화 등)을 확인하고 안내한다. (예시) "혹시 오늘 이후에 감정이 다시 올라오면 누구에게 도움을 요청할 수 있을까요?"

4) 제한 상황에서의 과제 설정

단기 상담에서는 내담자의 자기효능감을 높일 수 있는, 짧고 실현할 수 있는 과제를 선정하는 것이 중요하다. 선정된 과제를 실천하면서 자신의 문제를 능동적으로 다룰 수 있다는 자신감을 형성할 수 있으며, 다음 회기로 이어지지 않더라도 긍정적인 변화를 유도한다. 과제는 다음 기준에 부합해야 한다.

- 일상에서 쉽게 실천할 수 있어야 한다.
- 내담자의 현재 자원과 상황을 고려해야 한다.
- 결과보다는 과정 중심의 과제여야 한다.

또한, 회기 내 제시된 과제는 '상담이 끝나도 스스로 해 볼 수 있다'라는 인식을 심어 주어야 하며, 이는 군 상담의 현실적 한계를 극복할 수 있는 핵심 전략이 된다. 과제 예시는 다음과 같다.

- 자기 비난이 많을 때: 매일 저녁 '오늘 나를 도운 한 가지 행동' 적기
- 불면 호소 시: '잠들기 전 3분 복식호흡' 실천
- 우울감이 있는 경우: '하루 한 가지 기분 좋았던 순간' 기록하기

5) 상담자 유의점

군 상담은 단회기 또는 1~2회기로 마무리되는 경우가 많지만, 짧은 시간이라고 해서 깊이를 포기해야 하는 것은 아니다. 장병들은 감정 표현에 익숙하지 않고, '버틴다'는 태도에 익숙해 상담실 자체를 낯설게 느낄 수 있다. 이때 상담자는 언어보다 비언어적 신호에 집중하며 섬세하게 반응할 수 있어야 한다.

짧은 회기라도 내담자가 "상담받았다는 느낌"을 가질 수 있도록 리듬감 있는 진행과 정서적 여백이 필요하다. 상담자의 요약은 단순한 정리보다 내담자의 숨겨진 감정을 비춰 주는 역할을 해야 한다. 회기 말에는 내담자가 자신의 말에서 의미를 발견하고 정리할 수 있는 시간을 마련해 주는 것이 좋다. 또한 다음 회기가 보장되지 않기 때문에, 상담 초반부터 마무리를 염두에 둔 설계가 중요하다. 장병이 실생활에 적용할 수 있는 작고 명확한 메시지나 행동 전략 하나라도 갖고 돌아갈 수 있도록 돕는 것이 상담자의 몫이다. 단 한 번의 만남이더라도 "군대에도 나를 지지하는 사람이 있다"는 인식을 남길 수 있다면, 그것만으로도 상담은 충분히 의미 있다.

5. 개인상담 적용 사례

사례: 군 생활 중 대인관계 위축과 수면장애를 호소한 병사

민재(가명)는 입대한 지 5개월 된 일병으로, 훈련소 생활은 비교적 잘 적응했으나 자대 배치 이후 생활관 내에서 대인관계에 어려움을 겪기 시작했다. 말수가 적고 조용한 성격이었던 민재는 새로운 환경에 적응하는 데 시간이 오래 걸리는 편이었고, 자신의 의견을 잘 표현하지 못해 주변 병사들과의 거리감을 좁히지 못하고 있었다.

최근 들어 민재는 "생활관에서 눈치를 너무 많이 보게 된다.", "말실수할까 봐 아예 말을 안 하게 된다."라며 대인 긴장을 호소했다. 취침 전에는 생활관 내 다른 병사들의 대화 소리나 자잘한 생활 소음에도 예민하게 반응하며 쉽게 잠들지 못했고, 새벽에 자주 깨는 일이 반복되었다. 생활반 선임은 민재가 식사 중에도 말이 없고, 작업 중 실수에 대해 과하게 움츠러드는 모습을 자주 보여 간부에게 이를 보고했고, 이후 군 상담관과의 개인상담이 연결되었다.

초기 면담에서 민재는 "사람들이 나를 이상하게 볼까 봐 무섭다", "군대 와서 더 작아진 느낌이다"라고 말하며 눈시울을 붉혔다. 상담자는 민재의 말 속에서 과도한 자기의식,

타인 평가에 대한 민감성, 정서적 긴장 상태를 확인하였고, 이후 상담에서는 제한된 시간 내에 민재가 자신의 감정을 인식하고 조절할 수 있도록 구조화된 단기 개입 전략을 설정하였다.

상담이 진행되면서 민재는 자신이 어릴 적부터 낯선 사람 앞에서 긴장하는 경향이 있었고, 실수하면 혼날까 봐 말을 아끼는 습관이 있었다는 사실을 털어놓았다. 특히 군대에서는 '말 한마디'로 오해받거나 무시당할까 봐 더 위축된다고 느꼈고, "있는 듯 없는 듯 지내는 게 편하다"라는 표현을 반복하였다.

1) 상담 목표

- 타인 평가에 대한 과도한 민감성을 완화하고 정서적 긴장을 조절한다.
- 회피적 대처를 줄이고 점진적으로 자기표현을 향상한다.
- 대인관계에서 불안감을 낮추고 소속감을 형성한다.
- 수면장애와 관련된 요인을 조절하여 수면의 질을 개선한다.

2) 상담 개입

민재는 자대 배치 이후 대인 불안과 과도한 자기의식, 수면 문제로 위축된 상태다. 군의 위계적 구조와 대인 환경은 내향적 병사에게 심리적 부담이 되며 회피와 자기비난을 강화할 수 있다. 군 개인상담은 이러한 긴장과 적응 어려움을 단기적으로 완화하고 기능 회복을 돕는 데 중점을 둔다. 민재의 상담 목표는 감정 이해, 자기표현 촉진, 자기 조절력 향상, 수면 문제 개선이다.

(1) 상담 단계별 전략

- 초기 단계에서는 민재가 보고한 불편감(눈치 봄, 대인 불안, 불면 등)에 대해 공감적으로 반응하며 신뢰 관계를 형성한다. 아울러 상담의 구조와 목적(비밀보장, 단기 진행, 실질적 도움 중심)을 명확히 설명함으로써 상담에 대한 기대와 협력을 유도한다.
- 중기 단계에서는 민재의 사고 패턴(예: "말하면 실수할 것 같다", "사람들이 이

상하게 볼 것이다")과 감정 반응(불안, 긴장, 두려움)을 구체적으로 탐색하며, 불안을 유발하는 대인 상황을 함께 정리하고 점진적 노출 실험(경례하기, 간단한 질문 건네기, 작은 대화 시도 등), 수면 전 진정 활동(호흡 명상 등)을 계획한다.

- 후기 단계에서는 실천 경험을 점검하고 성과를 재구성하며, 민재가 회피보다는 조절할 수 있는 행동 선택을 할 수 있다는 자기효능감을 회복하도록 돕는다. 또한 추후 불안이 다시 높아질 때 사용할 수 있는 자기관리 전략(호흡 조절, 생각 기록, '무조건 실수'라는 자동사고 점검 등)을 함께 정리한다.

(2) 단기상담 기법의 적용

상담자는 다음과 같은 기법들을 사용할 수 있다.

- 사고 - 감정 - 행동 연결: 민재가 "말하면 실수할 것 같아요"라고 말할 때, 그 생각이 어떤 감정과 행동으로 이어지는지를 함께 정리하며 인지적 명료화 유도(예: "말하면 실수할 것 같아요" → 불안 → 대화 회피 → 고립감)
- 점진적 노출 기법: 피하고 있는 사회적 상황을 불안의 강도에 따라 나누고, 쉬운 상황부터 단계적으로 시도할 수 있도록 계획한다(예: 인사 → 질문 → 대화 참여).
- 강점 피드백: 기존 행동 중 긍정적 특성(성실성, 책임감 등)을 언어화하여 긍정적 자아 인식을 강화한다(예: "민재 일병, 지금까지 생활반 일과에 성실히 참여하는 모습들을 보여 왔죠. 남들보다 더 일찍 일어나서 청소하고, 내 구역이 아니더라도 함께 쓰레기를 버리고, 그런 모습들이 얼마나 성실하고 책임감이 느껴지는지. 그런 점들이 민재 일병이 가진 정말 큰 강점이에요.").

(3) 제한된 시간 내 개입

군 상담은 시간이 제한된 현실적 환경을 고려하여 구조화된 상담 흐름과 명확한 목표 중심 접근이 필요하다. 예시의 상담에서는 다음과 같은 기술을 적용할 수 있다.

- 초기 면담 시 목표 명료화: "생활관에서 말을 꺼내는 게 두렵다"라는 민재의 말에서 '부담 없는 자기표현 시도'를 핵심 목표로 설정

- 회기당 1가지 주제 초점: 회기마다 한 가지 불안 상황을 정해 집중적으로 다루며, 지나친 탐색보다는 구체적 실천 중심으로 상담을 구조화한다.
- 기록 기반 피드백 제공: 민재가 시도한 행동(예: 아침 인사를 함, 동기에게 질문함)을 상담자가 기록하여 긍정 피드백 제공. 이를 통해 민재가 자신의 변화를 '보게' 하고 정서적 강화 효과를 준다.
- 호흡 이완훈련: 생활 중 불안할 때, 수면 전 각성 상태일 때 자신의 신체감각을 인지하도록 하고 그 상황에서 호흡 조절을 통해 진정 작업을 스스로 할 수 있도록 훈련한다. 매일 짧은 훈련을 반복하도록 과제를 제시하고, 상담실에서 함께 점검하고 연습한다.

상담자는 민재가 짧은 기간 내에 사고 - 감정 - 행동 연결을 이해하고, 생활반 내에서 '있는 듯 없는 듯'이 아닌 '적절하게 존재하는' 자기 모습을 회복할 수 있도록 지원한다. 또한 수면 전 자신의 불안 - 신체 증상을 인지하고 스스로 조절할 수 있도록 돕는다. 이는 곧 군 생활의 안정성과 개인의 심리적 회복력을 동시에 높이는 상담 개입의 핵심이 된다.

3) 군 개인상담의 통합적 적용 및 실천 방향

민재의 사례는 군 개인상담이 단순한 위로를 넘어서, 제한된 시간 안에서도 구체적이고 실질적인 변화를 끌어낼 수 있음을 보여 준다. 상담자는 초기 면담에서 내담자의 심리적 고통의 핵심을 파악하고, 구조화된 개입과 현실적인 목표, 실행할 수 있는 과제를 통해 감정 인식과 조절을 지원해야 한다. 민재가 "있는 듯 없는 듯 지내는 게 편하다"라던 태도에서 벗어나 생활관에서 대화를 시도한 변화는 작지만 의미 있는 진전이었다. 이는 개인상담이 병영 내 존재감 회복과 심리적 회복력 증진에 기여할 수 있는 통로임을 시사하며, 군 상담자는 단기 상담의 한계를 인식하되, 그 안에서 최대한의 개입을 설계하고 적용할 수 있어야 한다.

chapter

05 군 집단상담

1. 집단상담 기본 원리

1) 집단상담의 정의와 목적

누군가와 고민을 나누고 공감받았던 경험이 있는가? 그 순간, 우리는 혼자가 아니라는 안도감과 함께, 자신의 문제를 바라보는 새로운 시각을 얻게 된다. 집단상담은 바로 이러한 상호작용을 전문적으로 구조화하여, 개인의 심리적 치유와 성장을 돕는 역동적인 대인관계 과정이다. 얄롬과 레슈(Yalom & Leszcz, 2025)는 집단상담을 여러 명의 참여자가 서로의 경험과 감정을 공유하며, 상호작용을 통해 심리적 통찰과 변화를 경험하는 치료적 과정이며 '치료적 요인을 통한 치료적 변화는 인간 경험의 난해한 상호작용을 통해 일어나는 매우 복잡한 과정'임을 강조한다. 이처럼 집단상담은 단순한 이야기 나눔을 넘어 공감과 지지, 피드백을 통해 자아를 성찰하고 변화하는 심리치료의 한 형태로 이해할 수 있다.

• 군 집단상담의 정의

군 집단상담은 군 조직 내 장병들이 집단의 형태로 참여하여, 자신의 심리적 어려움이나 대인관계 문제를 나누고 정서적 안정, 자기 이해, 대인관계 기술 향상을 통해 군 생활에 적응할 수 있도록 돕는 심리적 지원 활동이다. 군 환경에서의 집단상담은 소속감을 강화하고, 자기표현의 기회를 제공하며, 공감적 관계 형성을 촉진하는 장으로 기능한다. 그러나 일반 집단상담과 달리 군 특유의 계급 구조, 규율, 생활 스트레스 요인 등을 충분히 고려하여 기획되고 운영되어야 한다.

• 군 집단상담 목적

군 조직은 강인한 태도와 긍정적 사고를 갖춘 군인정신을 내면화하는 것을 중요한 목표로 삼는다. 이는 단순한 신념을 넘어서 실제 임무 수행, 대인관계, 위기 대응에서 발휘되어야 하는 심리적 역량이다. 군 집단상담은 장병이 이러한 정신을 기를 수 있도록 정서적 성장, 자기 이해, 대인관계 기술 향상을 주요 목적으로 삼는다. 특히 계급 간 긴장, 스트레스, 집단생활에서의 갈등을 집단 내에서 안전하게 표현하고 피드백을 주고받는 과정을 통해 심리적 해소를 돕는다. 이를 통해 장병 간 긍정적 상호작용이 촉진되고, 궁극적으로는 조직의 응집력과 임무 수행력 향상에 기여한다. 집단상담은 단순 지지가 아닌, 건강한 군 문화를 만드는 심리교육의 장이라 할 수 있다.

2) 집단상담의 치료적 의의: 얄롬의 11가지 치료적 요인[1)]

• 희망 심어 주기

'희망 심어 주기'는 내담자가 자신의 문제도 극복할 수 있다는 믿음을 갖도록 돕는 과정이다. 집단 내 다른 사람의 회복을 보거나 상담자의 지지를 받으며, 변화 가능성에 대한 기대와 참여 의지가 높아진다. 이는 내담자의 문제 해결에 대한 동기와 자신감을 키우는 중요한 치료 요인이다.

> 박 이병: 저 처음 왔을 땐 진짜 멘탈 나가는 줄 알았어요. 다 그만두고 싶었는데, 이상하게 시간이 지나니까 좀 버틸만 하더라고요.
> 정 이병: 진짜요? 형처럼 말 잘하고 밝아 보이는 사람도 그랬어요? 저만 못 버티는 줄 알았어요...
> 상담자: 그 말이 누군가에게는 정말 큰 희망이 될 수 있어요. '나도 괜찮아질 수 있겠다'는 느낌, 중요하죠.

1) 아래 사례는 훈련소 신병을 대상으로 구상한 가상 사례임.

• 보편성

'보편성(Universality)'은 자신만 특별히 이상하거나 고립된 존재가 아니라는 사실을 깨닫는 경험을 의미한다. 내담자는 집단 안에서 비슷한 고민과 감정을 가진 사람들의 이야기를 들으며, 자신이 혼자가 아님을 느끼고 심리적 위안과 소속감을 얻는다. 이로 인해 수치심이나 외로움이 줄어들고, 자신을 더 수용할 수 있는 태도가 형성된다.

> 최 이병: 저는 선임 눈치 보는 게 너무 힘들어요. 말 한 마디 조심스럽고…
> 김 이병: 헐, 저도요. 자대 가면 말 안 하고 싶은 마음밖에 없어요.
> 이 이병: 아, 나만 그런 줄 알았는데… 다 똑같았네요.
> 상담자: 맞아요. 비슷한 경험을 공유하면서 우리가 '혼자가 아니다'라는 걸 느끼는 게 중요해요.

• 정보 전달

집단 내에서 상담자나 구성원이 제공하는 심리적 지식, 조언, 문제 해결 방법 등을 통해 내담자가 이해와 통찰을 얻는 과정을 말한다. 이는 단순한 지식 습득을 넘어, 자기 이해를 돕고 행동 변화를 유도하는 데 기여한다. 실질적인 정보는 내담자가 자신의 문제를 다루는 데 있어 도움이 되는 전략과 방향을 제시한다.

> 상담자: 훈련 중 스트레스 해소 방법 중 하나는 복식호흡이에요. 이렇게요. 코로 깊게 들이마시고, 입으로 천천히 내쉬는 거예요. 누구 해 볼 사람?
> 박 이병: 아, 이거 체력 단련 때 했던 거네요. 이렇게 천천히 숨 쉬니까 좀 나아지네요.

• 이타주의

집단에서 구성원이 다른 사람을 돕는 경험을 통해 성장하는 과정을 의미한다. 구성원은 자신의 경험이나 조언이 다른 사람에게 도움이 되는 것을 보며, 자신의 가치와 유용성을 느끼고 자존감을 회복하게 된다. 또한 타인을 돕는 과정에서 공감 능력과 대인관계 기술도 함께 향상된다.

> (김 이병이 울음을 삼키며 고개를 숙임)
> 최 이병: (조용히 휴지를 건네며) 형, 괜찮아요. 울어도 돼요. 저도 며칠 전에 밤에 혼자 울었어요.
> 김 이병: …고마워요. 진짜, 이런 말 해도 되나 싶었는데 위로되네요.
> 상담자: 서로 도와주고 지지하는 순간이 바로 이타심이에요. 도와주는 사람도 성장해요.

• 사회화 기술의 개발

집단 안에서 의사소통, 공감, 갈등 해결 등 대인관계 기술을 배우고 연습하는 과정을 의미한다. 내담자는 집단 내 상호작용을 통해 자신의 사회적 행동을 점검하고 조정하며, 타인과의 관계에서 더 효과적으로 소통하는 법을 익히게 된다. 이를 통해 현실 사회에서도 더 건강한 인간관계를 형성할 수 있는 능력이 길러진다.

> 김 상담사: 그럼 한번 역할극 해 볼게요. 상황은, 선임이 박 이병한테 일 시키는데 박 이병이 지금 너무 힘든 상태야. 어떻게 말할래요?
> 박 이병: 어… '선임님, 지금 잠깐 쉬고 나서 바로 하겠습니다' 정도요?
> 상담자: 좋아요. 정중하면서도 자기 의견을 표현했네요. 이런 게 바로 사회 기술이에요.

• 모방 행동

집단 구성원이 상담자나 다른 집단 구성원의 긍정적인 행동, 태도, 대처 방식을 관찰하고 따라 하면서 배우는 과정을 말한다. 집단 내에서 효과적인 의사소통, 감정 표현, 문제 해결 방식 등을 모방함으로써, 내담자는 새로운 행동 패턴을 습득하고 변화의 가능성을 넓혀 나간다. 이는 초기 내담자에게 특히 도움이 되는 학습의 기회가 된다.

> 정 이병: (처음엔 말이 없었지만, 다른 훈련병들이 솔직하게 말하는 걸 보고) 저도 사실... 집에 전화할 때마다 괜히 짜증 냈어요. 부모님이 걱정하실까 봐.
> 상담자: 다른 사람의 솔직함이 또 다른 용기를 낳았네요. 모방은 성장을 위한 좋은 시작이에요.

• 초기 가족의 교정적 재현

집단은 작은 가족처럼 작용하며, 내담자는 집단 안에서 과거 가족관계를 떠올리게 되는 상호작용을 경험한다. 이 과정에서 상담자나 구성원으로부터 지지적 반응을 받으며, 부정적 경험을 건강하게 수정하고 왜곡된 관계 패턴을 회복해 나가게 된다.

> 이 이병: 저는 아버지랑 관계가 안 좋아요. 자대배치 받고 나서도 그런 상관분만 만나면 또 힘들 것 같고요…
> 최 이병: 저도 아버지랑 싸운 기억이 훈련소 와서 계속 떠올라요.
> 상담자: 여기서는 가족처럼 서로에게 진심으로 반응해 주죠. 그게 과거 경험을 새롭게 다시 겪고, 고치는 기회가 돼요.

- 대인관계 학습

집단 구성원이 집단 내에서 자신의 대인관계 방식과 행동이 타인에게 어떻게 영향을 미치는지 직접 경험하고 깨닫는 과정을 말한다. 집단 구성원들과의 상호작용을 통해 자신의 관계 패턴을 인식하고, 피드백을 받으며, 더 건강하고 효과적인 대인관계 기술을 배우게 된다. 이 경험을 통해 현실 삶에서도 더 긍정적인 인간관계를 형성할 수 있게 된다.

> 정 이병: 형, 가끔 말투가 좀 쎄요. 그래서 나 처음에 오해했어요.
> 김 이병: 아… 몰랐어요. 조심할게요. 말투가 그런 식으로 들릴 수도 있겠네요.
> 상담자: 이게 바로 대인관계 학습이에요. 피드백을 주고받고, 거기서 배우는 거죠.

- 정화

집단 구성원이 집단 내에서 자신의 감정을 솔직하게 표현하고 분출함으로써 내면의 긴장과 스트레스를 해소하는 과정을 의미한다. 기쁨, 슬픔, 분노 등 억눌렸던 감정을 안전한 환경에서 터놓음으로써 심리적 부담이 줄어들고, 정서적 안정과 치유가 촉진된다.

> 이 이병: (갑자기 눈물 흘리며) 죄송해요… 엄마가 보고 싶어서요…
> 정 이병: 울어도 돼요. 여기선 괜찮아요.
> 상담자: 울음도 감정의 정화예요. 눌렀던 감정이 나올 때 진짜 치유가 시작 되죠.

- 집단 응집력

집단 구성원들이 집단 내 신뢰와 소속감이 형성되어, 서로 신뢰와 친밀감을 느끼며 단결하는 과정을 의미한다. 강한 응집력은 내담자가 집단 안에서 안전함을 느끼고 자신의 감정을 자유롭게 표현할 수 있도록 돕는다. 이는 치료 참여와 변화를 촉진하는 중요한 기반이 된다.

> 최 이병: 여기 모인 사람들 덕분에 솔직해질 수 있었어요. 민망하지도 않고요.
> 박 이병: 진짜 우리만의 분위기가 생긴 것 같아요. 나중에 전역해도 생각날 듯.
> 상담자: 서로가 서로에게 의미 있는 존재가 되는 거죠.

• 실존적 요인

인간이 피할 수 없는 죽음, 자유, 고독, 삶의 의미와 같은 근본적인 존재의 문제들을 인식하고 받아들이는 과정을 말한다. 집단상담을 통해 내담자는 이러한 실존적 불안을 직면하며, 삶의 진정한 의미를 탐색하고 자신의 존재에 대한 책임감을 자각하게 된다. 이는 개인의 성장을 돕고 깊은 내적 변화를 일으킨다.

> 김 이병: 가만히 생각해 보니까, 여기 있는 시간이 우리 인생에서 잠깐일 수도 있겠네요. 근데 그걸 어떻게 보내느냐가 꽤 중요한 것 같아요.
> 상담자: 맞아요. 우리가 선택할 수 있는 건 지금 이 순간 어떻게 살지예요. 이게 실존적 깨달음이에요.

3) 집단상담의 구조적 원리

• 구성원 선정: 집단상담 구성 시에는 집단의 목표와 특성에 따라 구조화 여부, 동질성과 이질성, 개방성과 폐쇄성 등을 고려해 구성원을 선정한다. 구성원의 사회적 성숙도, 성격, 문제 영역 등을 평가하여, 집단과정에 부정적 영향을 주지 않을 인원을 선별하는 것이 중요하다.

군 집단상담은 필요에 따라 상급 부대에서 공문으로 전달되고 운영부대장의 요청에 의해 소속 부대 단위로 분대별, 소대별, 중대별로 운용될 가능성이 높다. 군에서 실시되는 집단상담은 일반적으로 일반병사, 전입병, 전역병, 10년 미만 간부, 위기 · 관심병사, 그린캠프 · 비전캠프[2] 입소 대원, 훈련병, 부적합심사대상 병사를 대상으로 이루어질 수 있다. 군에서는 부정적인 영향을 초래하지 않을 대상으로 선별된 경우가 대부분이지만 상급 부대에서 하달된 구성원이라도 집단상담자가 부대와 협의하여 집단효과를 향상시킬 수 있게 분류하여 선정하는 것이 요구된다.

• 집단 크기: 집단의 크기는 구성원의 성숙도, 집단상담자의 경험, 집단의 유형, 탐색할 문제나 관심의 범위, 집단원의 관심도에 따라 다를 수 있다. 집단원 간의

---

2) 군에서 병사들의 적응을 돕기 위한 집중 상담 프로그램으로 이 용어는 육군에서 사용하는 용어임. 각 군마다 캠프의 용어가 다를 수 있음.

원만한 상호작용이 가능하면서 집단 활동을 통한 집단 역동을 느낄 정도의 규모가 적당하다. 이는 5~15명 범위에서 6~8명이 이상적이다(이장호, 강숙정, 2016). 군 집단상담은 군부대 특성상 집단 크기는 분대별, 소대별, 중대별, 또는 주 또는 월 단위 전입병 인원수, 월 전역병 수에 따라 실시할 가능성이 크므로 12~15명이 적절하다(한국군상담학회, 2009). 10명 이상의 집단 크기는 4~5명의 소집단으로 실시하여 집단 응집력을 형성하도록 구성이 요구되기도 한다.

- 시간과 회기: 일반적인 집단상담은 주 1회 청소년 4~10회기, 성인 10회기 정도 실시되며, 필요시 20회기 이상 진행되기도 한다. 그러나 군은 특성상 주로 1회기(단일 회기)로 진행되는 경우가 많으며, 경우에 따라 3~4회기 실시하기도 한다. 군사고 발생 후와 같은 특수한 상황에서는 연속 집단상담을 실시할 수 있다(병영생활전문상담관 활동 매뉴얼, 2013). 그 외 그린캠프, 비전캠프 같은 경우는 1~2주일 기숙하며 마라톤 집단상담이 다양한 활동과 함께 진행된다.
- 규범 설정: 집단상담에서 변화를 일으키는 인자는 집단과 그 구성원이다. 집단이 진정한 축소된 사회집단이 되기 위해서는 집단원들은 서로 간 자유롭게 상호작용해야 한다. 이를 위해 바람직한 규범으로 집단에 적극적인 참여, 타인에 대한 무비판적인 수용, 집단 업적의 존중과 보호, 광범위한 자기 개방, 자기 이해에 대한 욕구, 현재 행동양식을 변화시키려는 열망이다(Yalom & Leszcz, 2025).
  군 집단 참여자는 기본적인 위계적 관계에 있고 환경 또한 24시간 같이 생활하는 지속적인 상호작용 속에 놓인 복합적인 관계이다. 이러한 상호작용 특성으로 집단상담자는 사전 규칙 설정이 중요하고 이를 서면화하여 스스로 집단규칙에 서명하도록 한다. 규칙에는 비자발성이 대부분이기에 집단에 적극 참여할 것, 계급에 따른 위계질서가 있기에 타인의 이야기를 경청하면서 판단 · 평가 · 비판하지 않기, 집단 내에서 나눈 내용에 대한 비밀보장이 중요하다.

4) 상호작용 중심의 진행 철학

집단상담은 '상호작용'을 핵심 원리로 삼는 관계 중심의 상담 철학에 기반하고 있다. 이는 인간이 타인과의 관계 속에서 자신을 인식하고 변화하며 성장한다는 전제에서 출발한다. 특히 집단이라는 장(場) 안에서 벌어지는 역동은 단순한 이야기 나눔을 넘어, 자기 성찰과 행동 변화를 유도하는 심리적 실험장이 된다. 군 조직 특성상 개인이 혼자 고립되기 쉬운 환경에서 집단상담은 장병들에게 안전한 소속감과 진정성 있는 상호작용의 기회를 제공하는 치유적 공간이 된다.

• 인간은 관계적 존재이다

개인은 본질적으로 혼자서는 존재할 수 없으며, 타인과의 상호작용을 통해 자아를 구성하고 의미를 부여한다. '나는 너를 통해 나를 안다'는 말처럼, 자기 인식은 타인의 반응을 통해 형성된다. 집단 내에서 다양한 의견, 감정, 반응을 마주하며 장병들은 스스로를 돌아보게 되고, 그것이 변화의 시작점이 된다.

• 지금 – 여기의 상호작용을 강조한다

집단상담에서는 과거의 경험도 중요하지만, 지금 이 순간 집단 안에서 벌어지는 실제 상호작용에 집중하는 것이 더욱 치료적이다. 누군가의 말이 불편하게 느껴질 때, 그 감정을 회피하지 않고 지금 여기에서 다룰 수 있도록 돕는 것이 핵심이다. 이런 상호작용은 장병들이 현재의 감정과 반응을 있는 그대로 마주하고, 표현하며, 이해하게 돕는다.

• 상호작용은 변화의 도구이다

집단 안에서 이루어지는 상호 피드백은 장병 개개인의 행동, 감정, 사고 패턴을 자각하게 만드는 중요한 기제이다. 누군가의 반응에 마음이 흔들리고, 그로 인해 자신의 모습에 대해 새롭게 성찰하게 되는 경험은 말로 설명하는 교육보다 훨씬 깊은 인식과 변화를 유도한다.

• 모든 사람은 배우고 가르치는 존재이다

집단에서는 상담자만이 유일한 조력자가 아니다. 집단원 모두가 서로에게 영향을 주고받는 동등한 존재로서, 서로의 거울이 되고 조력자가 된다. 나의 이야기가 누군가의 인식을 바꾸고, 타인의 반응이 나의 삶을 돌아보게 만드는 경험은 집단상담만의 특별한 힘이다.

• 집단은 축소된 사회이다

군 집단상담은 군 생활이라는 제한된 사회 환경을 축소하여 안전하게 실험해 보는 장이다. 집단 내 갈등, 공감, 오해, 지지 등의 상호작용을 통해 장병들은 실제 생활에서 겪는 대인관계의 문제를 탐색하고, 새로운 행동 방식과 관계 기술을 실험하며 익혀 나간다.

상호작용 중심의 집단상담은 정보 전달이나 일방적 조언이 아닌, '함께 살아 보는 경험' 자체가 치유의 과정이자 변화의 도구가 된다. 이러한 상담 철학은 집단 참여자에게 자발적인 표현, 진정한 반응, 정서적 연결을 유도하고, 단순한 상담을 넘어 자기 이해와 관계 회복, 건강한 군 문화 형성으로 이어지게 한다.

5) 군 집단상담의 유의점

군 집단상담은 일반 상담 원칙 외에도 군대만의 위계질서, 문화적 특수성, 구조적 제약을 반드시 고려해야 한다. 특히 계급 차이가 존재할 경우, 구성원 간 솔직한 소통이 어려워질 수 있다. 하급자가 상급자 앞에서 심리적 어려움을 표현하는 데 부담을 느끼기 때문에, 가능하다면 유사한 계급끼리 집단을 구성하고, 혼합 집단일 경우에는 민감한 주제보다 중립적인 주제를 중심으로 운영하는 것이 적절하다. 또한, 군대에서는 상담 참여가 자발적이라기보다 지시에 따른 경우가 많아 참여자들이 거리감이나 불신을 가지기도 한다. 상담자는 이러한 맥락을 인식하고, 강제적 환경에서도 심리적 안정감을 가질 수 있도록 신뢰 형성에 각별히 신경 써야 한다. 상담실이 비교적 자유로운 공간으로 느껴질 수 있도록 분위기를 조성하고, 개인의 표현과 참여를 존중하는 태도를 지속적으로 보여 주는 것이 중요하다.

특히 상담 내용의 비밀보장은 군 조직 내에서 내담자의 신뢰를 확보하는 핵심 요인이다. 생명이나 안전과 직결되는 위기상황을 제외하고는 외부로 정보가 공유되지 않는다는 점을 명확히 안내해야 한다. 이렇게 민감한 특수성을 충분히 이해하고 운영할 때에야 군 집단상담이 심리적 지지와 성장의 공간으로 기능할 수 있다.

2. 군 집단상담 특성

1) 집단상담의 강제성

군 집단상담은 지휘관의 지시에 따라 참여가 이루어지는 경우가 많아, 민간과 달리 자율성이 제한되는 구조적 특성이 있다. 장병들은 상담을 치료보다는 규율 위반에 대한 처분처럼 인식하기도 하며, 이는 감정 표현이나 자기 개방에 제약을 주고, 집단 응집력 형성을 방해하는 요인이 된다. 특히 상담 참여가 낙인으로 이어질 수 있다는 우려는 방어적 태도를 강화시키기도 한다. 하지만 일정 수준의 강제 참여가 긍정적으로 작용하는 사례도 있다. 처음에는 소극적이었던 인원이 또래와의 상호작용을 통해 점차 마음을 열고 내적 동기를 형성하기도 한다. 이러한 변화는 상담자의 태도와 집단 분위기 조성에 크게 좌우된다. 상담자는 신뢰를 바탕으로 장병의 자율성을 존중하고, 안전한 상호작용이 가능한 구조를 설계함으로써 강제성을 심리적 개입의 기회로 전환시켜야 한다.

2) 집단 구성의 동질성

군 집단상담에서 구성원의 동질성은 공감 형성과 응집력 강화에 중요한 역할을 한다. 계급, 복무 시기, 문제 유형이 유사한 인원들로 구성될 경우, 서로의 경험을 이해하고 지지하는 분위기가 자연스럽게 형성된다. 이는 심리적 안정감을 높이고, 감정 표현이나 자기 개방에도 긍정적인 영향을 준다.

특히 유사한 어려움을 겪은 구성원들 간에는 '나만 그런 것이 아니구나'라는 인식이 생기며, 보편성의 치료적 요인이 활성화된다. 공통의 경험을 나누면서 현실적인 조언과 전략도 공유될 수 있어 실질적인 도움으로 이어지기 쉽다. 다만 동질성만을 과도하게 추구하면 다양성이 줄어들고, 시야 확장이나 피드백의 폭이 좁아질 수 있으므로 일정 수준의 이질성을 포함하는 구성도 고려해야 한다. 상담자는 이러한 균형을 바탕으로 집단 목표에 부합하는 구성 전략을 세워야 한다.

3) 비밀보장에 대한 한계

군 집단상담에서 비밀보장은 신뢰 형성을 위한 핵심 원칙이지만, 군의 구조적 특수성 때문에 일정한 제약이 따를 수밖에 없다. 특히 자해 위험, 군기 문란, 폭력 우려와 같은 상황에서는 상담자가 보고 의무를 지니며, 이는 병영 안전을 위한 조치이지만 내담자에게는 심리적 불안을 유발할 수 있다.

또한 군 문화는 위계적이고 폐쇄적인 특성이 강해, 상담 참여가 곧 문제 병사로 인식되는 낙인 효과를 낳기도 한다. 이는 자기 개방을 위축시키고 상담 효과를 떨어뜨리는 요소로 작용한다. 더불어 집단상담은 구조적으로 여러 사람이 함께 참여하기 때문에, 의도치 않게 내용이 외부로 유출될 가능성도 존재한다. 위계 관계나 개인 간 친분이 작용할 경우 정보 확산의 우려는 더욱 커진다.

이러한 현실을 고려하여 상담자는 상담 시작 전 비밀보장의 범위와 제한 조건을 명확히 안내하고, 참여자의 동의를 구하는 절차가 필요하다. 동시에 구성원 간 신뢰와 존중이 유지되도록 상담자는 일관되고 세심한 분위기 조성에 힘써야 한다.

4) 상담자와의 권력(심리적 거리)

군 집단상담에서 상담자는 내담자에게 지휘 체계와 연결된 인물로 인식되기 쉬우며, 이로 인해 심리적 거리감이 커질 수 있다. 특히 장병들은 상담자를 '도움을 주는 사람'보다는 '평가자'나 '보고자'로 느끼는 경향이 있어, 감정을 드러내거나 어려움을 솔직히 털어놓기 어렵게 된다. 이는 군 특유의 위계 구조와 '약점 노출에 대한 불이익 우려'에서 비롯된다.

상담자가 지휘관과 협력하는 역할을 맡고 있는 경우, 내담자는 상담자의 중립성에 대해 의문을 품기도 한다. 이런 거리감을 좁히기 위해서는 상담자가 비권위적인 태도로 신뢰를 쌓고, 자신이 조력자임을 분명히 해야 한다. 상담 초기부터 역할과 비밀보장의 범위를 명확히 설명하고, 장병의 이야기를 판단 없이 존중하며 경청하는 태도가 무엇보다 중요하다. 이처럼 상담자는 군 조직 안에서 형성되는 권력관계를 인식하고, 그 안에서 신뢰와 심리적 안정감을 조성하는 데 주도적인 노력을 기울여야 한다.

5) 자기 개방과 감정 표현의 어려움

군 집단상담에서는 구성원들이 자신의 감정이나 경험을 자유롭게 표현하기 어렵다. 군 조직 특유의 위계 문화는 감정 표현을 약점이나 통제력 부족으로 해석하게 만들며, 장병들 사이에선 '감정을 드러내면 불이익을 받을 수 있다'는 인식이 강하게 작동한다. 이로 인해 자기 검열이 심해지고 상담에 소극적으로 참여하게 되는 경우가 많다. 또한, 생활을 함께하는 동료들 앞에서 민감한 이야기를 꺼내는 데 대한 불안도 크다. 비밀이 지켜지지 않을 것이라는 우려, 감정을 드러내는 것이 남성다움에 어긋난다는 인식 역시 자기 개방을 방해한다. 이러한 구조적·문화적 제약을 완화하기 위해, 상담자는 집단 안에서 안전하고 신뢰할 수 있는 분위기를 조성하고, 상담 초기부터 감정 표현의 중요성을 꾸준히 설명하며 심리적 장벽을 낮추어야 한다.

3. 집단과정 단계

집단의 발달단계는 일반적으로 4단계 및 5단계의 주요 단계를 포함하고 있다. 이 발달단계의 공통점은 좀 더 깊고 복잡한 대인관계를 형성해 간다는 것이다. 치료적 변화를 위해서는 집단이나 집단 구성원의 많은 요인이 영향을 주므로 단계를 경직되게 생각하지 않는 것이 좋다(Yalom & Leszcz, 2025). 여기에서는 4단계의 발달단계로 살펴보고자 한다.

1) 도입 단계(초기 단계)

도입 단계는 집단상담의 구조와 목적이 안내되고, 구성원들이 처음 얼굴을 마주하는 시기다. 이 시기의 핵심은 상담에 대한 기대를 확인하고 신뢰를 형성하며, 안전하고 개방적인 분위기를 조성하는 것이다. 상담자는 비밀보장, 존중, 경청 등 기본 규범을 소개하고, 구성원들이 자연스럽게 관계를 시작할 수 있도록 돕는다. 군 집단상담에서는 위계와 익숙한 관계로 인해 발생할 수 있는 불편함을 고려해, 자기소개와 아이스브레이킹 활동을 활용하여 심리적 거리를 좁히는 노력이 필요하다. 상담자는 집단의 구조와 규칙을 명확히 제시하고, 개인 목표뿐 아니라 부대 차원의 목표도 함께 인식할 수 있도록 안내한다(한국군상담학회, 2009).

얄롬과 레슈(2025)는 이 시기를 '문단속'의 시기로 표현하며, 구성원의 이탈을 방지하는 것이 집단 효과에 중요하다고 강조한다. 이 단계가 안정되어야 이후 자발적 참여가 가능해진다.

2) 준비 단계(관계 형성 단계)

이 단계는 구성원들이 서로에 대한 이해를 깊이 해 가며 신뢰를 쌓고, 본격적인 작업을 위한 정서적 기반을 다지는 시기다. 상담자는 구성원들이 상담에 적극적으로 참여하도록 격려하고, 방어기제를 완화하며, 공동 목표에 대한 공감대를 만들도록 돕는다. 관계 형성과정에서는 불안이나 갈등이 표면화될 수 있고, 이를 자연스럽게 받아들이며 상호관계를 조정하는 흐름이 나타난다. 도입 단계에서 시작된 신뢰를 바탕으로, 구성원들은 점차 응집력 있는 하나의 집단으로 전환된다. 상담자는 규칙을 함께 만들고 감정을 안전하게 표현할 수 있도록 분위기를 조성하면서 집단이 작업 단계로 이어질 수 있도록 기반을 마련한다.

군 환경에서는 갈등이 직접적으로 드러나기보다는 침묵이나 무관심의 형태로 나타날 수 있어, 상담자는 이러한 반응을 민감하게 읽고 수용적인 태도로 조력해야 한다. 또한 군 생활에 대한 불만이나 새로운 대안적 사고가 등장할 경우, 이를 긍정적인 방향으로 전환할 수 있도록 개입하는 것이 중요하다(한국군상담학회, 2009).

3) 작업 단계(심화 단계)

작업 단계는 집단상담의 핵심이자 가장 역동적인 시기로, 구성원들은 충분한 신뢰를 바탕으로 감정과 경험을 솔직하게 공유하고 피드백을 주고받으며, 내면의 성찰과 변화를 경험하게 된다. 이 시기에는 자기 이해, 정서적 정화, 대인관계 학습과 같은 치료적 요인이 강하게 작동하며, 구성원들은 자신이 겪었던 상처나 현재의 어려움을 탐색하고 다룬다. 이 과정에서 감정적 충돌이나 의견 차이가 나타날 수 있으나, 이제는 이를 회피하지 않고 수용하고 조정할 수 있는 능력이 집단 내에 형성되어 간다. 구성원들은 서로의 반응을 통해 자신의 모습을 새롭게 인식하고, 변화의 동기를 갖게 된다.

군 집단상담에서는 이 시기부터 계급보다 동료 간 지지와 연대가 더 강하게 작용하며, 자기 개방이 활발해지면서 심리적 해소와 공동 목표에 대한 책임감이 뚜렷해진다. 상담자는 이 흐름을 유지하며 구성원 개개인의 성장과 집단 전체의 조화를 동시에 도모해야 하며, 실질적인 변화가 일상으로 이어질 수 있도록 행동계획을 함께 설계해 나가는 역할이 필요하다.

4) 종결 단계(마무리 단계)

종결 단계는 집단상담의 마지막 시기로, 구성원들이 상담에서의 변화와 성과를 정리하고 일상에 적용할 준비를 하는 시점이다. 이별을 앞두고 성취감, 아쉬움, 불안 등 복합적인 감정이 나타날 수 있으며, 상담자는 이러한 감정을 수용하고 공유할 수 있도록 분위기를 조성해야 한다.

군 집단상담에서는 상담 종료 외에도 원대 복귀, 전출 등 구조적 변화가 맞물리기에, 구성원들이 느끼는 불확실성을 덜어 주기 위한 실질적인 준비가 더욱 중요하다. 상담자는 집단에서 경험한 긍정적인 변화를 함께 되짚고, 이를 바탕으로 실생활에서 실천 가능한 계획을 세우도록 도와야 한다. 또한 이 시기에는 구성원 간 작별 인사와 회고, 향후 목표 설정 등이 함께 이루어지며, 집단에서 배운 내용을 군 생활이나 이후의 삶에 연계할 수 있는 구체적인 행동계획이 제시되어야 한다(한국군상담학회, 2009). 이처럼 종결 단계는 단순한 종료가 아니라, 변화를 이어 가기 위한 중요한 전환의 자리다.

5) 집단상담 과정의 실제적 변형 사례

군 집단상담은 이론적으로는 도입 - 준비 - 작업 - 종결의 흐름을 따르지만, 현실에서는 그 순서가 흐트러지거나 어느 단계에서 멈추는 경우가 흔하다. 특히 비자발적 참여, 위계적 문화, 감정 억제 분위기 등은 집단상담의 자연스러운 진행을 방해한다. 상담자는 이론보다 현장의 흐름을 세심히 살펴 융통성 있는 개입이 요구된다.

도입 단계에서 아이스브레이킹이 미흡했던 신병 집단에서는 구성원 간 눈도 마주치지 않는 정서적 거리감이 계속되었다. 상담자는 피드백 카드와 반복적인 수용 메시지를 통해 관계 회복을 유도한 결과, 서서히 상호작용이 살아났다. 또 간부 중심 집단에서는 한 고참이 주도권을 장악해 다른 구성원들이 침묵했고, 이는 상담 초기의 권력 역동을 간과한 결과였다. 상담자는 새로운 집단에서 갈등을 다루는 교육과 개별 면담을 통해 소통을 촉진하였다. 표면상 분위기가 좋아 보이지만 정서적 깊이 없이 정체된 집단도 있다. 이럴 때는 역할극이나 메타질문 등을 통해 상호작용의 깊이를 키우는 개입이 필요하다. 상담자는 집단의 위치를 진단하기보다 그 안에서 어떤 관계가 형성되고 있는지를 민감하게 읽어 내는 감수성이 중요하다. 집단상담은 선형 구조가 아닌 '지금 - 여기'의 역동 속에서 살아 움직이는 과정이기 때문이다.

4. 집단상담 지도자의 역할

1) 구조화 제공자

집단상담 지도자는 집단의 목적과 규칙, 시간, 활동 순서 등을 명확히 안내하여 구성원들이 예측 가능한 환경에서 안정감을 느끼고 상담에 몰입할 수 있도록 돕는다. 특히 초기 단계에서는 구조가 뚜렷할수록 구성원들의 불안이 줄고 신뢰 형성이 쉬워진다. 지도자는 각 단계에 맞는 주제를 선정하고 시간과 흐름을 조율하며, 집단이 효과적으로 작동하도록 조력한다. 중간에 생길 수 있는 갈등이나 예상치 못한 상황에도 중심을 잡아 주는 역할을 한다. 구조화는 자율성을 억제하는 것이 아니라, 오히려 안전한 틀 안에서 감정을 표현하고 관계를 형성할 수 있도록 해 준다. 이는 집단의 목표 달성을 위한 핵심 조건 중 하나다. 군 집단상담에서는 특히 위계에 익숙한 장병들에게 명확한 진행 구조가 안정감을 주며, 참여를 촉진하는 데 효과적이다. 상담자는 시간 관리, 발언의 흐름, 주제 안내 등을 통해 상담의 집중도를 유지하며, 집단의 몰입과 변화 가능성을 높여야 한다.

2) 갈등 조정자

집단상담에서 지도자는 갈등 조정자로서 구성원 간의 오해, 긴장, 갈등이 발생했을 때 이를 인식하고 중재하는 역할을 한다. 갈등이 억제되거나 과도하게 표출되지 않도록 조율하며, 건설적인 대화와 감정 표현이 가능하도록 분위기를 조성한다. 집단 내에서 나타나는 긴장, 서열 의식, 침묵 등은 자연스러운 과정으로 받아들이되, 의견 충돌 시 중립적으로 상황을 정리하고, 감정 표현이 가능한 언어로 변환해 주는 촉진자 역할이 필요하다.

군 집단상담에서는 계급 차이, 성격 차이 등으로 인해 갈등이 발생할 수 있으므로, 지도자는 공정하고 중립적인 태도로 접근하고, 구성원 간 상호 이해와 존중이 이루어지도록 돕는 것이 중요하다. 특히 권위적 리더가 아닌 '관계 조율자'로서의 정체성이 중요하다. 이를 통해 집단은 갈등을 성장의 기회로 전환하고, 더 깊은 신뢰와 유대감을 형성할 수 있다.

3) 피드백 촉진자

지도자는 구성원들이 서로의 감정과 행동을 주고받을 수 있도록 안전한 피드백 환경을 만들어야 한다. 피드백이 비난이 아닌 이해와 성장을 위한 과정임을 강조하며, 구성원들이 부담 없이 자신의 생각을 표현하도록 유도하는 것이 핵심이다. 군 집단에서는 위계와 감정 억제로 인해 직접적인 피드백이 어려울 수 있다. 이럴 때 지도자는 구체적이고 비판적이지 않은 방식의 표현을 장려하고, 서로에게 긍정적 피드백과 발전적 제안을 균형 있게 나누도록 돕는다.

의견 표현을 주저하는 구성원에겐 말문을 열 수 있는 질문을 던지고, 반대로 감정이 거친 피드백에는 개입해 분위기를 안정시켜야 한다. 지도자가 "지금 말한 내용에 대해 어떤 느낌이 드시나요?"와 같은 질문으로 피드백을 유도하면 구성원들은 점차 상호 이해를 넓히고 자신을 돌아보게 된다. 피드백은 집단 안에서 진정한 상호작용이 일어나는 지점이며, 이를 촉진하는 지도자의 태도와 개입이 집단의 깊이를 좌우하게 된다.

4) 집단 역동 관찰자

지도자는 집단 내 상호작용, 감정 흐름, 관계 변화를 세심하게 살피며 집단의 흐름을 파악하고 적절한 개입 시점을 판단한다. 이러한 관찰은 단순한 대화 내용이 아니라 비언어적 신호, 발언 빈도, 표정 변화, 침묵의 맥락까지 포함한다. 군 집단상담에서는 계급과 역할 구조에 따라 겉으로 드러나지 않는 긴장감이 작용할 수 있어, 지도자는 특정 구성원의 반복되는 침묵이나 발언 독점 현상을 주의 깊게 읽어야 한다. 이는 집단 내에서 형성된 암묵적인 규범이나 역할 기대의 반영일 수 있다.

이러한 역동을 바탕으로 지도자는 구성원들이 집단 내에서 자신이 어떤 위치에 있는지를 자각하고, 상호작용 방식을 재구성하도록 안내할 수 있어야 한다. 집단 전체의 분위기와 정서 흐름을 읽고 그에 맞게 방향을 조율하는 이 역할은, 상담의 깊이를 더하고 집단의 성장을 도모하는 핵심 기능이다.

5) 군 집단에 특화된 지도 역량

군 집단상담 지도자는 일반적인 상담 기술 외에도 군 조직의 위계, 규율, 문화에 대한 이해를 바탕으로 상황에 맞는 민감한 개입이 가능해야 한다. 상명하복 구조, 집단 중심 생활, 감정 통제가 일상화된 환경에서 지도자는 구성원들이 안심하고 표현할 수 있는 분위기를 만드는 것이 중요하다. 특히 상담 초반에는 불신과 경계심이 나타나기 쉬우므로, 공감적 태도와 명확한 진행 틀을 통해 심리적 안전을 구축해야 한다. 또한 군 생활에서 흔히 마주하는 적응 스트레스, 관계 갈등, 감정 조절 어려움 등을 실제 사례와 연결해 접근할 수 있는 능력도 필요하다.

자발성이 낮은 집단 특성상, 지도자는 상담의 의미를 자연스럽게 전달하고 참여를 유도하는 역량도 갖춰야 한다. 단순히 언변이 좋은 리더가 아니라, 구성원이 자신을 드러내고 관계를 맺는 데 도움이 되는 '안전한 리더'가 되어야 한다. 집단 내 분위기를 조율하며 심리적 성장을 촉진하는 이 역할이 군 상담의 실질적인 성과를 결정짓는다.

5. 집단상담 성공 요건[3)]

1) 신뢰 구축: 집단의 안전기반 만들기

집단상담이 효과적으로 작동하기 위해서는 구성원 간 심리적 안전이 선행되어야 한다. 신뢰가 형성된 분위기에서는 감정과 경험을 솔직히 나눌 수 있고, 이는 자기 이해와 성장을 가능하게 한다. 상담 초기에 구성원들은 낯선 사람들과의 상호작용에 불안과 경계를 갖기 마련이다. 군 집단의 경우 위계 문화와 감정 억제 분위기 탓에

3) 집단상담 프로그램 예시 부록 참조

이러한 경향은 더욱 두드러진다. 지도자는 평등한 분위기를 조성하고 비밀보장 원칙과 상호 존중의 규칙을 명확히 안내함으로써 안전감을 제공해야 한다. 또한 상담자가 먼저 진솔한 태도를 보이며 경청하고 수용하는 모습을 통해 신뢰의 모델이 되어야 한다. 구성원 간에도 작은 피드백과 지지를 주고받는 경험을 통해 점차 개방성이 형성된다. 이러한 분위기 속에서 군 구성원들은 통제가 아닌 공감을 통해 내면의 변화를 경험할 수 있게 된다.

2) 집단규칙의 명확화

집단상담이 질서 있게 진행되기 위해서는 초반에 규칙을 분명히 설정하는 것이 필수적이다. 시간 엄수, 발언 예절, 비밀보장, 상호 존중 등은 구성원 간 안정된 상호작용을 위한 기본 틀을 제공한다. 군 집단에서는 위계와 공동생활의 특성상 갈등이나 소극적 태도가 쉽게 드러날 수 있어, 지도자가 수평적 관계 형성과 심리적 안전을 위해 규칙을 강조해야 한다. 명확한 규칙은 구성원들이 집단 내에서 기대되는 행동을 이해하고, 불필요한 오해나 충돌을 줄이며, 지도자가 중재할 수 있는 기준이 되어 상담의 효과를 높이는 기반이 된다.

3) 참여 동기 유발 전략

집단상담의 성패는 구성원들의 자발적 참여에 크게 영향을 받는다. 군 집단에서는 특히 비자발적 참여가 많고, 초기엔 낯선 환경에 대한 경계심이 높기 때문에 지도자의 개입이 중요하다. 초기에는 집단의 목적과 기대 효과를 현실적으로 안내하고, 일상적인 경험을 나누는 활동으로 심리적 부담을 낮추는 것이 도움이 된다. 지도자는 수용적 태도로 소소한 표현에도 긍정적 반응을 보이며 참여의 만족을 높여야 한다. 구성원이 직접 집단의 방향에 참여하도록 유도하면 책임감과 몰입도도 향상된다. 통제된 환경 안에서도 상담 안에서의 선택권과 평등성을 느낄 수 있게 할 때, 참여 동기는 자연스럽게 자라난다.

4) 긍정적 상호작용의 초기 유도

집단상담 초기에는 구성원 간의 낯설음과 경계심이 높기 때문에, 지도자는 의도적으로 따뜻하고 안전한 상호작용이 오갈 수 있는 분위기를 조성해야 한다. 이를 위해 지도자는 먼저 본인의 말투와 표정, 경청하는 태도를 통해 모델링하고, 간단한 자기소개나 공통점 나누기 등의 활동을 통해 부담 없이 교류할 수 있는 기회를 제공한다. 군 집단의 경우 위계적 분위기와 감정 억제가 상호작용을 위축시킬 수 있으므로, 서로를 존중하고 지지하는 분위기를 만들어야 한다. 지도자가 작은 표현에도 긍정적으로 반응하고, 무해한 상호작용을 격려함으로써 구성원은 점차 마음을 열고 집단에 몰입하게 된다.

5) 상담자의 일관성과 신뢰성

집단상담에서 상담자의 말과 행동이 일관될 때, 구성원들은 심리적 안정감 속에서 자신의 이야기를 편안히 나눌 수 있다. 상담 목표와 규칙, 개입 방식에서 흔들림 없이 일관된 태도를 유지하는 것은 집단 전체의 신뢰를 높이는 중요한 조건이다. 신뢰성은 전문성과 진정성에서 비롯된다. 상담자가 구성원의 이야기를 진심으로 듣고 공감하는 태도를 유지할 때, 구성원은 그 존재 자체를 믿고 따를 수 있다. 특히 군 집단에서는 위계와 규율 속에서 상담자의 안정적 리더십이 더욱 강조되며, 이는 개방적 분위기 형성과 상담 몰입에 긍정적 영향을 미친다. 모든 구성원을 공정하게 대하고, 말과 표정, 반응 속도까지 조율된 태도를 보여 줄 때, 구성원들은 상담자를 '믿을 수 있는 사람'으로 느낀다. 그 믿음은 곧 집단이 하나의 흐름으로 연결되는 힘이 된다.

chapter

06 군 위기상담

1. 위기의 개념과 특수성

1) 일반적 위기의 정의

위기란 개인이 기존의 대처 방식으로는 감당할 수 없는 사건이나 상황에 직면했을 때, 심리적 균형이 무너지는 상태를 의미한다. 카플란(Caplan, 1964)은 위기를 "개인이 중요한 목표를 위협받는 사건을 경험했을 때, 그 상황을 해결할 수 있는 자원이 부족하여 심리적 긴장이 극대화되는 상태"라고 정의하였다. 이는 일시적이지만, 적절한 개입이 이루어지지 않으면 부적응으로 이어질 수 있다. 로버츠(Roberts, 2005)는 위기를 단순한 스트레스 반응이 아니라 "기존의 자원이 무력화되며 새로운 심리적 조정이 필요한 상태"로 보았으며, 회복 여부는 초기 개입의 질과 속도에 따라 결정된다고 보았다.

2) 군대 내 위기의 유형

군대에서 발생하는 위기는 다음과 같이 세 가지 유형으로 나누어 볼 수 있다.

- 개인적 위기: 개인의 정서적, 신체적, 관계적 문제에서 비롯된 위기로, 적응 실패, 자살 충동, 가족문제, 연인과의 이별, 트라우마 등이 포함된다.

- 집단 위기: 집단 전체가 충격을 받는 사건으로, 자살 사고 목격, 훈련 중 사고, 군 내부 폭행 사건, 극단적 이탈 행위 등이 여기에 해당된다. 집단 내 긴장과 불안, 전우 간 신뢰 상실로 이어질 수 있다.
- 체계적 위기: 조직의 구조나 운영 방식에서 비롯된 위기로, 상하 관계 갈등, 지휘 통제 부재, 명령체계의 혼선, 부대 운영 혼란 등이 포함된다. 이는 개인의 위기를 증폭시키는 배경이 되기도 하며, 개인 위기의 반복을 유발하는 구조적 요인이 된다.

3) 군 특수성: 위기의 강화 요인

- 폐쇄성: 외부와의 자유로운 소통이 제한되고, 개인이 갖는 선택권이 현저히 축소된 상태에서 살아간다. 자신의 고통이나 문제를 외부에 알릴 수 있는 통로가 부족하므로, 위기는 내부에서 압축되고 강화된다.
- 위계성: 상급자의 지시에 대한 절대 복종 문화가 강하고, 수직적 관계가 일상화되어 있다. 이로 인해 부당한 대우나 인권 침해가 있어도 문제를 제기하기 어렵고, 침묵 속에 위기가 내면화되는 경우가 많다.
- 회피문화: 문제를 드러내기보다는 회피하거나 무마하려는 경향이 조직 내에 존재한다. 이는 위기의 조기 인식과 예방을 어렵게 만들며, 표면적으로는 '조용한 부대'이지만 내면에는 위기가 누적된 상태일 수 있다.
- 감정억제: '강한 군인'이라는 정체성은 감정 표현을 억제하고 감내하는 것을 미덕으로 여긴다. 감정을 언어로 표현하는 데 익숙하지 않은 병사들은 위기 상황에서도 침묵하거나 분노, 공격성으로 감정을 우회적으로 표출한다.
- 집단규범강화: 집단과 다른 행동은 곧 '문제행동'으로 간주되는 분위기 속에서, 병사는 자신의 고통을 드러내는 것 자체를 부적절한 것으로 인식하게 된다. 이는 상담을 받는 것조차 어려운 일로 만들며, 위기 개입의 접근성을 현저히 낮춘다.

4) 병사와 간부의 위기 반응

동일한 위기 상황에서도 병사와 간부는 반응 방식에서 뚜렷한 차이를 보인다. 병사는 제한된 복무 기간과 낮은 소속감, 불안정한 정체성으로 인해 위기에 취약하며, 절망감이나 충동적 행동으로 반응할 가능성이 높다. 또한 도움 요청에 대한 거리감이나 자기 비난 경향이 강하게 나타난다. 반면 간부는 임무와 조직 관리라는 이중 책임 속에서 위기를 감춘 채 버티려는 경향이 크다. 감정을 억누른 결과 우울, 무감각, 신체화 등으로 반응하며, 위기 대응이 지연될 경우 조직 전체에 영향을 줄 수 있어 보다 정교한 접근이 요구된다.

2. 군 위기상담 단계

군 위기상담은 단기간에 내담자의 심리적 균형을 회복시키기 위한 구조화된 개입 과정이다. 군 조직 특성상 위기는 개인을 넘어 집단과 조직 운영에 영향을 줄 수 있어, 상담 전 과정에서 신속하고 전문적인 대응이 필수적이다. 이에 따라 위기상담은 사전단계를 포함한 여섯 단계로 구성된다.

- 사전단계: 사전단계는 위기 상황의 본질을 파악하고 상담자가 개입 준비를 갖추는 초기 대응 과정이다. 위기의 원인, 감정 반응, 자해·자살 위험 등을 신속히 평가하고, 상담자는 자신의 개입 태도와 전략을 점검하며, 필요시 지휘관이나 의료 인력과의 연계도 고려한다.
- 1단계 상담자와 내담자 간의 신뢰를 형성하는 과정으로, 내담자가 안전하게 감정을 표현할 수 있는 분위기 조성이 핵심이다. 군 병사는 취약함을 드러내는 데 두려움이 크므로, 상담자는 공감과 수용의 태도로 심리적 안전감을 제공해야 한다. 라포가 형성되면 이후 상담의 효과도 높아진다.
- 2단계 위기 유형과 내담자의 반응 양상을 구체적으로 탐색하는 과정이다. 위기는 동일한 사건이라도 내담자의 인식과 정서 반응에 따라 다르게 작용하므로,

상담자는 위기의 주관적 강도, 감정 상태, 기존 대처 방식과 자원의 수준을 함께 점검해야 한다. 위기의 촉발요인뿐 아니라 누적된 스트레스와 삶의 해석도 함께 다루어야 한다.

- 3단계 정서 안정과 대처기술 강화를 목표로 한다. 위기 상황에서 내담자가 불안, 분노, 죄책감 등에 압도되지 않도록 감정 표현과 진정을 돕고, 감정 라벨링, 호흡 훈련, 현실 검증 등의 기법을 활용한다. 또한 과거의 대처 경험과 회복 자원을 탐색하여, 현재 위기를 극복할 수 있는 현실적인 전략을 함께 마련한다.
- 4단계 위기의 의미를 재구성하고 사회적 연결을 통해 심리적 통합을 돕는 단계다. 상담자는 내담자가 위기를 단지 고통이 아닌 자기 이해와 성장의 기회로 바라볼 수 있도록 지원하며, 회복을 위한 현실적인 계획 수립을 함께한다. 필요시 군 내외 지원체계와 연결하여 지속적인 지지를 받을 수 있도록 돕고, 내담자가 소속감과 연결감을 회복하도록 한다.
- 5단계 상담 종결과 사후관리 단계로, 위기개입의 성과를 점검하고 재발 방지를 위한 계획을 세운다. 상담자는 내담자의 회복 여부와 남은 위험 요인을 확인하며, 향후 도움이 필요할 때 활용할 수 있는 지원 체계를 안내한다. 또래 간부나 신뢰할 수 있는 인물과의 관계 유지를 격려하고, 내담자가 혼자서도 감정과 행동을 조절할 수 있도록 내부 자원을 강화하며 개입을 마무리한다.

3. 자살위기

군 내 자살은 개인의 비극을 넘어 부대의 사기, 안정성, 대외 신뢰에 영향을 주는 중대한 사안이다. 자살은 예방 가능한 위기로, 조기 발견과 신속한 개입이 핵심이다. 그러나 군 조직은 감정 표현이 억제되고 정신건강 문제를 드러내기 어려운 문화가 있어, 자살위기가 조용히 진행되다 갑작스럽게 드러나는 경우가 많다. 따라서 상담자는 위기 징후를 빠르게 인식하고, 체계적이고 안전한 개입 절차를 숙지해야 한다.

1) 군 자살의 원인

국방부 통계에 따르면, 최근 수년간 군 장병의 자살은 병사보다 간부 비율이 점차 증가하는 경향을 보이고 있으며, 자살 사망은 교통사고나 재해보다 훨씬 높은 비중을 차지한다. 특히 전방부대, 격오지, 야전부대 등 외부와 단절된 환경에서 근무하는 장병의 경우 사회적 지지의 부재와 적응 스트레스가 복합적으로 작용하여 자살 위험이 증가한다. 자살의 원인은 단일 요인보다는 생물학적, 심리적, 사회적, 환경적 요인이 복합적으로 작용한다. 군 조직 내에서는 부대 적응 실패, 상급자와의 갈등, 징계나 행정처분, 가족 문제, 실연, 신체적 질병, 반복되는 야간근무로 인한 수면장애 등이 주요 원인으로 작용한다. 특히 군 장병의 퇴로 차단, 통제된 환경, 권한의 제한 등으로 인해 일상생활에서의 '선택 가능성'이 부족하며, 이로 인해 무력감과 절망감이 쉽게 극단적 사고로 이어질 수 있다.

2) 자살 위험요인 및 경고신호

군 상담자가 반드시 인지하고 있어야 할 것은 자살의 대부분이 전조 신호를 동반한다는 점이다. 자살은 갑자기 결정되는 충동적 사건처럼 보일 수 있으나, 실제로는 내면에서 오랜 시간 좌절과 절망, 고립의 감정이 축적되어 나타나는 결과다.

- 위험요인

- 과거 자살 시도 이력
- 가족 중 자살자 존재
- 주요 관계의 단절(실연, 가족갈등)
- 만성적 우울, 불면, 불안, 충동성
- 군 생활 중 징계, 강등, 전출 등의 급격한 변화
- 타인에게 버려졌다고 느끼는 강한 거절감

- 경고신호
- 죽음에 대한 언급("죽고 싶다", "사는 게 의미 없다" 등)
- 유서 작성 또는 소지품 정리
- 급작스러운 기분 변화(오히려 평온해 보임)
- 자해 행위 또는 사고 성향 증가
- 평소보다 지나치게 고립되거나 잠을 못 자는 상태
- "이제는 괜찮다"는 말과 함께 관계를 정리하려는 태도

상담자는 이러한 신호를 포착할 때 단순한 농담이나 일시적 반응으로 치부하지 않고, 자살위기 가능성을 진지하게 점검해야 한다.

3) 자살 사정도구

자살위기를 정량적으로 평가하기 위해 다양한 사정도구가 활용된다. 군 현장에서도 상담자는 다음과 같은 도구를 적절히 활용할 수 있다.

- SAD PERSONS Scale: 성별(Sex), 나이(Age), 우울증(Depression), 자살 시도 이력(Previous attempt), 알코올/약물 사용(Ethanol abuse), 사고 판단 손상(Rational thinking loss), 사회적 지지 부족(Social support lacking), 자살계획(Organized plan), 결혼 상태(No spouse), 질병(Sickness) 등 10가지 항목을 기준으로 위험을 평가한다. 총점이 높을수록 고위험군이다.
- Columbia-Suicide Severity Rating Scale(C-SSRS): 자살 사고의 강도 및 빈도, 자살계획 여부, 시도 이력, 자해 경험 등을 세분화하여 자살 위험을 구체적으로 분류할 수 있는 도구로, 응급상황에서 빠르고 객관적인 판단을 가능하게 해 준다.

이러한 도구는 '보조 수단'일 뿐이며, 상담자의 임상적 직관과 면담을 통한 정성적 정보가 반드시 함께 고려되어야 한다.

4) 자살위기 면담 시 유의사항

자살위기 내담자 면담에서 가장 중요한 태도는 판단이 아닌 수용이다. 자살을 언급하는 사람은 말로 표현하기 어려운 극심한 고통을 겪고 있으며, 상담자는 내담자가 얼마나 안전하게 감정을 드러낼 수 있는지를 결정짓는 존재가 된다. 자살 사고는 충동적이라기보다 오랜 시간 쌓인 절망의 결과인 경우가 많아, 상담자는 말과 표정 하나에도 예민하게 반응해야 한다.

자살 사고에 대해 직접 묻는 것은 오히려 긴장을 낮추고 신뢰를 쌓는 데 효과적이다. "죽고 싶다는 생각을 해 본 적 있나요?", "어떻게 생각했나요?" 같은 질문은 자살 사고의 구체성과 위험도를 파악하는 데 필수적이다. 상담자는 감정적으로 흔들리기보다, 담담하면서도 따뜻한 태도로 내담자의 고통에 함께 머물러야 한다. "그 정도면 정말 힘들었겠네요"와 같은 반응은 내담자에게 심리적 지지를 줄 수 있다.

무엇보다 중요한 것은 정서적 개입보다 먼저 '신체적 안전'을 확보하는 일이다. 자살 계획이 구체적이고 실행 위험이 있을 경우, 곧바로 신뢰 인물 배치, 흉기나 약물 제거, 안전한 공간 이동 등 현실적 조치를 우선 시행해야 하며, 필요시 간부나 의무 인력과의 즉각적인 협력도 필요하다. 심리적 개입은 안전이 확보된 이후에야 효과를 발휘할 수 있다.

5) 보안 및 보고

자살위기 개입은 단순한 정서적 지원을 넘어, 구조적 대응이 필요한 복합적 과정이다. 군 조직 내 자살은 개인의 문제를 넘어 부대의 안전과 기능에 영향을 미치므로, 상담자는 감정 반응뿐 아니라 현실적 위험을 종합적으로 판단해야 한다. 고위험군으로 분류되면 곧바로 분리 관찰, 자해 도구 회수, 신뢰 인물 배치, 24시간 감시 등 실질적 안전조치를 시행해야 한다. 자살 개입의 최우선 과제는 '생명 보호'이며, 상담은 그 뒤를 따른다.

동시에 정해진 보고 체계와 문서화 절차를 정확히 따르는 것이 중요하다. 내담자의 상태는 상급 상담관, 지휘관, 주치의 등 관계자에게 즉각 공유되어야 하며, 모든 기록은 객관적 사실 중심으로 간결하게 작성해야 한다. 이와 함께 정신과 진료나 입원 등 추가 조치 여부도 신속히 검토되어야 한다. 상담은 응급개입의 출발점일 뿐, 지속적인 다각적 관리 체계와의 연계가 회복의 핵심이다.

다만, 이 모든 과정에서 상담자는 비밀보장의 윤리와 생명보호의 책임 사이에서 균형을 유지해야 한다. 개입 전 동의를 구하고, 필요한 최소한의 정보만을 공유하는 원칙을 지키며, 내담자가 배제되지 않도록 함께 협의하는 태도를 유지해야 한다. 위기 개입에서 가장 중요한 것은 전문성보다도 상담자의 태도이다. 조심스럽게 들어주고, 무너지지 않고 곁에 있어 주는 존재 자체가 위기 속 내담자에게는 삶을 붙드는 힘이 될 수 있다.

4. 재난 트라우마

1) 군 내 재난의 특성

군에서의 재난은 단순한 사고 이상의 심리적 충격을 동반한다. 훈련 중 실탄 사고, 전투 장비 폭발, 격오지 자연재해, 산악 실종, 총기 사망 등 다양한 사건은 단순히 외상 후 반응을 유발하는 수준을 넘어, 군 조직 전체의 안전감과 소속감까지 흔들 수 있다. 특히 군 특유의 폐쇄성과 신속한 임무 복귀 문화는 장병 개개인의 심리적 회복보다 조직 안정에 무게를 두게 만들며, 이로 인해 정서적 후유증이 수면 아래 장기화되는 경향이 있다. 장병들은 재난 직후 심리적으로 압도되는 반응(공황, 무감각, 울음, 떨림 등)을 경험하며, 일정 시간이 지난 후에도 감정 회피, 기억 회상, 수면 장애, 감정 마비, 관계 단절 등의 증상이 반복될 수 있다. 이는 단순 스트레스 반응이 아닌 외상 후 스트레스 반응(PTSR)으로 구분되며, 조기 개입 여부에 따라 그 향후 경과가 크게 달라진다.

2) 심리적 응급처치(PFA)

재난 직후에는 무엇보다 심리적 응급처치(Psychological First Aid, PFA)가 필요하다. 이는 치료가 아니라, 심리적 안정과 생존 반응 정상화를 위한 '심리적 구조물' 제공이라고 볼 수 있다. PFA는 단기간에 장병의 정서적 혼란을 안정시키고, 비정상이 아닌 정상 반응임을 인식시켜 주며, 실질적인 지원 자원과 연결해 주는 데 목적이 있다.

- 안정된 공간 제공: 가능한 조용하고 통제된 환경에서 내담자를 보호하며
- 공감적 경청: 이야기하도록 강요하지 않되, 말할 준비가 되었을 때 감정을 지지하고 수용
- 정서적 지지: "지금 느끼는 공포는 정상입니다", "당연히 무섭고 혼란스러울 수 있어요"와 같은 반응 제공
- 정보 제공과 현실 안내: 상황에 대한 혼란을 줄이고, 신뢰할 수 있는 사실 전달
- 지원체계 연계: 의무대, 지휘관, 심리상담실 등 필요한 기관과 연결

PFA의 목적은 명확하다. '감정을 빨리 정리시키는 것'이 아니라, '회복의 기반을 만들어 주는 것'이다.

3) 집단상담 및 집단 심리적 디브리핑

동일 재난을 경험한 장병들 사이에서 공통된 감정과 기억을 나누는 집단상담은 회복을 촉진하는 중요한 방법이다. 특히 '나만 이상한 반응을 하는 게 아니다'라는 인식을 갖게 해 주는 심리적 디브리핑(debriefing)은 감정 고립을 해소하고, 집단 안에서의 안정감을 회복시키는 데 효과적이다. 디브리핑은 사고 발생 48~72시간 이내, 소규모로, 자발적 참여를 전제로 이루어져야 하며, 강제성은 오히려 트라우마를 강화시킬 수 있다. 이 과정에서는 장병들이 사고 당시 경험한 감정, 생각, 반응을 이야기하고, 서로의 반응이 비정상이 아님을 확인하며 회복을 위한 의미 연결이 시도된다. 다만 모든 사건에 무조건 디브리핑을 적용하는 것은 바람직하지 않다. 감정 표현

이 미성숙하거나 상호 신뢰가 약한 집단의 경우, 사전 준비 없는 디브리핑은 오히려 재외상 가능성을 높일 수 있다. 따라서 상담자는 부대의 분위기, 사건의 강도, 장병들의 감정 표현 역량 등을 종합적으로 고려하여 개입 방식을 결정해야 한다.

4) 회복 단계별 개입: 충격 → 반응 → 회복

재난 트라우마 개입은 단발성 대응이 아니라, 시간의 흐름에 따라 정서와 행동에 스며드는 변화에 지속적으로 개입하는 과정이다. 군 조직 특성상 감정을 억누르고 조기 복귀를 요구하는 문화는 회복을 지연시키기 쉬우므로, 단계별 개입이 중요하다. 일반적으로 회복 과정은 '충격 → 반응 → 회복' 세 단계로 나뉘며, 각 단계에 맞는 상담자의 태도와 개입 방식이 달라져야 한다. 상담자는 단순히 고통을 없애려 하기보다, 회복의 흐름 속에 함께 머무르며 의미 있는 동행자가 되어야 한다.

• 충격 단계: 압도당한 감정 속에 '존재해 주기'

사건 직후는 회복의 시작이 아니라 심리적 붕괴 직전 상태일 수 있다. 이때 장병들은 감정 마비, 혼란, 해리 반응 등으로 상담자의 개입에 반응하지 않거나, 반대로 지나치게 침착한 모습을 보이기도 한다. 감정이 압도되거나 차단된 이 시점은 아직 회복 준비가 되지 않은 상태이며, 상담자의 말보다 '존재로 곁에 있어 주는 태도'가 우선되어야 한다. 감정을 말하게 하거나 설명을 요구하는 것은 외상을 고착시킬 수 있으므로, 상담자는 "지금은 아무것도 하지 않아도 됩니다"와 같은 정서적 안정 메시지를 전달하며 조용히 머무는 자세를 가져야 한다. 혼잡한 공간에서 분리하거나 담요·물 제공 등 감각적 안정도 함께 고려되어야 한다.

• 반응 단계: 감정의 파도 속에 '정상화'와 '수용'을 건네기

시간이 지나며 장병은 점차 감정을 자각하고, 죄책감, 분노, 슬픔, 수치심 등 다양한 정서 반응을 보인다. "그때 내가 막았어야 했다", "왜 나만 멀쩡한가" 등의 말은 단순한 슬픔이 아니라, 외상 후 자아 이미지의 붕괴와 존재 혼란을 반영한다. 반면 어떤 장병은 감정을 억누르거나 과업에 몰두해 잊으려는 태도를 보이기도 한다. 이 시기에는 감정을 억지로 끌어내기보다, 이해하고 정리하도록 돕는 것이 중요하다. 감정 정상화는 “그 감정은 매우 자연스러운 반응입니다” 같은 말로 장병이 자신을 ‘이상한 사람’이 아니라 ‘상처 입은 사람’으로 인식하게 돕는다. 또한 감정을 구체적 언어로 표현할 수 있도록 유도하면 자기 인식이 향상된다. 생존자 죄책감을 다룰 때는 논리적 반박보다는 공감과 기다림의 태도로, 장병이 스스로 받아들일 수 있는 속도를 존중해야 한다.

• 회복 단계: 다시 살아가는 힘을 찾도록 ‘지속적인 연결’을 준비하기

일상으로 복귀한 장병이 겉보기엔 회복된 것처럼 보여도, PTSD나 외상 반응은 오히려 이 시기에 두드러질 수 있다. 반복되는 악몽, 무기력, 감정둔마, 대인 회피 등은 아직 회복이 끝나지 않았음을 나타낸다. 이 시기의 핵심은 장병이 외상을 겪은 자신을 부끄러워하지 않고, 회복에는 시간이 필요하다는 사실을 받아들이도록 돕는 것이다. “이제는 잊어야지” 같은 자기 비난을 줄이고, 걷기나 숨 고르기 등 신체 회복 활동을 안내하는 것도 효과적이다. 또한 이 단계는 외부 전문기관과의 연계가 실질적으로 필요한 시점이기도 하다. 상담자는 군 내 정신건강 지원이나 전역 후 치료기관과의 연결 계획을 마련하고, 단기 개입에 그치지 않도록 한다. 회복은 ‘문제가 사라진 상태’가 아니라 ‘문제를 견디는 힘이 생긴 상태’이며, 상담자는 이를 위한 지속 가능성을 함께 준비해야 한다.

5. 외상 후 스트레스

군 조직은 직무의 특성상 외상 사건에 노출될 가능성이 높다. 실전 훈련, 총기사고, 전우의 자살이나 폭력 목격, 인명 구조 실패 등은 군 장병들에게 강한 심리적 충격으로 작용하며, 이는 단지 일시적 스트레스를 넘어 외상 후 스트레스 장애(Post-Traumatic Stress Disorder, PTSD)로 이어질 수 있다. 문제는 대부분의 장병들이 처음에는 증상을 감추거나 인식하지 못한 채 ‘원래 군 생활이 힘든 것’으로 치부하고 넘어간다는 점이

다. 따라서 상담자는 장병의 특성과 환경을 고려한 PTSD 인식, 진단, 치료 연계까지 통합적 전략을 갖추어야 한다.

1) 군 특유의 PTSD 증상군

PTSD는 특정 사건 후에 생존의 위협이나 무기력감을 경험하면서 생기는 심리적 상처다. 그러나 군 조직에서는 그 증상이 전형적인 형태와는 다르게 나타나는 경우가 많다.

- 과잉경계(hypervigilance): 사소한 소리에도 깜짝 놀라며, 병영 생활 중 예민한 경계 태도를 보인다. 이는 감시에 대한 불안과 맞물려 더 심화될 수 있다.
- 감정둔마(emotional numbing): 감정을 표현하지 못하고, 얼굴 표정이나 말투에서 감정의 흐름이 단절된 듯한 모습을 보인다. 겉으로는 '침착'하거나 '차분'해 보이지만, 이는 내면의 정서 차단일 수 있다.
- 생존자 죄책감(guilt of survival): 사고나 죽음 현장에서 살아남은 장병은 종종 "왜 나만 살았는가?", "내가 더 도왔어야 했다."는 식의 죄책감을 오래 품는다.

이러한 증상은 임무에 복귀한 이후 수개월, 수년이 지난 뒤에야 비로소 드러나기도 하며, 내담자 본인도 그 감정이 PTSD에서 비롯되었다는 인식을 하지 못한 채 지내는 경우가 많다.

2) 진단 기준과 군 내 특이점

외상 후 스트레스 장애(PTSD)는 심리적 외상 경험 이후 일정한 기준을 충족할 때 진단되는 정신건강 문제로, DSM-5(정신질환 진단 및 통계편람)에서는 다음의 다섯 가지 핵심 기준을 제시하고 있다.

• PTSD의 주요 진단 기준(DSM-5)

- 생명을 위협하는 외상 사건의 직접적 · 간접적 경험
- 사건에 대한 반복적 재경험(회상, 악몽, 플래시백 등)
- 외상 관련 자극에 대한 회피
- 부정적 인지 및 감정 변화(자기 비난, 소외감 등)
- 과도한 각성 상태(불면, 과민성, 경계심 과다 등)

군 조직 내에서는 이러한 증상들이 명확하게 표현되거나 쉽게 인식되지 않는 경우가 많다. 실제로 훈련 중 동료의 사망을 목격한 장병이 "무서운 건 없었어요.", "당시에 아무 감정이 안 들었어요."라고 말하는 경우가 있다. 이는 감정을 인식하지 못하는 것이 아니라 의식적으로 억제하고 회피하는 방어기제일 수 있으며, '강한 군인'이라는 정체성에 부합하기 위한 압력 때문인 경우도 많다. 또한, 군 문화는 감정 표현을 약점으로 간주하기 때문에, 장병들이 PTSD 증상을 겪더라도 그것을 '정상적인 병영 적응 반응'으로 착각하거나, 스스로 문제를 자각하지 못하고 넘어가는 일이 잦다. 예를 들어, 수면장애나 짜증은 단순히 피로 누적으로, 회피 행동은 기강 해이로, 정서적 둔감은 오히려 '조용한 병사', '신중한 간부'로 평가받으며 조직 내에서 오히려 긍정적 이미지로 보상받는 역설적 상황이 발생하기도 한다.

• 주의할 점

군 조직에서는 외상 후 스트레스 장애(PTSD)가 명확히 진단되지 않은 채 '적응 문제'로 오해되는 일이 많다. 불면, 짜증, 무기력, 대인 회피 같은 외상 반응은 단순 피로나 성격 문제로 간주되기 쉬우며, 감정 표현이 억제된 문화에서는 정서적 둔감이나 침묵이 오히려 '이상적인 군인'의 모습으로 여겨지기도 한다. 이로 인해 외상 징후가 드러나지 않고 묵인되는 역설적인 상황이 벌어지며, 과도한 업무 집중, 말수 감소, 수면장애 등은 몸이 보내는 '조용한 비명'일 수 있다. 상담자는 진단 기준만으로 PTSD를 판단해서는 안 되며, 내담자의 생애사, 감정 억제 배경, 병영 내 상호작용과 감정 표현 방식 등을 입체적으로 해석할 수 있어야 한다. 진단은 출발점일 뿐, 고통

을 이해하려는 감수성과 통합적 시선이 상담자의 핵심 자질이다.

• 상담자의 개입 포인트

"그땐 아무렇지 않았어요." 내담자의 이 말은 감정이 없었다기보다, 감정을 표현할 수 없었던 환경과 내면 상태를 반영할 수 있다. 군 조직에서는 감정 억제가 훈련된 반응일 수 있기에, 상담자는 언어보다 눈빛, 숨결, 몸의 떨림 같은 신체 반응에 주목해야 한다. 겉으로는 담담해 보여도, 내면의 고통은 행동과 몸짓으로 드러날 수 있다. 상담자는 진단을 넘어서 내담자가 안전하다고 느낄 수 있는 공간을 만드는 데 집중해야 하며, 감정을 말로 꺼내지 않아도 받아들여질 수 있다는 신호를 끊임없이 보내야 한다. PTSD는 단순한 기억의 재현이 아니라, 감당할 수 없는 감정이 계속해서 되살아나는 상태이다. 진짜 회복은 문제를 확인하는 것에서가 아니라, 그 고통을 함께 견디는 상담자의 태도에서 출발한다.

3) 치료적 접근: CPT, EMDR, 신체감각치료

PTSD에 대한 심리치료는 증상의 호전뿐 아니라 자기 이해와 통합, 기능 회복을 위한 과정이다. 다음은 군 현장에서 적용 가능한 대표적 치료기법이다.

• 인지처리치료(Cognitive Processing Therapy, CPT)

CPT는 외상 사건 이후 내담자가 갖게 된 왜곡된 신념(예: "나는 무능하다", "모든 건 내 잘못이다")을 수정하도록 돕는다. 특히 죄책감과 자기 비난이 강한 군 내담자에게 효과적이다. 상담자는 내담자와 함께 핵심 사고를 찾아내고, 그것이 실제 사실과 일치하는지를 검토하면서 감정과 인지 사이의 균형을 회복한다.

• EMDR(Eye Movement Desensitization and Reprocessing)

안구운동 둔감화 및 재처리는 외상 기억을 신체 감각과 연결하여 처리하는 방식이다. 내담자가 외상 장면을 떠올리는 동안 특정한 양측 자극(안구 움직임, 소리, 촉각)

을 제공함으로써, 사건에 대한 감정 반응을 낮추고 기억을 재구성하게 돕는다. 언어적 표현이 어려운 병사들에게 특히 유용하며, 훈련된 전문가에 의해 안전하게 실시되어야 한다.

• 신체감각치료(Somatic Experiencing)

신체감각치료는 말로 표현되지 않는 외상을 신체의 감각, 긴장, 반응을 통해 다룬다. 외상은 기억이 아니라 몸에 저장되기도 하므로, 치료자는 내담자의 미세한 몸 반응(어깨의 긴장, 호흡의 얕아짐 등)을 따라가며 안전한 공간 안에서 신체와 감정을 통합하는 경험을 제공한다. 정서 표현이 익숙하지 않은 장병에게 매우 적합한 방식이다.

4) 군 조직 내 지속적 치료 연계 방안

외상은 단기간에 치유되지 않는다. 특히 군과 같은 폐쇄적 환경에서는 회복을 위한 심리적 조건이 충분하지 않기 때문에, 중장기적 연계와 지지 체계 구축이 필수적이다.

- 상담실과 의무대 간 협업: 내담자가 반복적으로 불면, 신체화 증상, 회피 행동을 보인다면, 단독 상담보다 정신건강의학과와의 병행 치료가 효과적이다.
- 지휘관 보고 체계 조율: 비밀보장을 유지하면서도, 필요한 경우에는 내담자의 동의를 구한 후 최소한의 정보만 공유하며 임무 배치나 일정 조정 등을 협의할 수 있다.
- 재복무 장병에 대한 사후 모니터링: 훈련소나 전출입 시 외상 경험이 있었던 장병을 대상으로 일정 기간 후 모니터링을 실시하면, 만성 PTSD로의 이행을 예방할 수 있다.
- 전역 이후의 민간 치료 연계: 외상 반응은 전역 후 심화되기도 한다. 상담자는 전역 전 상담 종결 시, 민간 병원, 트라우마 센터, 국가유공자 진료기관 등과의 연계 계획을 수립하고 안내해야 한다.

6. 위기상담 적용 사례

사례: 실수와 자책으로 자살을 시도한 이병의 위기 경험

민호(가명)는 입대한 지 4개월이 된 이병으로, 경기 북부 모 부대에서 복무하고 있다. 입대 전, 고등학교를 졸업하고 아르바이트를 하며 대학 진학을 준비 중이었고, 성격은 조용하고 책임감 있는 편이었다. 가족과의 관계는 원만했으며, 군 입대 후에도 휴가와 면회 때마다 부모와 정서적 유대를 유지해 왔다. 문제는 부대에서 야간 근무 중 장비 점검 사항을 누락하면서 발생했다. 이로 인해 훈련 장비가 고장 났고, 중대 전체 훈련 일정이 연기되었다. 상급자는 이를 매우 심각하게 받아들였고, 특히 생활관에서 소대장이 “너 때문에 다 피해 봤다”, “도대체 뭐가 문제냐”며 비난했다. 그날 이후 민호는 식사를 거르고 잠을 이루지 못하였으며, 점호 시간에는 멍하니 서 있었다. 동료 병사들이 “너 괜찮냐”라고 물으면 “난 군대에 오면 안 되는 애였던 것 같아”라며 웃으며 대답했다. 그러나 생활관 선임은 민호가 야간에 홀로 화장실에 오래 머무르거나 침상에 앉아 멍하니 있는 시간이 많아졌다는 것을 보고 간부에게 보고했다. 며칠 뒤, 민호는 취침 점호 직후 생활관 안에서 면도날을 꺼내 손목을 그으려 했다. 다행히 이를 발견한 동료 병사가 즉시 제지하고 간부에게 신고하였고, 민호는 의무실을 거쳐 군 병원으로 이송되었다. 생명에는 지장이 없었지만, 이후 정신건강의학과 진료와 함께 군 상담관의 위기 개입 상담을 병행하게 되었다.

초기 상담에서 민호는 “죽고 싶었다기보다는, 더 이상 버틸 힘이 없었다.”라고 털어놓았다. 그는 자신이 전체 부대에 민폐를 끼친 사람이라는 생각에 사로잡혀 있었고, “내가 없어지면 다 괜찮아질 것 같았다.”는 표현을 반복했다. 상담자는 민호의 이야기를 수용하며 자살 위기의 심각성을 평가하고, 병사 보호 절차 및 심리적 회복을 위한 상담 계획을 수립하였다.

1) 상담 목표

- 자살 시도로 인한 정서적 탈진을 완화하고 심리적 안정을 회복한다.
- 자살 위험을 평가하고 신체·정서적 안전을 확보한다.
- 자기 비난을 줄이고 실수에 대한 인식을 재구성한다.
- 감정 조절과 지원 요청 등 대처기술을 향상한다.
- 군 생활의 의미와 자기효능감을 회복하도록 돕는다.

2) 상담 개입

민호는 실수로 인한 중대 일정 차질과 상급자의 비난 이후, 극심한 자책과 무기력 속에 자살을 시도했다. 이후 "죽고 싶었다기보다 버틸 힘이 없었다."는 표현을 반복하며 자살 사고보다는 회피와 탈출 욕구에 가까운 정서 상태를 보였다. 따라서 초기 개입에서는 생명 보호와 정서적 안정 확보, 자살 위험 평가 및 대처 전략 제공, 왜곡된 자기 인식 수정과 자기효능감 회복을 목표로, 단계적이고 지속적인 상담 개입이 필요하다.

(1) 신뢰 관계 형성 및 정서적 안정 확보

민호는 자신의 실수로 인해 중대 전체에 피해를 줬다는 압박 속에 극심한 수치심과 자책을 경험하고 있다. 상담 초기에는 판단 없는 경청과 공감적 반응을 통해, 민호가 자신의 감정을 안전하게 표현할 수 있는 환경을 조성해야 한다. "죽고 싶었다." 는 말 속에 담긴 탈진, 혼란, 두려움을 구체적으로 확인하며, 자살 사고의 강도・계속성・계획 여부를 면밀히 탐색하고 정서적 이완 기술(심호흡, 안심 이미지 등)을 함께 제공한다.

(2) 자살 위험성 평가 및 보호체계 마련

민호는 자살 시도를 실제로 실행한 만큼, 자살 위험도는 '고위험' 수준이다. 따라서 SAFE-T 프로토콜을 기반으로 위험요인(실수, 자책, 사회적 고립), 보호요인(가족과의 유대, 병사 간 관계), 자살 사고의 강도 및 실행 계획 등을 종합적으로 평가하고, 병사 보호 절차(24시간 관찰, 생활관 분리, 취침 시 간부 순시 강화 등)를 즉각 적용한다. 또한 군 병원 정신건강의학과 및 위기상담센터와의 연계를 통해 지속적인 모니터링 체계를 구축한다.

(3) 자기 비난 완화 및 인지 재구성

민호는 "모두에게 민폐를 끼친 사람"이라는 왜곡된 인식을 강하게 내면화하고 있다. 상담자는 인지 재구조화 기법을 활용해 "내가 없으면 다 괜찮아질 거야"와 같은 사고를 "실수는 누구나 할 수 있으며, 그것이 나의 존재 가치를 결정하지는 않는다."는 현실적 사고로 전환할 수 있도록 돕는다. 또한, '실수=끝'이라는 이분법적 사고를 유연하게 바라볼 수 있도록 하고, 작더라도 긍정적 피드백이 담긴 일상 경험을 찾아내어 자기 인식 회복을 유도한다.

(4) 스트레스 대처기술 및 자기표현 훈련

상담자는 민호가 반복되는 스트레스 상황에서 감정을 조절하고 요청할 수 있는 방법을 익힐 수 있도록 감정 인식 훈련, 자기표현 훈련, 상황별 대처 전략(예: 상급자 질책 대처, 피드백 수용 훈련) 등을 제공한다.

특히, 자신이 감정적으로 힘들 때 도움을 요청할 수 있는 사람과 방법을 구체화하며, 군대 내에서도 '혼자 견디는 것'이 능력이 아니라는 점을 반복적으로 강화해 줄 필요가 있다.

(5) 회복 촉진 및 상담 종결 준비

상담이 안정 단계에 접어들면, 민호가 군 생활의 의미를 재정립하고, 실수 경험을 성장의 일부로 통합할 수 있도록 지원해야 한다. 자신에 대한 인식이 부정적 경험에만 머물지 않도록, 이전의 긍정적인 모습과 강점도 함께 조명하며 자기효능감 회복을 강화한다. 상담 종결 전에는 위기 재발 시 대처 계획을 세우고, 상담 재개 가능성과 외부 연계 정보를 안내하며, 상담자가 지속적인 지지자임을 인식하도록 마무리한다.

chapter

07 군 코칭상담

오늘날 군 조직은 일방적 지시와 복종만으로 운영되기 어렵다. 특히 Z세대 병사들은 위계보다 소통과 공감을 중시하는 경향이 강하다. 이러한 변화 속에서 코칭상담은 병사가 주체적으로 해답을 찾고 성장하도록 돕는 새로운 상담 방식으로 주목받고 있으며, 본 장에서는 그 내용을 다루고자 한다.

1. 코칭상담의 개념과 발전

1) 코칭의 유래와 개념 발전

'코칭(coaching)'이라는 단어는 본래 '목적지까지 사람을 태워 데려다주는 마차'를 의미하는 헝가리어(kocsi)에서 유래되었다. 16세기 유럽에서 사람들을 한 장소에서 다른 장소로 안전하고 효율적으로 이동시킨다는 의미로 사용되었으며, 19세기 들어 영국 옥스퍼드대학에서 '학생을 시험 합격까지 도와주는 개인 지도자'를 '코치'라 부르면서 교육적 의미를 지니기 시작했다. 이후 20세기 후반, 특히 1970~80년대 미국을 중심으로 스포츠 코칭의 기법이 비즈니스와 리더십 교육에 적용되면서 '퍼포먼스를 향상시키는 인적자원 개발' 측면에서 각광을 받아 빠르게 확산되었다. 기업 CEO, 스포츠 스타, 정치 리더들이 개인 코치를 두기 시작하면서 코칭은 목표 달성을 위한 전문적 대화기술로 자리 잡게 되었으며, 동시에 심리학적 기반이 필요한 분야로 주목받기 시작했다.

2) 코칭심리학의 등장과 특성

• 심리치료이론의 발전배경

현대 심리상담은 시대에 따라 인간 이해 방식이 변화해 왔다. 프로이트는 무의식과 본능을 분석하며 과거 경험을 통해 현재 문제를 해석했고, 행동주의는 자극 - 반응 체계로 인간 행동을 설명하며 외적 변화에 초점을 맞추었다. 이후 인본주의 심리학은 로저스와 매슬로우(A. Maslow)를 중심으로 인간의 성장 가능성과 자기수용을 강조했다. 1980년대에는 사고와 신념 체계를 다루는 인지행동치료(CBT)가 중심이 되었고, 1990년대 후반 긍정심리학은 상담의 초점을 문제 해결에서 강점과 회복력으로 확장시켰다.

• 코칭심리학의 등장

코칭심리학은 2000년대 초 영국과 미국에서 시작되었다. 영국에서는 안토니 그랜트(A. Grant) 박사가 기존 상업적 코칭에 문제를 제기하며, 심리학적 원리에 기반한 코칭을 '웰빙과 성과 향상을 위한 과학적 개입'으로 재정의했다. 이에 따라 2004년 영국심리학회(BPS)는 코칭심리학 분과(SGCP)를 설립하고 국제학술지(ICPR)를 창간하였다.

미국에서는 마틴 셀리그먼(M. Seligman)의 긍정심리학이 코칭의 가치와 결합되며 학문적 논의가 확산되었고, APA에서도 관련 그룹을 구성하였다. 이후 대학 교육과 전문 학술지들이 등장하면서 코칭은 심리학 내 하나의 실천 영역으로 자리 잡았다. 코칭심리학은 긍정심리학, 인지행동이론, 인간중심접근 등과 융합된 '성장 중심 심리학'으로, 다양한 조직 환경에서 활용되고 있다.

한국에서는 2000년대 초, 미국식 코칭이 기업과 리더십 교육 중심으로 도입되었고, 민간 코칭 자격과정이 확산되었다. 2003년 한국코치협회(KCA) 발족, 2006년 고용노동부 정식 인가 이후 퍼실리테이션, 액션러닝 등 다양한 영역으로 확대되었다. 심리학계에서도 2011년 한국코칭심리학회(KSCP)가 창립되어, 이론 정립, 전문가 양성, 교과목 개발, 연구 · 세미나 등을 통해 코칭심리의 학문적 기반을 강화하고 있다.

코칭상담은 비교적 새로운 분야지만, 심리학적 기초를 바탕으로 빠르게 성장하고 있으며, 상담과 코칭을 통합한 실천가의 양성도 활발히 이루어지고 있다.

〈코칭심리 발전 연대표〉

연도	주요 동향
1990년대	• 미국과 영국에서 비즈니스 코칭 확산 • 긍정심리학의 대두
2000년	• 영국 시드니대 안토니 그랜트 박사, '코칭심리학' 정립 • 영국심리학회(BPS), Coaching Psychology 연구회 발족
2004년	• International Coaching Psychology Review 창간 • 다양한 심리학 기반 코칭 모델 발표 • 한국코치협회 창립
2010년대 초반	• 미국심리학회(APA), 코칭심리 관련 논의 확대 • 심리치료 분야에서 코칭 도입 논의 본격화
2017년	• 한국심리학회 산하 코칭심리학회(Korean Society of Coaching Psychology) 창립 • 한국형 코칭 심리모델 개발 시작
2020년대	• 대학 · 대학원 과정에 코칭심리 교육 개설 증가 • 군, 교육, 복지 등 공공영역에서 코칭심리 적용 확대 • 육군 군 리더십 코칭 운영 • 공군 코칭 과정 기초프로그램 개발 및 운영

- **코칭심리학의 특성**

코칭심리학(Coaching Psychology)은 심리학의 이론과 실증연구를 바탕으로 사람의 성장과 변화, 목표 달성을 돕기 위한 코칭분야의 심리학적 토대를 다룬다. 이는 전통적 심리치료처럼 병리를 다루기보다는, 건강한 개인이 자기효능감을 회복하고 자기주도적 삶을 살아가도록 촉진하는 실천학문이다. 코칭심리학은 다음의 특성을 갖는다.

- **성장 중심의 상담**: 코칭상담은 회복이나 치유보다는 내담자의 성장과 자기주도적 변화를 중심에 둔다. 단순히 문제 해결을 넘어, 원하는 목표를 설정하고 그것을 달성하는 과정에서 삶의 질을 높이는 데 초점을 둔다.
- **강점 기반 접근**: 내담자의 약점보다는 이미 잘하고 있는 점에 주목하며, 그것을 확장할 수 있는 가능성을 함께 모색한다. "왜 안 되는가"보다는 "무엇이 이미 되고 있는가"에 질문을 둔다.

- **실행 중심 대화**: 단순한 통찰이나 감정 표현에 그치지 않고, 구체적인 목표 설정과 실행 계획 수립까지 이어지는 대화를 지향한다. GROW 모델과 같은 구조화된 틀을 활용해 행동으로 옮길 수 있도록 돕는다.
- **수평적 관계와 자기 결정을 존중**: 상담자는 전문가로서 일방적인 해답을 제공하기보다는, 동등한 파트너로서 내담자가 스스로 답을 찾을 수 있도록 지지한다. 이 과정에서 내담자의 선택과 결정권을 최우선으로 존중한다.

3) 코칭상담의 정의와 군 조직에서의 필요성

군 상담은 오랫동안 위기 개입과 정서적 지지, 트라우마 회복을 중심으로 병사의 심리 안정에 기여해 왔다. 하지만 최근 병영문화의 변화 속에서 전통 상담만으로는 대응이 어려운 지점들이 나타나고 있다. 기존 상담은 주로 문제가 발생한 병사에게 초점을 맞춘 반응적 개입이 중심이었고, 정서 탐색과 과거 경험 치유에 집중해 왔다. 이에 반해 일상 속에서 무기력이나 의미 결핍을 느끼는 병사들, 심리적으로 건강하지만 성장 동기를 상실한 병사들에게는 적절한 개입이 부족한 실정이다.

이러한 한계를 보완할 수 있는 접근이 바로 코칭상담이다. 이는 상담심리학의 기반 위에, 회복보다는 자기주도적 성장, 강점 개발, 실행 중심 대화를 강조하는 방식이다. 병사가 스스로 문제를 정의하고 목표를 설정하며, 변화에 참여하도록 돕는 데 중점을 둔다. 특히 위계와 통제가 강한 군 환경에서 병사 개개인의 심리적 역량을 강화하는 데 효과적이다.

Z세대 병사는 감정 표현에 능하고, 수평적 관계와 참여를 중시한다. 단순한 지시보다는 설명을 요구하고, 이해를 기반으로 움직이는 특성이 강하다. 이러한 세대 특성과 코칭상담의 수평적 소통, 실행 계획 중심 접근은 자연스럽게 맞물린다. 단지 감정을 표현하는 것을 넘어, 구체적인 실행 가능성과 변화의 방향성을 스스로 찾도록 유도하는 방식은 병사의 주체성을 자극한다. 코칭상담은 상담자의 역할을 문제해결자에서 '함께 성장하는 파트너'로 전환시키며, 병영 리더십 또한 소통과 참여를 강조하는 방향으로 진화시킬 수 있는 실천적 방법이 된다.

2. 코칭과 유사영역

군 상담 현장에서는 다양한 대화 중심의 지도 및 지원 활동이 이루어지고 있으며, 그중 코칭은 개인의 성장과 자기효능감 강화를 중시하는 전문 대화기법으로 주목받고 있다. 하지만 그 형태와 접근 방식이 상담, 멘토링, 컨설팅과 비슷해 보여, 실제 현장에서는 개념이 혼용되거나 구분이 불명확한 경우가 많다. 이러한 유사성에도 불구하고 각 접근법은 기반 이론, 관계의 성격, 개입 목표, 지도자의 역할 등에 있어 명확한 차이를 가진다. 코칭, 상담, 멘토링, 컨설팅은 모두 사람의 성장과 문제 해결을 지원한다는 점에서 공통되지만, 개입 방식과 초점은 다르다. 특히 군과 같은 구조화된 조직에서는 상황과 내담자의 상태에 따라 상담자의 역할이 달라지기 때문에, 각각의 개념과 특성에 대한 구체적인 이해가 우선되어야 한다.

1) 코칭과 유사영역의 개요

군 상담현장에서 자주 혼동되는 네 가지 개념이 있다. 바로 코칭, 상담, 멘토링, 그리고 컨설팅이다. 이들은 모두 개인이나 조직의 문제 해결과 성장을 지원하는 '조력적 관계'라는 공통점을 지니지만, 중재자의 역할, 관계의 방향성, 초점과 방법론에 따라 뚜렷하게 구분된다.

2) 각 개념의 정의

• 코칭(Coaching)

코칭은 내담자 스스로 사고하고 선택하며 변화할 수 있도록 '질문'을 통해 사고의 문을 여는 대화 방식이다. 코칭에서는 정답을 주지 않는다. 오히려 코치는 "당신 안에 이미 답이 있다"는 관점을 바탕으로, 내담자가 스스로 문제의 본질을 인식하고, 해결 방향을 설정하며, 실행할 수 있도록 돕는다. 코칭은 수직적인 지도 관계가 아니라 수평적 파트너십을 지향하며, 상담자(코치)는 촉진자, 사고 파트너, 행동 유도자로 기능한다. 정서적 공감보다도 목표, 행동, 실행계획에 더 많은 초점을 둔다. 군 조직에서는 자율적 행동과 책임 있는 실행을 이끌어 내야 할 때 효과적이다.

• 상담(Counseling)

상담은 심리적 어려움을 겪는 내담자가 자신의 감정을 이해하고 통찰을 얻어 회복에 이를 수 있도록 돕는 전문적 관계이다. 전통적으로 상담은 정서적 지지와 안정, 과거 경험의 재해석, 심리적 통찰을 중심으로 작동한다. 상담자는 공감, 경청, 해석, 감정의 반영을 통해 내담자가 자신의 감정을 안전하게 표현하도록 돕고, 때로는 내담자가 말하지 못한 고통의 본질을 함께 탐색한다. 군 상담에서는 병사의 스트레스, 우울감, 적응 문제, 자살위기 등 정서적 안정과 위기개입이 필요한 상황에서 주로 활용된다.

• 멘토링(Mentoring)

멘토링은 경험 있는 선배가 후배에게 자신의 경험과 지혜를 전수하며 성장의 길을 안내하는 관계이다. 이 관계는 일반적으로 장기적이며 비공식적인 경우가 많고, 인간적인 신뢰를 기반으로 형성된다. 멘토는 조언자이며 모범자이며, 필요할 때는 엄격한 피드백을 주기도 한다. 내담자(멘티)는 멘토의 경험을 통해 유사한 상황에서의 판단 기준이나 생존 전략을 배울 수 있다. 군 조직에서는 선임 - 후임 간 관계, 또는 간부가 신병에게 '군 생활의 노하우'를 공유하는 역할에서 자연스럽게 이루어진다.

• 컨설팅(Consulting)

컨설팅은 특정한 문제를 가진 조직이나 개인이 외부 전문가에게 진단과 해결방안을 의뢰하는 구조이다. 컨설턴트는 내담자의 고민을 청취한 후, 객관적 분석과 전문지식을 바탕으로 최적의 해결책을 제시한다. 이 관계는 일반적으로 문제 - 해결 중심이며, 시간적으로도 짧고 명확한 결과를 지향한다. 상담자보다는 분석가, 전략가, 문제해결자의 역할에 가깝다. 군 조직에서는 예를 들어, 부대 내 조직 분위기나 리더십 문제에 대한 구조적 분석과 개선방안 제안과 같은 형태로 활용될 수 있다.

• 코칭, 상담, 멘토링, 컨설팅 차이

코칭은 인간의 성장과 자기효능감 강화를 목적으로 하는 전문적 대화기술로서, 그 접근 방식이 유사해 보이는 상담, 멘토링, 컨설팅과 혼동되는 경우가 많다. 하지만 이들 각 영역은 기반 이론, 관계 구조, 목표 설정, 중재자 역할 등에서 뚜렷한 차이를 지닌다. 아래의 표는 상담자들이 다양한 중재 방식을 선택할 때 각 접근의 적절한 맥락을 이해하는 데 도움이 된다.

〈코칭과 유사영역(상담, 멘토링, 컨설팅)의 비교〉

구분	코칭	상담	멘토링	컨설팅
목적	성과 향상, 자기발견, 역량 강화	정서 회복, 문제 해결, 적응 지원	경험 공유, 조언 제공, 경력개발	문제 진단 및 해결 방안 제시
중재자	촉진자, 질문자 (정답은 피코치 안에 있음)	조력자, 해석자 (심리적 통찰을 통해 치유 유도)	경험자, 조언자 (도움 주는 선배 또는 전문가)	분석가, 해결자 (외부 전문 지식 제공자)
관계	수평적 파트너십	비교적 비대칭적 (내담자가 도움을 요청하는 관계)	수직적 관계 (선・후배 중심)	위탁 - 피위탁 구조 (전문성 기반 의뢰 관계)
내용 초점	현재 - 미래 지향	과거 - 현재 중심	과거 - 현재 - 미래 (연속적 관계)	현재 문제 중심 (단기 결과 지향)
대상자 특성	기능이 양호한 성인 또는 조직 내 구성원	심리・정서적 어려움을 겪는 개인 또는 집단	경력 초반 또는 후속 세대 구성원	구체적 문제를 가진 조직 또는 팀

3) 군 상담현장에서의 적용

군 상담현장에서는 상황에 따라 상담, 멘토링, 코칭 중 어떤 접근이 적절한지 판단이 필요하다. 코칭은 관계 방식과 목표 지향성에서 다른 접근과 구별되며, 특정 상황에서는 전통적 상담보다 더 효과적인 개입일 수 있다.

• 군 상담현장에서의 적용

군 상담현장에서 하나의 사례를 다양한 방식으로 접근해 보면, 코칭・상담・멘토링·컨설팅 각각의 역할과 관계 방식에서 뚜렷한 차이를 확인할 수 있다. 상담자는 이러한 차이를 명확히 이해하고, 병사의 주도성과 자기효능감을 높이는 전략으로 코칭상담을 상황에 맞게 접목할 수 있어야 한다. 다음은 각 접근법이 동일한 사례를 어떻게 다르게 해석하고 개입하는지를 보여 주는 비교이다.

<예시>
병사 A는 자대 배치 후 2개월이 지나도록 동료들과 관계가 어색하고, 자신의 군 생활이 의미 없다고 느낀다. 작업은 성실히 하지만 눈에 띄는 활력이 없고, 반복되는 일상이 '답답하다'고 말한다. 간부는 '근태 문제는 없지만 표정이 없다'고 느낀다.

군 상담현장에서 코칭, 상담, 멘토링, 컨설팅이 어떻게 구분되는지를 쉽고 명확하게 구분하면 다음과 같다.

〈네 가지의 접근 방식〉

접근 방식	실제 적용	기대 행동
상담	병사 A가 느끼는 감정(답답함, 소외감 등)을 중심으로 공감과 경청을 통해 정서를 안정시키고, 적응 어려움의 원인을 탐색한다.	병사 A는 자신의 감정을 말로 표현하고, 불편한 상황에 대해 통찰을 얻게 된다.
코칭	'무엇이 답답하게 느껴지는가?', '자신이 원하는 군 생활은 어떤 모습인가?' 등의 강력한 질문으로 A가 스스로 '바꾸고 싶은 점'에 대해 사고하도록 유도한다. 구체적 행동목표와 실행 계획을 함께 설정한다.	병사 A는 스스로 할 수 있는 작고 현실적인 행동을 떠올리고, 자율적으로 실천 의지를 높인다.
멘토링	한두 달 선임이 A에게 군 생활의 노하우, 애로사항 극복 경험 등을 조언해 준다. '나도 그랬다'는 동질감과 실제 경험의 공유로 안심시킨다.	병사 A는 현실적 생존전략을 배우고 선임과의 유대감이 생긴다.
컨설팅	외부 군 상담전문가가 부대를 방문해 '신병 적응 프로그램이 부족하다'는 점을 지적하고, 신병 워크숍 도입, 초기 간부 면담 프로토콜 설계 등을 제안한다.	병사 A 개인보다는 조직 차원의 제도 개선이 이루어진다.

3. 코칭상담과 일반상담

1) 코칭상담의 정의

• 코칭상담
"무엇을 바꾸고 싶은가?", "그걸 위해 오늘 뭘 할 수 있을까?"

코칭상담은 내담자의 현재 상태를 출발점으로, 원하는 미래를 함께 설계해 가는 실행 중심의 상담이다. 감정 해소나 과거 탐색보다, 내담자의 강점과 잠재력에 기반하여 목표를 명확히 하고 이를 실현할 전략을 세우는 데 초점을 둔다. "어디로 가고 싶은가", "어떻게 바뀌고 싶은가"에 대한 방향 설정은 내담자가 주도하며, 상담자는 그 여정을 지지하는 파트너로 함께한다.

군 상담에서는 위기 개입이나 감정 조절이 중심이 되지만, 정체감 혼란이나 진로 불안, 의미 상실과 같은 일상적 고민에는 성장 중심의 개입이 필요하다. 코칭상담은 이러한 지점을 보완하며, 건강한 병사의 자기주도적 삶을 지원하는 접근으로 적합하다. 이는 단순한 기법을 넘어, 상담자가 '해결자'에서 '성장 촉진자'로 시야를 넓히는 실천 방식이다.

2) 일반상담과의 차이

• 일반상담
"왜 그렇게 느꼈을까?", "과거의 어떤 경험이 영향을 줬을까?"

군 조직에서는 전통적으로 정서적 안정과 위기개입을 위한 상담이 중심이었지만, 코칭상담은 병사의 자기 주도성과 실행 역량을 더 강조한다. 일반상담은 주로 내담자의 과거 경험과 정서에 초점을 맞추며, 치유와 기능 회복을 중시한다. 불안, 우울, 외상과 같은 심리적 위기를 다룰 때 적합하다. 반면, 코칭상담은 현재의 문제를 출발점으로 삼아 행동 계획을 함께 세워 나간다. 감정보다는 실행, 회복보다는 성장에 방점을 두며, Z세대 병사처럼 실질적 변화를 선호하는 내담자에게 효과적이다. 이들은 외부의 조언보다 스스로 계획하고 실천하는 과정을 더 중요하게 여긴다.

〈일반상담과 코칭상담〉

구분	일반상담	코칭상담
접근방식	정서 중심, 문제 해결 위주	강점 중심, 목표 성취 중심
주제	적응, 스트레스, 가족 문제 등	자기개발, 진로 탐색, 대인관계 향상 등
상담자 역할	촉진자, 위기 개입자	촉진자, 동기부여자
상담구조	비대칭적(상담자 주도)	수평적(파트너십 기반)
관계유지	단기 중심(문제 해결 후 종료)	중장기 가능(성과 추적과 피드백 중심)
기대효과	정서 안정, 심리적 회복	자기효능감 강화, 자율성 증진, 군 조직 내 리더십 강화

3) 코칭상담의 핵심 특징

코칭상담이 일반상담과 다른 점은 대화의 구조 자체가 변화를 전제한 행동 촉진 중심이라는 데 있다. 다음 네 가지 요소는 코칭상담의 실천적 정체성을 구성한다.

- **잠재력 개발**

내담자가 이미 가지고 있는 강점, 가치, 자원을 탐색하고 이를 기반으로 문제를 재구성하거나 목표를 새롭게 정의한다.

- **목표 지향성**

막연한 고민을 명확한 질문을 통해 '실행 가능한 목표'로 전환하며, 행동의 방향성을 구체화한다.

- **실행 중심**

반복적인 문제 서사를 끌어내기보다, "그 상황에서 어떤 선택이 가능했을까?", "앞으로 다르게 해 보려면 어떤 점이 필요할까?"와 같이 전환적 사고를 유도한다.

• 질문 중심

"무엇이 가능할까?", "그걸 위해 지금 할 수 있는 건?"과 같은 열린 질문(open question)을 활용하여 내담자의 사고 확장과 주체적 선택을 이끈다.

4) 코칭상담에서 상담자의 역할

코칭상담은 단순한 대화 기술이 아닌, 내담자의 성장을 촉진할 수 있는 관계적 접근이자 구조화된 개입이다. 특히 새로운 세대 병사들과 효과적으로 연결되기 위해서는 상담자의 정체성 전환이 요구된다. 핵심은 '답을 주는 전문가'가 아니라 '스스로 답을 찾도록 돕는 조력자'라는 태도에 있다. 이 과정에서 상담자는 촉진자, 협력자, 동반자로서 기능한다. 단순한 공감에 그치지 않고 행동 유도를 지원하며, 권위적 관계가 아닌 파트너십 기반의 수평적 관계를 지향한다. 열린 질문과 경청을 통해 내담자의 자각을 돕고, 실현 가능한 실행 계획을 함께 세우며 실질적인 변화로 이어지도록 지원하는 것이 상담자의 핵심 역할이다.

5) 코칭상담과 윤리적 기준

코칭상담은 상담심리의 전문성을 바탕으로 하기에, 심리상담의 윤리원칙(비밀보장, 비폭력, 존중, 자율성 등)을 동일하게 적용받는다. 그러나 코칭상담 특유의 대화 구조 및 목표 지향성과 관련된 추가적 윤리 고려 사항도 존재한다.

- 전문적 판단 개입: 코칭상담은 자극적이고 실행 중심의 대화를 포함하지만, 내담자가 감정적으로 취약하거나, 위기 신호를 보일 경우, 즉시 전문기관에 의뢰하여 상담 및 치료를 연계하는 판단력이 필요하다.
- 동기 유발의 책임성: 코칭상담은 행동을 유도하는 성격이 강하기 때문에, 내담자의 현실적 여건이나 정서적 기반을 무시한 채 무리한 목표를 설정하거나 압박해서는 안 된다. "무엇을 하게 할 것인가"보다, "왜 그 방향이 이 사람에게 맞는가"를 끊임없이 점검해야 한다.

- 관계의 명확화: 군 환경에서는 지위 · 계급 · 복무 기간 등의 위계적 요소가 관계에 영향을 미칠 수 있다. 상담자는 내담자의 자율성과 비밀보장을 최대한 보장하며, 코칭상담이 '훈육'이나 '지도'로 오해되지 않도록 관계의 성격을 명확히 해야 한다.
- 기록과 피드백의 투명성: 코칭상담 과정에서 내담자와 함께 목표를 설정하고 성과를 정리할 수 있으나, 이는 반드시 내담자의 동의와 투명한 공유하에 진행되어야 한다.

4. 군 리더십의 전환: 코칭리더십

군은 오랫동안 명령과 통제 중심의 수직적 리더십을 기반으로 질서와 효율을 유지해 왔다. 하지만 단순 지시만으로는 더 이상 병력을 효과적으로 이끌 수 없는 시대에 접어들었고, 병사 스스로 자신의 역할을 이해하고 수행할 수 있도록 돕는 방식이 요구된다.

코칭리더십은 구성원의 잠재력과 가능성을 발굴하고, 자율성과 주도성을 회복시켜 조직의 목표와 개인의 성장을 함께 이끌어 내는 리더십 방식이다. 상명하달식 명령체계에만 의존하는 것이 아니라, 질문을 통해 사고를 유도하고, 피드백을 통해 학습을 강화하며, 격려를 통해 자신감을 북돋는 리더십이다. 이러한 코칭리더십은 단지 좋은 관계를 만드는 것에 그치지 않고, 장기적으로는 병사들의 자기효능감을 높이고, 복무 만족도와 몰입도를 향상시키며, 결과적으로는 조직의 전투력 유지와 강화로 연결될 수 있다.

1) 전통적 군 리더십의 한계

군 조직은 오랜 기간 명령과 통제 중심의 수직적 리더십 구조를 유지해 왔다. 이러한 구조는 변화하는 시대와 구성원의 특성을 충분히 반영하지 못하는 한계가 있다. 특히 Z세대 병사들은 수평적 관계와 의미 있는 참여를 중시하며, 일방적인 지시보다는 상호 소통과 이해를 통해 동기를 부여받는다. 따라서 전통적인 리더십 방식은 이들에게 반감과 소외감을 유발할 수 있으며, 이는 조직의 효율성과 병사의 복무 만족도에 부정적인 영향을 미칠 수 있다.

2) 코칭리더십의 도입 배경과 효과

• 코칭리더십의 도입

2019년 4월 국방부 정책회의에서는 급변하는 병영 환경과 장병 세대 변화에 대응하기 위한 리더십 전환의 필요성이 제기되었다. 이에 따라 '코칭'을 각 군에 도입하라는 방침이 수립되었고, 육군이 가장 먼저 '리더십코칭'을 시범적으로 운영하며 본격적인 적용에 나섰다. 전문 코치들이 직접 부대를 방문해 지휘관을 대상으로 한 1:1 코칭을 진행했고, 이러한 현장 중심의 접근은 지휘 역량 향상에 긍정적 효과를 보이며 해군과 공군 등 다른 군으로 확대되었다. 이 과정에서 '리더십코칭'과 '코칭리더십'은 유사해 보이지만 중요한 차이를 가진다는 인식이 자리 잡기 시작했다. 리더십코칭은 외부 전문가가 리더 개인을 대상으로 성장과 성찰을 촉진하는 체계적인 코칭 프로그램이다. 반면 코칭리더십은 리더가 일상적인 부대 운영과 병사와의 상호작용 속에서 코칭 철학과 기법을 녹여 실천하는 리더십 방식이다. 코칭리더십은 단순한 기술이 아니라, 사고 자극, 정서적 지지, 자율성 촉진을 통해 구성원이 스스로 해답을 찾고 성장하도록 이끄는 철학적 접근에 가깝다.

이러한 코칭리더십은 군 조직에 다양한 긍정적 변화를 가져올 수 있다. 구성원은 자신의 능력과 선택을 신뢰받으며 자기효능감과 역할 몰입을 경험하게 되고, 이는 주인의식 향상으로 이어진다. 또한, 수직적 명령 구조에서 벗어나 수평적 소통이 강화되면서 리더와 병사 간의 심리적 거리도 줄어든다. 무엇보다도 Z세대 병사들이 중요하게 여기는 자율성과 참여 욕구를 존중할 수 있는 방식이기에, 세대 간 갈등을 줄이고 병영 문화의 전환을 촉진하는 데 효과적인 전략이 된다. 즉, 코칭리더십은 단순히 리더의 커뮤니케이션 방식을 바꾸는 것이 아니라, 군 조직 전반의 관계성과 학습 문화를 전환시키는 실천적이고 전략적인 리더십 모델이라 할 수 있다.

3) 각 군의 코칭리더십 개발과 적용[1)]

• 육군

육군은 지휘관이 자기 주도적으로 리더십을 개발할 수 있도록 '리더십코칭'을 제도화하여 운영하고 있다. 이는 단순한 역량 진단이 아니라, 강점은 강화하고 취약점은 개선하는 실천 중심의 과정이다. 2013년 시범 운영을 시작으로 중대장, 대대장, 연대장, 사단장 등으로 대상을 점차 확대해 왔으며, 현재까지 발전 중이다.

리더십코칭은 육군의 'Warrior Model'을 기준으로 6대 범주, 27개 핵심 요소에 따라 체계적으로 진행된다. 코칭 절차는 ▲대상자 선정 및 온라인 진단, ▲사전 코칭(성격검사 · 회복탄력성 결과 분석), ▲현장 방문 코칭(지휘관의 실제 행동에 기반한 대화 및 피드백), ▲사후 코칭(실천 점검 및 격려)으로 구성된다. 약 4박 5일간 진행되는 코칭은 개인의 자기 인식과 성찰을 유도하며, 이후 3개월 내 피드백이 이어진다. 육군은 이러한 코칭을 지휘관만이 아닌 전체 간부로 확산시키고자 코칭교육을 운영 중이며, 코칭리더십이 일상적인 지휘 문화로 자리 잡을 수 있도록 지원하고 있다.

• 공군

공군은 2020년부터 단계적으로 리더십 코칭을 도입했다. 초기에는 소규모 부대에서 시작해 2023년부터는 연 14~15개 부대로 확대됐으며, 작전 · 지원부대를 포함한 다양한 단위에서 운영 중이다. 공군의 리더십 코칭은 기술 중심 훈련이 아니라, 리더의 자기 성찰과 변화 동기를 이끄는 데 초점을 둔다.

코칭 과정은 기본과정(대면 코칭 4회 + 워크숍)과 심화과정(대면 5회, 원격 7회, 구성원 1:1 코칭 포함)으로 구분된다. 특히 심화과정에서는 리더뿐 아니라 부대원들이 함께 참여하여 조직 차원의 리더십 문화를 변화시키는 데 목적이 있다. 진단 도구로는 성격(Big Five), 회복탄력성, 리더십 역량 평가 등이 활용된다.

공군 보라매리더십센터는 이러한 코칭 문화 확산을 위해 코칭 기초 프로그램을

---

1) 각 군의 코칭관련 운영은 부대별 특성과 상황에 따라 다양하게 적용될 수 있다. 본 서에서는 주요 공통점을 중심으로 내용을 구성하였으며, 실제 현장에서는 소속 부대 상황에 따라 조율될 수 있다.

한국코치협회 인증(ACPK)으로 등록했다. 이는 KAC 자격 취득 요건을 충족하며, 이론과 실습, 자기 성찰을 포함해 실질적인 행동 변화를 이끌어 내는 방향으로 구성되어 있다. 공군은 이를 바탕으로 KPC 과정까지 준비 중이다.

• 해군

해군은 변화하는 병영문화와 리더십 환경에 대응하기 위해 리더십코칭을 점차 도입하고 있다. 전체적인 운영 구조는 육・공군과 유사하나, 해군 특성에 맞춘 방식이 반영된다. 사전코칭 단계에서는 코칭을 희망하는 부대와 지휘관을 선정하고, 함장과 승조원을 대상으로 조직문화설문을 진행한다. 함장의 경우 이고그램, 성격검사, 회복탄력성 검사 등을 통해 리더십 유형과 역량을 진단한다.

현장에서는 함장을 대상으로 한 그룹 코칭과 구성원 개별 코칭이 병행되며, 해군의 함대 생활 특성상 스트레스 관리 프로그램이 함께 운영되기도 한다. 이후 사후코칭에서는 진단 결과와 인터뷰 내용을 분석해 맞춤형 피드백을 제공하고, 1주에서 최대 6개월간 리마인드 코칭 및 후속 지원이 이어진다. 해군은 실험적 시도와 교육 설계를 바탕으로 자율성과 책임감을 촉진하는 코칭 기반 리더십을 정착시키기 위한 제도적 노력을 이어 가고 있다.

육・해・공군 모두 리더십코칭을 도입하면서 각기 다른 속도와 방식으로 조직 문화를 전환하고 있다. 위계적 구조 안에서도 코칭의 실용적 철학을 반영하려는 점진적 시도가 공통적으로 관찰된다. 이는 단순한 기술 습득이 아닌, 구성원의 가능성을 존중하고 스스로 해답을 찾도록 유도하는 관계 중심 리더십으로의 전환을 의미한다. 최근 상담 현장에서도 코칭 질문을 활용한 상담 장면이 자주 목격되며, 상담과 코칭이 함께 작동하는 새로운 형태의 상담 접근으로 발전하고 있다. 오은경(2025)은 군 상담에서 코칭상담의 방향성이 더욱 강화될 필요성을 강조하고 있다.

5. GROW 모델

코칭 대화에서 가장 널리 사용되는 구조화된 대화모델 중 하나는 GROW 모델이다. GROW 모델은 영국의 경영코치이자 코칭 리더십의 선구자인 존 휘트모어(John Whitmore)가 1992년 출간한 저서 『Coaching for Performance』에서 처음 체계적으로 제시한 것으로, 이후 전 세계적으로 코칭의 표준 대화 구조로 자리 잡았다. GROW 모델은 Goal(목표 설정), Reality(현실 인식), Options(대안 탐색), Will(실행 계획)의 네 단계를 중심으로 구성되어 있으며, 상담자와 내담자가 함께 사고를 확장하고 실행을 준비하는 데 효과적인 단계별 질문 구조를 제공한다. 특히 이 모델은 단순한 상담기법이 아니라, 자기성찰, 자율성, 실행력을 중심으로 코칭의 철학을 구현해 주는 실천적 도구라는 점에서 의미가 깊다. 군 조직은 위계 구조와 임무 중심의 명확한 목표 설정, 제한된 시간과 자원, 심리적 안전에 대한 민감성 등 일반 조직과는 다른 고유의 환경을 지닌다. 따라서 GROW 모델을 군 상황에 맞게 적용하기 위해서는 각 단계별 요소를 군의 맥락에 맞게 재구성하는 전략적 접근이 필요하다.

1) Goal: 문제의 핵심을 파악하고 명확한 목표를 설정하는 단계

이 단계에서는 코칭상담의 방향성을 정하는 출발점이다. 내담자가 단순한 불만이나 감정에서 벗어나, 구체적으로 무엇을 해결하거나 성취하고 싶은지를 스스로 말할 수 있도록 돕는다. 군에서는 관계 갈등, 복무 적응, 리더십 혼란 등 다양한 상황에 맞는 실용적 목표가 설정되어야 하며, 그 목표는 행동 가능하고 측정 가능한 수준으로 구체화되어야 한다.

• 상담자의 질문

"현재 상황에서 가장 해결하고 싶은 문제는 무엇인가요?"
"이 문제가 잘 풀린다면, 어떤 변화가 있기를 기대하시나요?"
"당신에게 진짜 중요한 것은 무엇인가요?"
"이 목표가 부대 임무나 조직 분위기와 어떤 관련이 있을까요?"

2) Reality: 현재 상황과 문제의 맥락을 구체적으로 점검하는 단계

이 단계에서는 내담자가 처한 현실을 사실적으로 바라볼 수 있도록 돕는다. 특히 군 환경에서는 개인의 정서 상태뿐 아니라 상급자, 동료, 조직 문화, 제도적 요인 등 복합적인 맥락을 고려해야 한다. 이 단계에서 감정, 행동, 인식의 불일치를 드러내는 질문은 매우 유용하다. 또한, 상황에 대한 자기 인식을 높이고 감정에 휘둘리는 상태에서 벗어나는 데 도움을 준다.

• 상담자의 질문

"지금 어떤 상황에 놓여 있나요? 구체적으로 말씀해 보시겠어요?"

"당신은 그 상황에서 어떤 반응을 보였고, 상대방은 어떻게 반응했나요?"

"그 상황을 경험하며 어떤 감정을 느꼈나요?"

"현재 상황에서 어려움을 주는 요소는 무엇이고, 도움이 되는 자원은 무엇인가요?"

3) Options: 가능한 해결방안과 행동 전략을 탐색하는 단계

이 단계는 내담자의 사고 폭을 넓히고, 현실적인 해결책을 스스로 도출하도록 돕는다. 군 조직은 위계적 특성상 문제 해결이 상명하달식으로 진행되기 쉬운데, 상담자는 내담자가 수동적 수용자에서 주체적 선택자로 전환될 수 있도록 돕는 것이 중요하다. 가능한 대안을 자유롭게 떠올리고, 그 실행 가능성에 대해 스스로 검토하도록 유도해야 한다.

• 상담자의 질문 예시

"이 상황에서 시도해 볼 수 있는 방법에는 어떤 것들이 있을까요?"

"과거에 비슷한 상황에서 어떤 방식이 효과적이었나요?"

"당신이 신뢰하는 상급자라면 이 문제를 어떻게 해결할까요?"

"지금 당장 시도할 수 있는 가장 작은 행동은 무엇일까요?"

4) Will: 실행 계획을 구체화하고 실행 의지를 강화하는 단계

이 단계에서는 내담자가 선택한 대안을 바탕으로 구체적인 행동계획을 세우도록 돕는다. 단순한 결심이 아닌, 실행 시기와 방법을 명확히 하며, 실천을 방해할 요인을 함께 점검해 실행 가능성을 높인다.

• 상담자의 질문

"말씀하신 대안 중 어떤 것을 먼저 실행해 보고 싶으신가요?"
"언제, 어디서, 누구와 함께 실천하시겠습니까?"
"그 계획을 실천하는 데 어려움이 있다면 어떤 점이 가장 큰 장애가 될까요?"
"계획을 실천한 뒤 그 결과를 누구와 공유하거나 점검하실 수 있나요?"

GROW 모델은 군 조직 내 구성원의 자기 이해와 책임 행동을 촉진하는 구조로, 전통적 지시 중심 문화를 보완한다. 병사와 간부 모두가 주체적으로 변화할 수 있는 안전한 틀을 제공하며, 상담자는 각 단계에서 적절한 질문으로 성찰과 행동 변화를 이끈다.

6. 코칭상담 적용 사례(GROW 모델 기반)

사례: 후임과의 갈등으로 리더십에 혼란을 겪는 중사

성우(가명)는 육군 모 부대에서 복무 중인 29세 중사로, 소대 행정보급관으로 근무한 지 1년이 넘었다. 성실하고 책임감이 강한 성우는 모든 업무를 체계적으로 관리해 왔고, 상급자로부터도 신뢰를 받아 왔다. 그러나 최근 후임 병사들과의 관계에서 반복적인 갈등을 겪으며 점차 위축되고, 리더십에 대한 회의감을 느끼고 있었다.

특히 최근 전입 온 병사 B는 성우에게 가장 큰 고민거리였다. 성우는 B가 지시에 제대로 반응하지 않고, 눈을 피하거나 말끝을 흐리는 모습을 자주 보였다고 느꼈다. 몇 차례 주의를 주었지만 반응은 달라지지 않았고, 성우는 점점 참지 못하고 감정을 드러내기 시작했다.

급기야 생활관에서 B에게 "군대가 장난이냐"며 언성을 높이는 일이 벌어졌고, 이후 B는 중대장에게 성우의 언행에 대한 불편감을 전달했다. 이 사건 이후 성우는 자신이 병사들에게 무서운 상사로 인식되고 있다는 사실에 큰 충격을 받았다. 본인은 후임들을 위하고자 노력해 왔다고 믿었기 때문에, 오히려 배신감을 느꼈고 "내가 소대원들을 너무 몰아붙인 건가?", "지금의 방식이 틀린 걸까?"라는 자책이 이어졌다. 이전에는 당당하게 행동하던 성우였지만, 점점 말수가 줄고, 회의나 보고 자리에서도 소극적인 태도를 보이기 시작했다.

주임원사는 그런 성우의 변화를 눈치채고, 조심스럽게 군 상담관과의 코칭상담을 권유했다. 처음에는 "제 이야기가 코칭상담에 맞을까요?"라며 망설이던 성우는, 결국 스스로 "이대로는 안 될 것 같다"며 상담을 코칭상담을 신청하게 되었다. 그리고 첫 만남에서 그는 이렇게 말했다.

"제가 뭘 잘못하고 있는 건지 모르겠습니다. 나름대로 최선을 다하고 있다고 생각했는데, 후임들은 오히려 저를 불편해하는 것 같고… 솔직히 지금은 저도 자신이 없습니다."

1) Goal - 목표 설정

• 코칭상담의 목적

성우가 현재 겪고 있는 갈등과 혼란의 중심에 무엇이 있는지 명확히 하고, 자신이 바라는 리더십의 모습이나 해결하고 싶은 방향을 구체화하도록 돕는다.

• 상담자의 질문

"오늘 이 시간을 통해 가장 이야기하고 싶은 주제는 무엇인가요?"

"이번 대화가 끝나고 어떤 부분이 조금은 정리되었으면 좋겠다고 느끼시나요?"

"리더로서 어떤 모습으로 돌아가고 싶으신가요?"

• 내담자의 반응

"B 병사와의 관계가 계속 어긋나고 있어서요... 저도 왜 이렇게까지 된 건지 모르겠어요."

"솔직히 지금은 누가 저를 좋아하지도, 따르지도 않는 것 같고… 그냥, 다시 제가 병사들과 편하게 대화할 수 있었던 때로 돌아가고 싶어요."

➡ 코칭상담의 초점을 맞출 수 있는 (예) 후임들과의 소통을 회복하고, 신뢰받는 리더로서의 자신감을 회복하는 것 등의 목표를 탐색한다.

2) Reality - 현실 인식

• 코칭상담의 목적

성우가 현재 상황을 객관적으로 바라볼 수 있도록 도와주며, 자신과 상황에 대한 인식을 확장시킨다. 감정 · 행동 · 맥락을 연결지어 성찰하도록 돕는다.

• 상담자의 질문

"B 병사와의 관계에서 반복적으로 일어났던 상황은 어떤 모습이었나요?"

"그때 당신의 감정은 어땠나요? 그리고 어떤 행동을 하셨나요?"

"당신의 의도와, 병사들이 받아들인 방식에는 어떤 차이가 있었다고 생각하시나요?"

"이 상황을 상급자나 동료는 어떻게 보고 있을까요?"

• 내담자의 반응

"저는 지시가 잘 안 지켜지니까 답답하고 화가 났던 거예요. 그런데 그걸 표현한 방식이 너무 강했나 봐요."

"후임 병사들은 제가 무섭다고 생각했을 거고, 저는 그게 배신처럼 느껴졌어요... 사실 저도 요즘 자신감이 없습니다."

➡ 상담자는 여기서 감정(분노 · 실망)과 행동(언성 · 회피), 그리고 타인의 시각을 연결지어 성우가 '내가 어떻게 비춰졌는지'를 성찰하도록 유도한다.

3) Options - 대안 탐색

• 코칭상담의 목적

성우가 지금 상황에서 할 수 있는 다양한 선택지를 고민하고, 단편적인 감정 반응 대신 대안적 행동을 설계하도록 돕는다.

• 상담자의 질문

"앞으로 B 병사와의 관계를 회복하기 위해 어떤 방식들을 시도해 볼 수 있을까요?"

"이전에도 비슷한 어려움을 겪었을 때 어떤 방식이 조금은 효과가 있었나요?"
"지금까지와는 다른 방식으로 접근해 본다면, 어떤 가능성이 있을까요?"
"상대에게 나의 진심을 전달하는 데 어떤 말이나 행동이 도움이 될까요?"

• 내담자의 반응

"감정을 터뜨리기 전에 한번 더 생각하고, 좀 더 차분하게 이야기해야겠다는 생각이 들어요."

"사실… 진지하게 대화해 본 적은 없었네요. 솔직히 제 속마음을 한번 이야기해 보는 것도 방법일 것 같아요."

➡ 코칭상담을 통해 B 병사와 1:1로 조용한 자리에서 대화를 시도해 보고, 본인의 입장도 차분하게 전달하며 상대의 반응을 경청해 보기 등 대안을 모색한다.

4) Will - 실행 계획 수립

• 코칭상담의 목적

성우가 탐색한 대안을 실제 행동으로 옮길 수 있도록 구체적인 실행 계획을 수립하고, 실천 가능성을 높이도록 지원한다.

• 상담자의 질문

"언제, 어떤 방식으로 B 병사와 대화를 시도해 보실 계획인가요?"
"그때 어떤 표현을 사용하면 더 진심이 전달될 수 있을까요?"
"만약 대화가 예상처럼 풀리지 않는다면, 어떻게 대응하실 수 있겠습니까?"
"실천한 뒤, 그 경험을 어떻게 점검하고 다음 행동으로 이어 가실 수 있을까요?"

• 내담자의 반응

"이번 주 금요일 점호 끝나고 B 병사에게 조용히 이야기하자고 말해 볼 생각입니다."
"제가 느낀 부분과 기대하는 바를 감정을 억누르고 말해 볼게요. 너무 일방적이지 않게요."

"대화 이후 주임원사님과도 다시 이야기를 나눠서 피드백을 받고 싶습니다."

➡ 코칭상담에서는 실행계획 수립 단계에서 실천 시기(일정), 구체적인 행동 방식, 실행 후 피드백을 받을 수 있는 방법까지 함께 계획하여 변화가 실제 행동으로 이어지도록 돕는다.

5) 마무리

코칭상담이 마무리되는 시점에서 상담자는 성우가 스스로 도출한 변화의 방향성을 요약하고, 성장의 시작점임을 인식하도록 돕는다.

• 상담자의 질문

"오늘 대화를 통해 새롭게 알게 된 점은 무엇인가요?"

"지금의 감정 상태는 어떠신가요?"

"앞으로의 리더십에 대해 어떤 변화 가능성을 보셨나요?"

이처럼 GROW 모델을 기반으로 한 군 코칭상담은, 문제 중심의 고립된 사고에서 벗어나, 자기인식과 실행 중심의 리더십 회복으로 이어지도록 돕는 효과적인 구조이다. 성우와 같은 간부들의 사례는 군 리더십 현장에서 자주 마주치는 문제이기에, 이 모델을 실천 중심으로 적용하는 상담자 훈련이 함께 이루어져야 한다.

chapter

08 군 심리검사

1. 군 심리검사의 필요성과 역할

군은 폐쇄적이고 위계적인 특성상, 개인의 심리적 특성이 복무 적응에 큰 영향을 미친다. 이에 따라 심리검사는 인력 선발, 복지 관리, 위기 개입에 필수적인 도구로 활용된다. 본 장에서는 군 심리검사의 제도적·실천적 필요성과 적용 목적을 살펴본다.

• 집단 조직에서의 심리검사

군은 다양한 구성원이 함께 생활하는 집단 조직으로, 심리검사는 개인의 성향, 정서, 대인관계 특성 등을 객관적으로 파악하여 지휘 체계 유지와 갈등 예방에 기여한다. 특히 신입 병사, 전입 장병 평가나 의무병과 간부 선발 시 필수적으로 활용된다.

• 군 환경에서의 적응 목적

군 복무는 강한 위계와 심리적 긴장 속에서 개인의 취약성이 드러나기 쉬운 환경이다. 심리검사는 이러한 위험 요소를 조기에 파악하고, 예방 및 개입 전략 수립에 활용되며, 부적응 사례의 원인 분석과 관리 방안 조정에도 기여한다.

• 선발, 복무적응, 복지관리에서의 검사 활용

선발 단계에서는 병역 기피 가능성이나 정신병리 여부를 확인하고, 복무 중에는 우울·불안 등 부적응 징후를 조기에 발견해 중재할 수 있다. 정기·특별 검사는 정서 상태 점검과 복지 조정의 기초자료가 되며, 검사 결과는 맞춤형 상담, 진료 연계, 업무 배치 등에 활용된다.

• 진단, 중재, 예방 도구로서 역할

심리검사는 군 복무 중 발생할 수 있는 다양한 심리적 문제를 조기에 식별하고 중재하는 데 핵심적인 역할을 한다. 예를 들어, MMPI-2에서 우울, 불안, 대인기피 척도가 높은 병사는 자살 위험군 또는 복무 부적응 가능성이 있는 인원으로 분류되어, 상담관의 정기 면담이나 정신건강의학과 연계가 이뤄질 수 있다. 또한 '신인성검사 2.0'은 인성결함, 공감결여, 충동성 등 특정 위험 요소를 조기에 파악해, 훈련소 단계에서부터 집중 관찰 및 후속 조치를 설계하게 한다. 이처럼 심리검사는 단순한 진단을 넘어, 부대 배치 조정, 지휘 방식 수정, 치료 연계 등 실질적인 개입과 연결되며, 누적된 검사 데이터를 통해 병영 내 고위험 집단의 특성을 분석하고, 예방 중심의 정책 수립에도 기여하고 있다.

2. 심리검사 실시 및 윤리

심리검사는 군 상담의 핵심 도구이지만, 잘못된 활용은 병사의 권리를 침해하거나 불이익을 줄 수 있다. 특히 위계적 구조 속 군 환경에서는 검사 왜곡, 응답 압박, 비밀 보장 문제 등이 발생하기 쉬워, 검사 전후 전 과정에서 상담자와 지휘관의 윤리적 주의가 요구된다. 본 장에서는 군 환경에 적합한 검사 실시 조건과 윤리 기준을 제시한다.

• 군 환경에서의 표준화 조건

군은 폐쇄적이고 집단생활 중심의 특수 환경이므로, 심리검사 시행 시 표준화된 조건 확보가 필수적이다. 검사실은 방해 요소가 없고 중립적 분위기를 유지해야 하며, 검사자와 피검사자 간 신뢰 형성도 중요하다. 시간제한으로 인한 압박을 피하고, 피검사자의 인지 수준과 언어 이해도를 고려한 검사 선택이 필요하다. 결과 해석 시에는 연령, 복무 단계에 맞는 군 표준 자료와 비교해야 한다.

• 보호 및 비밀보장의 원칙

심리검사는 민감한 정보를 다루므로 정보 보호와 비밀보장은 필수다. 검사 결과는 병사의 복무에 영향을 줄 수 있으므로, 상담자와 정해진 인사권자 외에는 열람할 수 없다. 병사의 동의 없이 정보가 공유되거나 지휘자가 이를 언급하는 행위는 인권 침해에 해당한다. 검사 전, 정보 활용 목적과 비밀 보장 범위를 충분히 설명하고, 서면 동의를 받는 것이 바람직하다. 병사는 검사 참여 여부를 선택할 권리가 있으며, 거부로 인한 불이익이 없도록 제도적 보장이 필요하다.

• 해석 시 유의 사항

군 환경에서는 병사가 검사 목적을 오해하거나 응답을 조절할 가능성이 높아, MMPI-2나 신인성검사 2.0 등 자기 보고식 검사에서 방어적 · 과장된 반응이 나타날 수 있다. 따라서 검사 결과만으로 판단하지 말고 면담, 관찰, 생활 리포트 등과 함께 종합적으로 해석해야 한다. 비일관성 응답이 있을 경우 재검사나 보조검사(TCI, SCT 등)를 고려하고, 해석은 병사의 실제 맥락과 연결하여 진행해야 한다.

• 지휘관 보고 및 상담 연계

심리검사는 단순한 수치가 아니라 병사의 심리 상태를 이해하는 언어이므로, 지휘관에게 보고할 때는 낙인을 피하는 중립적 표현을 사용하고, 상담 연계 중심으로 전달해야 한다. 예를 들어, "우울 경향"보다는 "정서적 피로감이 있어 상담이 도움될 수 있음"과 같이 말하는 것이 바람직하다. 지휘관의 판단은 수치가 아닌 상담자의 임상 소견과 병사의 실제 적응 내용을 바탕으로 이뤄져야 하며, 상담자는 검사 해석을 전달하는 '심리적 통역자'로서의 역할을 수행해야 한다.

3. 주요 군 심리검사

군에서는 병사의 성격 특성과 적응력을 평가하고 심리적 문제에 조기 대응하기 위해 표준화된 심리검사를 활용한다. 본 장은 주요 검사 도구의 구조, 해석, 군 복무 상황에서의 활용 의의를 다룬다.

1) MMPI-2: 성격 특성과 병리

MMPI-2(Minnesota Multiphasic Personality Inventory-2)는 1989년 버처(Butcher) 등이 재표준화한 자기보고식 성격검사로, 총 567문항으로 구성되어 있으며 성격 특성, 정서 안정성, 병리 수준 등을 다면적으로 평가할 수 있다. 검사 결과는 임상 척도(D, Pd, Pa, Sc, Si 등)와 타당도 척도(L, F, K, TRIN, VRIN 등)를 통해 해석되며, 각 수치는 병사의 심리적 경향성과 검사 신뢰도를 파악하는 데 활용된다. 군에서는 복무 초기 병사의 성향 파악, 문제행동 발생 시 원인 분석, 고위험 정서 상태 조기 발견 등의 목적에 MMPI-2를 사용한다. 예컨대, D(우울) 척도 70 이상, Si(사회적 위축) 65 이상인 병사는 낮은 복무 의욕과 심리적 위축 가능성이 크다. 또한 K 척도의 극단적 수치는 방어기제의 불균형을 시사하므로 주의가 필요하다.

MMPI-2는 단순한 수치 해석을 넘어, 병사의 말과 행동, 환경과 연계된 해석이 요구된다. 상담자는 임상적 민감성을 가지고 검사 결과를 종합적으로 해석해야 하며, 이를 바탕으로 지휘관과의 소통, 상담 개입, 복무 조정에 실질적인 기반을 제공할 수 있다.

2) BDI-II: 우울 위험성 평가

BDI-II(Beck Depression Inventory-II)는 벡이 개발한 자기보고식 우울 평가 도구로, 21문항으로 구성되며 각 문항은 0~3점으로 채점된다. 간단하고 빠르게 실시할 수 있어 군 환경에서 병사의 정서 상태를 신속히 파악하는 데 유용하다.

- 0~13점: 정상 범위
- 14~19점: 경도 우울
- 20~28점: 중등도 우울
- 29점 이상: 중증 우울

BDI-II는 군 복무 중 병사의 정서 상태를 반복적으로 측정함으로써 우울 수준의 변화 추이를 확인할 수 있는 유용한 도구다. 특히 MMPI-2의 D 척도와 함께 분석할 경우 우울 경향에 대한 해석의 신뢰도를 높일 수 있다. BDI-II 점수가 지속적으로 20점 이상을 기록하면 중등도 이상의 우울 상태를 시사하므로, 조기 개입 및 상담 연계, 복무 환경 조정이 필요하다. MMPI-2와 BDI-II 모두 높은 수치를 보일 경우 우울장애 가능성이 커지므로, 상담자는 이를 독립적으로 해석하기보다는 종합적 맥락에서 이해해야 한다. 특히 자살 사고, 흥미 상실, 무가치감 등의 문항에서 높은 점수가 반복되면 신속한 정서적 개입과 안전 확보 조치가 요구된다. BDI-II는 민감도가 높은 간결한 도구로, 병사의 정기 상담 및 지휘 보고 체계와 연계하여 예방 중심의 정신건강 관리를 실현하는 기반이 될 수 있다.

3) TCI: 기질 - 성격 기반 상담

TCI(Temperament and Character Inventory)는 클로닌저(Cloninger, 1993)가 개발한 성격 검사로, 기질과 성격을 7가지 차원으로 평가한다. 병사의 선천적 반응 성향과 후천적 자아 구조를 구분해 파악함으로써, 병리적 진단을 넘어서 개별 맞춤형 상담 개입의 방향 설정에 유용하다.

• 기질 차원(Temperament Dimensions)

NS(자극 추구): 자극을 추구하고 충동적으로 반응하는 성향

HA(위험 회피): 불안을 잘 느끼고 조심스러운 반응을 보이는 성향

RD(사회적 민감성): 인정에 민감하고 타인과의 유대에 집중하는 성향

P(인내력): 쉽게 포기하지 않고 꾸준히 과제를 수행하는 성향

• 성격 차원(Character Dimensions)

SD(자율성): 자기 통제와 책임감의 정도

CO(연대감): 타인과의 협력과 사회적 융화 태도

ST(자기초월): 개인을 넘어선 의미와 통합에 대한 개방성

TCI는 병사의 행동 반응을 기질 차원에서 이해하고, 자아 성장 정도 및 사회적 적응 가능성을 성격 차원으로 평가할 수 있게 해 준다. 예를 들어, HA(위험 회피) 점수가 높은 병사는 불확실한 상황에 민감하게 반응하며 위축되기 쉬운데, 이 경우 예측 가능한 환경 제공과 단계적 과업 제시를 통해 심리적 유연성을 키우는 중재가 필요하다. 반면 SD(자율성)가 낮고 NS(자극 추구)가 높은 병사는 충동적이거나 책임감이 부족한 행동을 보일 수 있어, 자기 조절 훈련과 동기 부여 전략이 요구된다.

TCI는 MMPI-2, BDI-II 등과 함께 해석될 때 입체적 상담 계획 수립이 가능하다. 예컨대, MMPI-2에서 Pd(반사회성)가 높고 TCI에서 CO(연대감)가 낮은 경우, 타인과의 갈등 가능성이 크므로 지휘나 역할 배정에 참고할 수 있다. 이처럼 TCI는 병사의 성향을 병리적으로만 보지 않고, 정서 조절력과 관계 형성 가능성까지 예측할 수 있는 도구로서, 개인 맞춤형 개입과 자기 이해 촉진에 실질적으로 기여한다.

4) K-WAIS-IV: 인지 기능 및 경계선 지능 평가

K-WAIS-IV는 성인의 인지 능력과 강약점을 파악하는 데 사용되는 대표적인 지능 검사로, 언어이해(VCI), 지각추론(PRI), 작업기억(WMI), 처리속도(PSI) 네 가지 주요 지표와 전체 지능지수(FSIQ)를 포함한다. 군 복무에서는 이 검사 결과를 통해 병사의 과업 수행 능력, 지시 이해도, 복무 적응 가능성을 예측하는 데 활용한다. 특히 FSIQ가 70~84 범위에 해당하는 병사는 경계선 지능군(BIF: Borderline Intellectual Functioning)으로 분류되며, 지시 전달의 이해, 문제 상황 대처, 복잡한 과업 수행에서 반복적인 혼란이나 제한적 반응을 보일 수 있다. 이들은 언어적 추론력이나 사회적 맥락 이해력이 낮아 지시를 자주 되묻거나, 과업의 핵심을 놓치는 양상을 보인다. WMI와 PSI 점수가 함께 낮을 경우에는 기억 유지나 순차적 수행, 반응 속도에서도 어려움을 겪는다.

이러한 병사들은 종종 MMPI-2에서 방어적 응답(K, L 상승)이나 인지적 혼란(F, Sc 상승) 등의 양상으로 나타나는데, 이는 단순한 비협조가 아니라 이해 능력의 한계에서 비롯된 반응일 수 있다. 상담자는 검사 결과를 단편적 수치로 해석하지 않고 병사의 실제 행동 특성과 함께 판단해야 하며, 시각 자료 활용, 단계적 과제 제시, 반복 설명

등 맞춤형 중재를 병행해야 한다. 또한 이들의 낮은 자존감, 대인관계 갈등, 소외감은 정서적 지지와 환경 조정을 통해 보완할 수 있으며, 지휘관에게는 과도한 기대보다는 병사의 인지적 특성에 맞는 실천 가능한 지시와 인내를 당부하는 것이 필요하다.

K-WAIS-IV는 단순한 지적 수준 평가를 넘어서, 복무 전반을 조망하고 병사에 맞는 개입 전략을 설계할 수 있는 중요한 도구로 작용한다.

5) SCT: 정서와 자기개념

SCT(Sentence Completion Test)는 병사의 무의식적 감정과 자기 인식을 간접적으로 탐색할 수 있는 문장완성검사다. 주어진 문장을 자유롭게 이어 쓰게 함으로써 피검사자의 내면 세계가 자연스럽게 드러나며, 표준화된 객관식 검사와는 다른 심층적 자료를 제공한다. 이 검사는 병사의 억압된 감정, 가족에 대한 인식, 자기 이미지, 대인관계 기대 등을 언어와 상징을 통해 파악하게 해 준다. 정서영역에서는 반복되는 단어나 회피 표현을 통해 내면의 긴장이나 무기력감을 엿볼 수 있으며, 가족 인식 문항은 양육자와의 관계 맥락, 감정적 거리감을 드러내는 데 유용하다. 자기개념 반응은 자존감과 자기 수용 정도를 파악하는 핵심 단서가 된다. 같은 문장이라도 말투, 어조, 반복성 등을 고려해 맥락적으로 해석해야 하며, 해석자의 임상적 직관과 경험이 중요한 역할을 한다.

SCT는 MMPI-2, BDI-II와 함께 해석할 때 심리검사의 입체감을 더하며, 병사와의 초기 상담에서 나온 문장을 직접 활용함으로써 상담의 몰입도와 신뢰감을 높일 수 있는 도구이기도 하다. 정량화는 어렵지만, 정서 흐름과 심리적 갈등을 구조적으로 포착하는 데 유용한 질적 자료로 활용할 수 있다.

4. 신인성검사 2.0과 COMPASS

• 신인성검사의 정의와 목적

신인성검사(Personality and Service Suitability Test)는 군 장병의 정신건강 상태를 종

합적으로 평가하고, 복무 부적응 가능성이 있는 고위험군을 조기에 식별하여 정기상담, 의료 연계, 지휘통제를 통해 적절히 개입할 수 있도록 설계된 검사 체계이다. 이 검사는 입영 초기부터 자대 배치 이후까지 군 생활 전 주기에 걸쳐 반복적으로 시행되며, 심리적 위험 요인의 변화를 추적할 수 있도록 구성되어 있다. 검사의 목적은 크게 다음과 같다. 첫째, 자살, 자해 위험군을 조기에 식별하는 것이다. 둘째, 군내 폭력, 갈등 유발 요인을 조기에 탐지하는 것이다. 셋째, 우울, 불안, 충동성 등 정서문제를 조기에 개입하는 것이다. 넷째, 지휘관 및 상담관의 병사 이해도 증진을 통한 효율적 리더십을 지원하는 것이다.

- 신인성검사의 역사와 발전

신인성검사는 2009년 OMR 방식의 수기 검사로 시작되었으며, 이후 정보화 환경에 발맞추어 WEB 기반 시스템으로 발전하였다. 그러나 부대 내 국방망 PC의 한계로 인해 검사 집중 시기에 병목 현상이 빈번하게 발생했고, 이는 병사들의 검사 접근성과 자료 입력 정확성에 영향을 미쳤다. 이에 따라 다음과 같은 개선이 이루어졌다.

- 자대 입영일 기준 자동 검사 시기 설정 시스템 도입
- 병영생활관 내 검사 전용 공간 설치 확대
- 검사 항목별 내용 고도화(관계유형검사, 복무적응도검사 등 신설)
- 2020년 이후, 모바일 검사 시범운영 시작
- 2021년 이후, 자동 자료 연동형 검사 플랫폼 개발 완료

- 신인성검사 2.0의 구성 요소

신인성검사 2.0은 병사의 복무 시기 및 상황에 따라 총 5가지의 맞춤형 검사로 구분된다. 첫째, 복무적합도검사는 병사들이 입영 3일 이내 실시하며, 기초 정서, 인지, 행동 특성을 파악한다. 둘째, 군생활적응검사는 신병교육 3~4주 차 실시하며, 초기 스트레스 반응 및 적응 패턴을 측정한다. 세 번째, 복무 적응도 검사는 자대 복무 기준 2개월, 4개월, 6개월, 9개월 시점에 정기적 실시하며, 정서, 충동성, 대인관계 문제 등을 종합 추적한다. 넷째, 관계유형검사는 반기 1회 실시하며, 유형 산출 문항과 사고

위험 식별 문항으로 구성되며, 유형별 결과는 아래 5가지로 나타난다.

- P-popular: 높은 호감과 낮은 배척
- C-controversial: 자기 주장이 강함, 높은 호감, 높은 배척
- N-neglected: 낮은 호감과 낮은 배척으로 관심과 주목을 받지 못함
- R-rejected: 낮은 호감과 높은 배척
- A-average: 위 네 가지 유형으로 분류되지 않는 평균적인 인원

간부용 심리검사는 연 1회, 고위험군은 반기 1회 이상 필수로 실시되며, 직무 스트레스, 리더십 스트레스, 감정 조절 등의 평가가 이루어진다.

신인성검사 2.0의 구성

	단계	대상	시기	검사	목적
병사용	병역판정단계	병역판정 검사 대상자	• 병역판정검사 시	복무적합도 검사 2.0 (271문항)	• 정신질환 증상 가능성 파악 • 현역복무 부적합 선별 참고 자료 제공
	입영판정단계	입영 대상자	• 입영일 14일 전~3일 전 • 입영 후 3일 내	복무적합도 검사 2.0 (271문항)	• 정신질환 증상 가능성 파악 • 현역복무 부적합 선별 참고 자료 제공
	신병교육단계	훈련병	• 입소 3~4주차	군생활 적응검사 2.0 (147문항)	• 훈련기간의 정서 및 행동 문제 파악 • 적성성격 관련 정보 제공
	자대복무단계	전 병사	• 1차: 2~4개월 • 2차: 7~8개월 • 3차: 11~13개월 • 4차: 16~18개월	복무적응도검사 2.0 (190문항)	• 적응상태 및 심리적 어려움 파악 • 지휘 관리 참고 자료 제공
		전 병사	반기 1회	관계유형검사 (15문항)	• 타인 평가에 의한 부적응 행동 식별 • 관계유형 이해
간부용	자대복무단계	• 간부: 대령 이하 • 군무원: 2급 이하	반기 1회	군 적응심리검사 통합검사 (161문항)	• 군 적응 영향 요소 파악 • 정신적 웰빙 관련 점검

• 신인성검사 모바일 체계와 운영 방식

신인성검사는 2020년부터 병사 개인의 스마트폰을 활용한 모바일 방식이 도입되어 장소 제약 없이 검사가 가능해졌으며, 실시간 자료 확인도 용이하다. 현재 전체 검사 중 약 4%가 모바일로 진행되며, 점차 확대될 예정이다. 다만, 접속 지연이나 스마트폰 반납 절차의 번거로움은 여전히 보완이 필요한 점으로 지적된다.

• COMPASS: 간부 및 군무원을 위한 군 적응·심리건강 통합검사

COMPASS는 군 간부 및 군무원을 대상으로 설계된 통합심리검사 체계로, 직무적응, 조직 내 상호작용, 감정 조절력, 리더십 수행 역량 등을 종합적으로 평가한다. 주요 구성 요소는 다음과 같다.

- 심리건강 요인: 우울, 불안, 공격성, 회피
- 조직 적응 요인: 직무 몰입도, 조직 신뢰도, 역할 충실도
- 리더십 스트레스 요인: 명령/지도/갈등 중재 시 감정 반응
- 자가점검 항목: 자기 성찰 및 변화 계획 도출을 위한 항목 구성

COMPASS는 검사 결과에 따라 위험 수준을 4단계 ZONE으로 분류하며, 각 단계별로 상담, 교육, 정신건강의학과 연계 등의 구체적 대응 방안을 제시할 수 있도록 구성되어 있다.

• 검사 결과 해석과 연계 전략

COMPASS 및 신인성검사는 병사의 심리적 특성을 위험 프로파일로 분류하여 개별화된 개입을 설계할 수 있다. 회피형은 복무 동기가 약해 상담 지속과 지휘관 지원이, 정서-불안형은 정기 상담과 우울 개입이 요구된다. 충동형은 대인 갈등과 분노 조절이 핵심이며, 이중 적응형은 표면상 문제 없어 보이나 내면에 스트레스가 과중되어 있을 수 있다. 이에 SCT, MMPI 등의 심층 해석이 필수적이다. 각 위험군은 복무 중 심리적 악화를 방지하기 위해 상담센터와 국방 헬프콜 등과 연계되어야 하며, 지휘관에게는 요약 보고서와 함께 개입 전략이 제공되어야 한다.

• 향후 과제 및 개선 방향

향후 군 심리검사 체계는 생체신호 기반의 기술과 AI 분석의 융합으로 고도화되고 있다. 최근 연구에서는 뇌파・맥파 측정(최한선, 2021), 얼굴 감정 인식(조성진・김수환, 2024) 등을 신인성검사 2.0과 결합하여 자살사고 예측 정확도를 높이는 방안을 모색 중이다. 검사 결과의 스마트 기반 자동화가 진전되면, 병사별 심리지도(personalized mental map)가 구축되고, 이를 바탕으로 복무 부적응 예측 모델 개발도 가능해진다. 또한 민간 전문가와의 협력과 병사 전 주기적 심리지원 플랫폼 개발이 강조되며, 심리검사 데이터의 누적 분석은 향후 군 정책 설계의 중요한 자원이 될 것이다. 신인성검사 2.0과 COMPASS는 복무 중 발생할 수 있는 다양한 심리・사회적 문제에 대한 조기 대응을 가능하게 하며, 장병들의 정신건강을 체계적으로 보호하는 군 심리정책의 핵심 도구로 기능할 것이다.

5. 병사 유형별 해석

군 복무 중 병사들은 각기 다른 심리 특성과 적응 양상을 보이며, 이는 심리검사 결과를 통해 유형화할 수 있다. 그러나 해석은 수치에만 의존하지 않고 복무 맥락과 관계 패턴을 함께 고려해야 하며, 본 장에서는 주요 병사 유형별 해석과 개입 방향을 제시한다.

1) 일반 병사

대다수 병사는 심리검사에서 정상 범위 내의 수치를 보이며, 일정 수준의 스트레스 반응은 있으나 복무에 지장을 주지는 않는다. 이들은 MMPI-2에서 F점수, L, K, S 타당도 점수가 45 이상에서 60 이하로 나타나며, 모든 임상 척도가 60 이하, TCI에서도 자율성과 연대감이 백분위 중간~이상 점수가 나타난다. SCT 반응에서는 미래에 대한 긍정적 기대와 대인관계에 대한 중립적 표현이 많다. 이들의 심리상담의 개입 방향은 정기 상담을 통한 스트레스 예방 및 복무 만족도 증진, 자기효능감 강화 활동을 권장할 수 있도록 안내할 수 있다.

2) 경계선 지능 병사

경계선 지능(BIF)은 K-WAIS-IV의 전체 지능지수(FSIQ)에서 70~84 범위로 나타나며, 특히 작업 기억(WMI)과 처리 속도(PSI) 지표가 낮은 병사에게서 자주 확인된다. 이들은 명령 이해와 과업 수행에서 반복적인 어려움을 겪고, 지시 사항을 자주 묻거나 일부만 수행하는 경향이 있다. 언어 이해와 추론 능력의 한계로 지휘관의 말을 오해하거나 과업 순서를 헷갈리는 경우가 많다. 주의 집중력 역시 짧아 실수가 잦고, 이에 따라 자책과 자신감 저하가 쉽게 나타난다.

정서적으로는 반복된 실패 경험으로 인해 위축되거나 무기력해지며, 또래와 비교되는 상황에서는 분노, 열등감이 표출되기도 한다. 이들은 자신을 '낙오자'로 인식하며 회피적인 태도나 방어적 반응을 보일 수 있다. MMPI-2에서는 방어 또는 혼란 지표가, SCT에서는 자책 및 관계 단절 불안이 관찰된다. 행동적으로는 복무 중 실수가 오해로 이어져 간부의 질책이나 동료와의 갈등을 반복하며, 그 원인이 인지적 한계임에도 고의적 불성실로 간주될 수 있다.

상담자는 이들에게 시각 자료를 활용한 과업 안내, 단계별 지시 제공, 정서적 수용이 결합된 상담 환경을 마련해야 한다. 지휘관에게는 병사의 이해 속도와 특성에 맞춘 반복 설명과 현실적 기대 설정의 필요성을 전달해야 하며, 관계 기술과 자존감 회복을 위한 정기적 중재도 함께 진행하는 것이 바람직하다.

3) 우울 및 불안 고위험 병사

우울 및 불안 고위험군 병사는 BDI-II 20점 이상, MMPI-2의 D, Sc, Si 척도가 각각 70 이상일 때 선별 가능하며, 무기력, 의욕 저하, 사회적 위축, 자살 사고가 주요 특성이다. 특히 SCT 반응에서 '죽고 싶다', '쓸모없는 사람' 등의 표현이 자주 나타나면 정서적 위기 징후로 간주되어야 한다.

이들은 사고가 경직되어 있고, "나는 문제다", "아무것도 나아지지 않는다"는 반복적 사고 패턴이 정서적 폐쇄성과 연결된다. 상담 과정에서도 반응이 적거나 변화에 소극적인 모습을 보이며, 자기혐오와 감정 무감각, 또는 감정 폭발이 동시에 나타나기도 한다.

관계에서는 '나는 민폐'라는 자기 인식 때문에 타인의 지지를 회피하거나 거절하며, 병영 내 단절이 심화될 경우 무단 이탈, 자해로 이어질 수 있다. 행동상 병가 남용, 불면, 외양의 변화, 눈물, 식욕 저하 등이 드러나며, 내면에서는 '없어져야 한다'는 부정적 자기개념이 지배적이다.

개입 시에는 자살 위험 사정과 정신건강의학과 연계가 우선되며, 정서를 말로 표현하게 돕는 심리교육과 긍정 기억 회복을 위한 작업이 필요하다. 또한 동기부여 집단이나 예술 활동을 통한 대인관계 회복도 병행하며, 지휘관에게는 병사의 특성과 관찰 지점에 대해 안내하는 것이 중요하다. 이들은 외면상 평온해 보여도 내면에 큰 고통을 지니고 있을 수 있으므로, 비언어적 신호에 주의 깊은 대응이 요구된다.

4) ADHD 병사

ADHD 병사는 군 복무 중 반복된 실수, 명령 누락, 충동적 언행으로 인해 갈등에 노출되기 쉽다. 특히 통제와 규율이 강조되는 환경에서는 산만함, 낮은 인내심, 좌절 취약성이 적응에 걸림돌이 되기도 한다. 집중력 유지가 어렵고, 지루하거나 반복적인 과업에서 그 어려움이 두드러진다.

MMPI-2에서 Hs, Pd, Ma 척도 상승이 나타날 수 있으며, F 척도 과상승은 왜곡 반응으로 오해받을 여지가 있다. K-WAIS-IV 검사에서는 WMI와 PSI 점수가 낮게 측정되는 경우가 흔하다. 정서적으로는 분노, 좌절, 흥분 반응이 빠르게 나타나며, 이는 의도적 행동으로 잘못 해석되기도 한다. 실제로는 자기조절 기능의 미성숙과 자극 민감성이 핵심 원인이다.

관계 측면에서는 말 끊기, 감정 폭발 등의 행동으로 인해 타 병사와의 갈등이 잦으며, 점차 고립되거나 부정적 자기 이미지가 강화될 위험이 있다. 행동에서는 충동적 결정, 복무규율 위반, 이탈 등의 문제가 발생하기 쉽다. 이는 단순한 불복종이 아닌 발달적 특성으로 이해해야 한다.

개입 전략으로는, 첫째, 주의 집중을 돕기 위한 과업 구조화가 필요하다. 둘째, 정서 인식과 조절을 위한 훈련을 제공한다. 셋째, 대인관계 기술을 훈련하고, 넷째, 의도성 판단에 기반한 상벌 체계를 조정한다. 다섯째, 필요시 정신건강의학과 진료를 통한 약물치료 병행도 고려되어야 한다.

ADHD 병사에 대한 오해와 낙인을 줄이고, 구조적이고 따뜻한 개입을 통해 복무 적응력을 높이는 것이 상담자의 중요한 역할이다.

5) 사회불안 및 공황장애 병사

사회불안과 공황장애는 겉으로는 조용하고 순응적인 태도로 나타나지만, 내면에서는 강한 긴장과 자기 비난, 예기불안에 시달리는 병사들에게서 흔히 발견된다. 사회불안이 있는 경우 낯선 집단이나 간부 앞에서의 발언, 시선 집중 상황에서 심한 불안을 경험하며, 공황장애는 가슴 두근거림, 호흡 곤란 등의 신체 증상과 함께 극도의 공포 반응이 갑작스럽게 나타난다. 이러한 증상은 응급실 내원이나 병가의 원인이 되기도 한다.

인지 측면에서는 자기 비판과 과도한 타인 의식이 중심에 있다. MMPI-2에서는 Si, D, Hy 척도가 상승하며, TCI의 경우 위험회피는 높고 자율성은 낮게 나타난다. BDI-II 점수는 중등도 이상의 우울 · 불안을 반영하며, SCT 반응에서는 “나는 쓸모없다”, “사람들이 나를 싫어한다”는 등의 회피적 · 자기 비난적 사고가 드러난다.

정서 표현은 억제되는 경향이 강하고, 생활관 내 갈등이나 보고 상황에서 불안을 감추려다 위축되기도 한다. 관계에서는 타인의 시선을 과도하게 의식하거나 비판에 민감하게 반응하면서 스스로 고립을 선택하는 양상이 두드러진다. 이는 소외감과 집단 내 위축으로 이어질 수 있다.

행동적 특성은 말 더듬기, 자기표현 기피, 보고 시 긴장 등이며, 공황 이후 자신을 ‘비정상’으로 여겨 자존감이 떨어질 위험도 존재한다.

개입은 우선 신뢰 형성에 초점을 두고, 평가보다는 공감적 접근으로 안전감을 조성해야 한다. 이후 점진적인 노출 훈련을 통해 불안 상황에 익숙해지도록 돕고, 자기 비난 사고를 인식하고 재해석하는 인지 재구성을 병행한다. 긴장을 완화할 수 있는 복식호흡, 이완훈련 등도 효과적이다. 병사 주변 간부에게는 해당 병사의 특성과 반응 양상을 충분히 설명하여 배려와 이해를 기반으로 한 지도 방식이 가능하도록 지원해야 한다.

이들의 적응은 단련이 아닌 이해와 안정에서 시작되며, 점진적 회복을 전제한 상담이 필수적이다.

6) 성격장애(경향) 병사

성격장애 경향이 있는 병사는 충동 조절의 어려움, 경직된 상황 반응, 반복되는 대인 갈등 등으로 인해 군 복무 중 부적응을 겪기 쉽다. 일시적 기분 변화와는 달리 이들의 성격 특성은 지속적이고 고착되어 있으며, 복무 환경에서 다양한 형태의 긴장과 마찰을 일으킨다.

군 내에서 자주 보이는 성격 유형은 경계선, 자기애성, 회피성, 수동 - 공격적 성향 등으로, 과도한 인정 욕구나 불신, 감정 기복이 동반되는 관계 문제가 핵심이다. MMPI-2에서는 Pd, Sc, Pa 척도, BPD 경향자에서는 F, Pd, Sc가 함께 상승하며, TCI에서는 낮은 자율성 · 연대감과 높은 위험회피가 확인된다. SCT 반응에는 비관적 사고, 타인 불신, 완벽주의적 표현이 나타난다.

정서적으로는 분노와 무가치감이 교차하고, 관계에서는 이분법적 사고나 이상화 · 폄하가 반복된다. 과도한 자기표현이나 고립, 언쟁, 정당화, 반복적 상담 요청 등은 고의성이 아니라 성격구조에 뿌리를 둔 반응으로 이해해야 한다.

개입 시에는, 첫째, 분명한 구조와 경계를 설정하여 상담자의 일관성과 중립성을 유지하고, 혼란을 최소화한다. 둘째, 분노 · 충동에 대한 인식과 조절을 돕는 구조화된 자기 관찰 도구를 제공한다. 셋째, 관계 패턴에 대한 인식을 돕고, 상담 안에서 실시간 피드백을 통해 '관계 경계'에 대한 학습을 유도한다. 넷째, 예측 불가능한 반응을 꾸준히 기록하며, 필요시 정신과 진료로 연계한다. 마지막으로 지휘관에게 병사의 반응 양상과 개입 원칙을 구체적으로 안내해 정서 조절을 촉진할 수 있도록 협조를 구한다.

이들은 '문제를 일으키는 병사'가 아니라, 고착된 인격 특성으로 인해 불안을 겪는 존재이다. 정해진 구조와 예측 가능한 환경 속에서 점차 자기조절력을 키워 나갈 수 있도록 지원해야 한다.

• 경계선 성격장애
특징: 감정 기복이 심하고, 버림 받을 것에 대한 극단적 두려움, 인간관계에서 이상화와 평가 절하 반복
검사 결과: MMPI-2: F, Sc, Pd, D 상승 / TCI: 낮은 SD, 높은 HA
개입 전략: 상담자가 예측 가능한 반응을 반복적으로 제공(심리적 일관성 확보), 극단적 감정 표현에 휘둘리지 않도록 감정 경계를 설정, 소속감과 자율성 사이의 균형된 피드백을 제공

• 자기애성 성격장애
특징: 과도한 인정 욕구, 비판에 대한 과민 반응, 규율 위반 후 피해자화 경향
검사 결과: MMPI-2에서의 Pd 상승, 낮은 L과 K점수 / SCT에서 자기에 대한 과도한 이상화 문장
개입 전략: '칭찬→피드백→역할'구조로 변화 유도, 정면 대결보다 간접적 피드백 활용(권위에 대한 민감성 고려), 개입의 목적을 '존중받는 군인의 이미지'와 연결

• 회피성/의존성 경향
특징: 책임 회피, 결정 회피, 반복적 불안 표현
검사 결과: MMPI-2: Si, D 상승 / TCI: HA 매우 높음, SD, CO 낮음
개입 전략: 작은 과업의 성공 경험 제공, '혼자서 할 수 있다'는 자율감 키우기, 일방적 지시는 피하고 선택권 부여

• 수동 - 공격적/비협조적 경향
특징: 겉으로는 순응하지만 실제로는 지시에 비협조적이며, 뒷말이나 빈정거림 형태로 저항
검사결과: MMPI-2: Pd 상승, D 상승 / TCI: HA 높음, RD 낮음, SD, CO 낮음 / PAI: AGG-P 상승, STR 상승
개입 전략: 감정과 행동의 불일치를 피드백, 부정적 태도 대신 협력의 이점을 강화, 지시보다 과제 맥락을 설명하여 동기 유발하기

7) 사례 기반 복합 유형의 해석

실제 복무 현장에서 병사들은 한 가지 증상이나 성향만으로 구분되지 않는다. 다양한 심리 요인이 복합적으로 얽혀 나타나며, 검사 결과 또한 특정 척도만 뚜렷하게 높기보다 여러 하위 척도가 동시에 미묘하게 상승하는 양상을 보인다. 따라서 해석

시 단일 지표보다는 주 증상, 함께 나타나는 보조 증상, 환경적 요인을 함께 고려해야 한다. 예를 들어, 우울감이 중심인 병사라 하더라도, 주의력 저하나 관계 회피, 경계선적 사고방식이 동반되면 단순 정서 개입만으로는 회복이 어렵다. 더불어 복무 환경, 대인관계 긴장, 가정 내 스트레스 같은 외부 요인까지 포함하여 입체적으로 바라볼 필요가 있다.

검사 해석 전략으로는 MMPI-2 임상척도의 조합적 해석이 필수이며, 방어성(K, L, TRIN 등)과 과장 반응 가능성도 함께 분석해야 한다. TCI에서는 성격 차원 간의 균형이 적응력과 취약성을 함께 보여 주므로 단일 수치가 아닌 패턴을 읽는 안목이 필요하다. 또한 SCT, K-WAIS-IV 등에서는 자기 개념의 왜곡, 인지적 왜곡과 같은 깊은 내면 갈등을 파악하는 것이 중요하다.

상담 개입은 주 증상부터 다루되, 정서・인지・관계 개입을 병행하고 변화에 따라 전략을 조정해야 한다. 지휘 체계에는 병사의 상태를 요약해 전달하고, 역할 조정 등 지원 방안을 제안한다. 복합 유형은 단순 분류가 어려우므로, 상담자는 이를 통합적으로 이해하고 유연하게 개입해야 한다.

6. 심리검사 적용 사례

사례: 반복된 복통 호소와 의욕 저하로 내방한 병사

지환(가명)은 입대한 지 2개월 된 신병으로, 훈련소를 무난히 마쳤으나 자대 배치 이후부터 잦은 복통과 두통을 호소하며 의무대 진료를 반복해 왔다. 특별한 신체적 질환은 없었고, 군의관은 "심리적 요인도 고려해 봐야 할 것 같다"는 소견을 전달하였다.

생활관에서도 지환은 동료들과 어울리지 않고 멍하니 침상에 누워 있거나, 교육 중 집중을 잘 하지 못하였다. 생활관 선임은 "표정이 늘 어두워 보이고, 누가 말을 걸면 움찔하는 듯하다"고 간부에게 보고했고, 이에 따라 지환은 군 상담관과의 면담을 연결받게 되었다.

상담 초기에 지환은 "배가 아픈데, 왜 자꾸 정신이 문제라고 하느냐"며 방어적이었으나, 몇 차례의 면담을 통해 입대 전 부모의 갈등, 타인과의 관계에서의 긴장감을 호소하였다. 그는 "누구랑 말하는 게 어렵고, 군대 오니까 더 무섭다"는 표현도 자주 반복하였다.

군 상담관은 보다 정확한 심리 상태 파악을 위해 MMPI-2, BDI-Ⅱ(우울검사), SCT(문장완성검사)를 실시하였다.

MMPI-2 결과에서는 D(우울), Hy(히스테리), Si(사회적 내향성) 척도가 두드러지게 상승하였고, 방어적 응답 성향이 일부 확인되었다. BDI-Ⅱ에서는 27점으로 중등도 우울 수준이 확인되었으며, 자기 비난과 수면장애, 피로감을 강하게 호소하였다. SCT 반응에서는 '나는 항상… 두렵다', '사람들은 나를… 싫어한다', '군대에서 나는… 아무 말도 못 한다' 등 대인 불안과 부적응 사고가 명확히 드러났다.

심리검사 결과를 바탕으로, 상담자는 지환이 겉으로 드러나는 신체 증상 이면에 억제된 불안과 우울, 대인관계 회피 성향이 있음을 파악하였고, 이를 지휘관과 군의관에게 공유하여 관찰 보호 조치 및 상담 연계 지속을 요청하였다.

1) 상담 목표

- 신체 증상 이면의 정서적 원인을 이해하고 불안을 완화한다.
- 우울과 자기 비난 사고를 인식하고 조절력을 높인다.
- 대인관계 회피를 줄이고 사회적 적응을 향상시킨다.
- 자기 이해를 바탕으로 군 생활 적응 전략을 개발한다.

2) 상담 개입

지환은 반복적인 복통과 무기력 증상을 호소하며 의무대 진료를 반복했으나, 검사 결과와 상담 과정을 통해 신체화된 정서 문제, 우울감, 사회적 위축이 주요 원인으로 볼 수 있다. 초기 상담에서는 신체 증상을 주 호소로 삼았으나, 점차 자신의 불안과 무기력에 대한 언급이 증가하였고, 검사 결과는 이를 객관적으로 뒷받침한다. 이에 따라 상담자는 지환의 심리적 상태에 대한 이해를 돕고, 감정 조절과 대인 관계 기능 회복, 군 생활 적응력 강화를 중심으로 개입한다.

(1) 검사 결과에 대한 피드백과 정서적 수용

상담자는 MMPI-2, BDI-Ⅱ, SCT 결과를 지환에게 비진단적이고 수용적인 언어로 설명하며, "당신의 몸이 아픈 게 단순한 약함이 아니라, 오랫동안 쌓인 감정의 방식일 수 있다"는 메시지를 전달한다. 검사 결과를 통해 내담자가 자신의 상태를 객관적으로 바라보도록 유도하고, 이는 부끄럽거나 숨겨야 할 것이 아님을 강조한다. 이 과정을 통해 지환은 처음으로 "내가 무너지고 있다는 느낌이 들긴 했다"는 진술을 하며 감정을 언어화하기 시작하였다.

(2) 부정적 자동사고 탐색 및 사고 재구조화

MMPI와 SCT에서 드러난 자기 비난과 회피적 사고('나는 민폐', '말하면 싫어할 것 같다.')를 바탕으로, 반복되는 자동사고 패턴을 탐색하고 인지 재구조화 기법을 적용하였다. 가령 "말을 해 봤자 안 통할 거예요"라는 사고에 대해서는, "내가 말할 기회를 만들어 본 적은 있었을까?"와 같은 질문을 던짐으로써, 내담자가 자신의 사고를 현실적으로 검토해 볼 수 있도록 돕는다. 또는 "내가 꺼내면 상대가 불편해할 거예요"라는 말에 대해서는, "상대의 반응을 확인해 본 적이 있었는지", "모든 사람이 나의 말을 불편해했는지" 등을 함께 점검하여 사고의 근거와 일반화를 점검한다.

이러한 과정을 통해 내담자는 자신이 사용하는 부정적 자기 인식을 객관적인 시각에서 바라보게 되고, 자신을 보호하면서도 유연한 사고 방식으로 전환할 수 있게 돕는다.

(3) 감정 표현 및 대인관계 기술 훈련

SCT에서 드러난 정서 억제와 사회적 위축 경향을 토대로, 지환이 감정을 말로 표현하고 타인과의 접촉을 시도할 수 있는 환경을 조성한다. 감정 일기, 상황 - 감정 - 반응 연결하기 등의 활동을 통해 자기 감정에 대한 자각을 높이고, 생활관 내에서 부담 없는 관계 형성 행동(인사, 짧은 질문하기 등)을 작은 실천 과제로 제시한다. 또한 군대 내 대인관계는 '무조건 친해지기'가 아니라 '부딪히지 않고 지내기'라는 현실적인 기준을 함께 설정하여 심리적 부담을 낮춘다.

(4) 적응 전략 수립 및 자원 활용 촉진

우울 수준과 내향적 성향이 높은 지환에게는 단기적인 적응 목표를 구체적으로 설정하고, 일상 루틴 회복과 자기효능감 강화를 중심으로 개입을 진행한다. 평일 생활관 병사와 함께 외출을 신청해 보거나, 주 3회 일기를 쓰며 감정 흐름을 점검하고, 생활관 규칙을 정리해 보는 등의 활동은 지환이 스스로 통제감을 회복하는 데 도움이 될 것이다. 또한 군의관, 상담관, 대대장 등 지지적 관계 형성이 가능한 인물들을 함께 확인하면서, 지환이 심리적 고립감을 덜 느끼고 도움을 요청할 수 있는 환경을 조성할 수 있다.

03

특수영역 상담과 상담자의 성장

chapter

09 성폭력 및 성문제 상담

1. 군대 내의 성폭력

1) 군 내 성폭력의 은폐성과 구조적 특성

군 조직은 폐쇄적이고 계급 중심적인 구조로 운영되며, 이 체계는 질서 유지에는 유리하지만 개인의 고통을 드러내기 어려운 환경을 만든다. 특히 성폭력 피해자가 상급자에 의해 피해를 입은 경우, 사실을 알리는 것은 곧 자신의 평판과 경력, 생존을 위협하는 일이 되기도 한다. 성폭력 사건은 단순한 개인의 문제가 아닌 구조적 성격을 지닌다. 피해자 보호보다는 조직의 이미지를 지키는 데 초점이 맞춰지면서, 사건은 종종 축소되거나 내부에서 조용히 처리된다. 이 과정에서 피해자는 의사와 무관하게 보직 이동이나 전출을 겪으며 점차 고립되고, “예민하다”, “그만 넘기라”는 반응은 그 고통을 사소한 것으로 몰아간다. 말하는 순간 오히려 낙인이 시작되고, 침묵은 생존을 위한 수단이 되어 버린다.

2023년 군인권센터 조사에서는 성폭력 피해 여군의 59.8%, 남군의 21.8%가 군을 떠나고 싶었다고 답했다. 이는 성폭력이 단지 심리적 상처에 그치지 않고, 군 복무와 진로 전반에 깊은 영향을 끼침을 시사한다. 상담자는 피해자의 감정을 넘어, 그 감정이 탄생한 환경－말하지 못하도록 만든 구조와 분위기－를 함께 이해해야 한다. 침묵은 두려움 때문만이 아니라, 오랫동안 길들여진 결과이기 때문이다. 상담자의 역할은 그 침묵을 읽어 내고, 말할 수 있는 공간을 회복시키는 데 있다.

2) 여군의 성폭력 피해

여군은 군 조직 내에서 수적으로 적을 뿐 아니라, 남성 중심 문화 속에서 상징적 존재로 기능하는 경우가 많다. 그들은 늘 자신의 자리를 입증해야 하는 압박 속에 놓여 있으며, 훈련이나 회식, 일상 업무 중에도 검증과 평가의 시선을 끊임없이 받는다. 이러한 분위기에서 여군은 종종 성적 대상화되고, 상급자의 부적절한 언행이나 신체 접촉이 농담처럼 받아들여지며 일상적인 성폭력으로 묻히기 쉽다. 피해 사실을 드러냈을 때 조직은 오히려 피해자에게 예민하다고 반응하거나, 상황을 지나칠 수도 있었다며 문제제기 자체를 부정한다. 그 결과 처벌보다는 피해자의 전출이나 직무 변경이 우선되며, 이는 경력 단절과 소외로 이어진다.

2023년 군 인권센터에 따르면, 후임 또는 하급자에게 피해를 입은 이들 중 83%가 여군이었고, 군 내 여군 비율이 9%에 불과함에도 성폭력 상담 접수의 40.3%가 여성 피해자였다. 이러한 수치는 성폭력이 단지 계급의 문제가 아니라 성별 권력 구조의 문제임을 드러낸다. 여군은 사건 자체보다도, 이후 조직의 대응으로 인해 더 깊은 고립을 겪는다. '피해자'라는 이름은 곧 조직 내에서 감당하기 불편한 존재로 간주되는 신호가 되고, 자신을 숨기게 만든다. 상담자는 이 상황에서 단지 피해 사실을 다루는 데 그치지 않고, 여군이 감내하고 있는 성별 위계와 침묵의 문화를 함께 읽어야 한다. 그리고 그 곁에서, 불이익에 순응하지 않도록 지지하는 동반자로 서 있어야 한다.

3) 남군의 성폭력 피해

남군의 성폭력 피해는 주로 동성 간 위계적 관계 속에서 발생하며, 가해자는 높은 계급이나 선임인 경우가 많다. 물리적 접촉, 성적 발언, 사적 공간 침해 등 다양한 형태로 나타나지만, 조직 안에서는 쉽게 묻히거나 축소되기 쉬운 구조에 놓여 있다. 특히 강한 남성성을 중시하는 군 문화에서 피해자로 위치하는 것은 곧 '나약함'으로 해석되어 조롱과 낙인의 대상이 된다. 이로 인해 피해자는 수치심과 자기검열 속에서 감정을 억누르게 되고, 고립감과 자기 비난은 자존감을 무너뜨리며 불안과 우울,

분노, 대인기피 등 심리적 후유증을 유발한다. 겉으로는 복무를 이어 가는 듯 보여도, 내면은 무력감에 잠식되어 있을 수 있다. 문제제기를 하더라도 군 조직은 남군 피해에 둔감한 태도를 보이며, 분리 조치나 불편한 시선 등으로 2차 피해가 발생하기도 한다. 상담자는 이처럼 쉽게 말할 수 없는 고통의 맥락을 깊이 이해하고, 피해자의 혼란과 정체성 흔들림에 공감으로 반응해야 한다. 불필요한 해석 없이 진심 어린 언어와 태도로, 피해자가 자신을 다시 존중할 수 있도록 돕는 것이 상담자의 역할이다.

4) 성폭력 피해의 공통적 고통

성별과 무관하게 성폭력 피해자들은 신체와 마음이 동시에 침해당했다는 충격 속에서 깊은 혼란을 겪는다. 수치심과 자책이 반복되며, 자신을 탓하는 생각에 고립되기 쉽다. 자기 존중감은 빠르게 무너지고, 어떤 행동도 소용없다는 무력감이 일상을 덮는다. 군이라는 위계적이고 폐쇄된 환경은 이러한 고통을 더욱 고립된 방향으로 몰고 간다. 피해 사실을 알렸음에도 기대했던 보호를 받지 못하거나, 오히려 신고 이후 소문이 퍼지며 불이익이 뒤따르기도 한다. 이러한 경험은 집단에 대한 신뢰를 송두리째 흔들며, 소속감마저 잃게 만든다. 피해 후 나타나는 심리 반응은 다양하지만, 아래와 같은 정서적 후유증은 많은 이들에게 공통적으로 보고된다.

- 감정 억제, 반복적인 자책
- 과도한 경계심, 대인 회피
- 갑작스러운 분노 폭발 또는 감정 무감각
- 지속적인 불면, 악몽, 신체화 증상
- PTSD 및 우울 증상, 자살 사고

상담자는 이러한 반응을 병리로 보기보다, 고통에 대한 방어이자 생존 전략으로 이해해야 한다. 피해자가 다시 신뢰를 느낄 수 있는 환경 속에서 회복의 가능성을 발견하도록 돕는 것이 상담의 출발점이다.

5) 상담자의 개입

성폭력 피해자 상담의 핵심은 '피해자 중심(victim-centered)' 태도이다. 이는 상담자가 주도하지 않고, 피해자의 말과 감정, 회복 속도를 존중하며 민감하게 반응하는 자세를 의미한다. 특히 피해자가 처음 자신의 경험을 말할 때, 상담자의 반응은 상담 전체의 신뢰를 좌우한다. 판단이나 조언보다 비판 없는 경청과 공감이 우선되어야 하며, "말해 줘서 고맙다", "힘드셨겠어요" 같은 짧은 말도 큰 지지가 된다.

"당신 잘못이 아닙니다"는 말은 상담자의 표정, 침묵, 시선 등 비언어적 태도와 함께 전달되어야 진심이 전해진다. 감정을 표현하려는 순간을 끊거나 침묵을 조급히 깨는 행동은 회복을 방해할 수 있다. 피해자 중심 상담은 회복의 주도권을 피해자에게 돌려주는 일이며, 상담자는 그 과정에서 안전한 존재로 신뢰를 줄 수 있어야 한다. 회복은 해석이 아닌 경험 속에서 일어나며, 상담자는 그 경험의 공간을 제공해야 한다.

6) 시사점

군 내 성폭력은 개인의 일탈로만 설명할 수 없다. 위계적 권력 구조와 남성 중심 문화가 맞물린 조직적 문제로 바라봐야 한다. 국방의 의무를 수행하던 군인이 성폭력으로 생명을 잃은 일은, 단지 개인의 고통이 아니라 국가가 군인을 보호하지 못한 심각한 인권 침해다(국가인권위원회, 2022). 회복의 책임을 피해자에게만 돌리는 태도는 2차 피해를 불러올 수 있으며, 상담자는 피해자 개인의 상처뿐 아니라 그를 침묵시키는 조직 문화까지 함께 살필 수 있어야 한다. 피해자 중심 상담은 고통을 드러낼 수 있는 안전한 틀을 마련하는 과정이며, 상담자는 이 회복의 공간을 함께 만드는 동반자다.

군이 변화하려면 성인지 감수성이 제도적으로 뿌리내리고, 피해자의 목소리가 사라지지 않아야 한다. 이를 위해 상담자는 그 변화의 시작점이 되어야 한다.

2. 피해자 중심 상담: 비판단적 접근의 원칙

1) 피해자 중심 상담의 중요성

성폭력 피해자는 사건보다 그 이후 마주하는 시선과 말에 더 큰 상처를 입기도 한다. "왜 말하지 않았느냐"는 식의 질문은 진실을 묻는 듯하지만, 피해자에겐 자신이 책임져야 할 일처럼 느껴질 수 있다. 상담실조차 불편한 공간이 되는 순간이다. 피해자 중심 상담은 이러한 2차 피해를 막기 위한 상담자의 태도이다. 피해자의 감정과 이야기를 있는 그대로 존중하며, 설명을 요구하거나 해석하려 들지 않는다. 말의 흐름과 침묵까지도 피해자에게 맡기고, 상담자는 그 곁에 머물며 감정을 함께 느낀다. 이러한 상담에서는 조언이나 평가보다, 경청과 감정 수용이 핵심이다. 피해자가 자신의 속마음을 이어 갈 수 있도록 방해하지 않고, 때로는 멈춤조차 의미 있는 표현으로 존중한다. 신뢰는 지식보다 태도에서 비롯된다. 상담자가 의심 없이 옆에 있어 준다는 느낌은, 그 자체로 회복의 시작이 된다.

2) 비판단적 접근의 기본 원칙

피해자 중심 상담은 단순한 위로나 공감의 제스처를 넘어, 피해자의 감정과 선택을 전적으로 존중하는 태도에서 시작된다. 상담자는 처음부터 끝까지 믿고 기다려 주는 사람으로 기능해야 하며, 말의 내용보다는 그 말에 담긴 감정과 기억에 귀 기울여야 한다. 진술의 일관성보다 중요한 것은, 그 말이 얼마나 아픈 경험에서 비롯되었는지를 이해하는 태도이다. 상담자는 피해자의 감정을 있는 그대로 받아들이고, "당신의 이야기를 믿습니다", "말해 줘서 고맙습니다" 같은 말로 지지를 전해야 한다. 이는 자기 비난에 빠진 내담자에게 상담실이 안전한 공간임을 느끼게 해 준다. 상담의 주도권 역시 피해자에게 있어야 한다. 무엇을 말할지, 언제 멈출지, 이후 어떤 선택을 할지는 모두 본인의 몫이다. "당신의 속도에 맞추겠습니다"와 같은 한마디는 자기결정권을 회복하는 데 큰 힘이 되며, 상담자는 언어와 태도를 통해 계속해서 그 메시지를 전할 수 있어야 한다.

3) 상담자의 언어 사용

성폭력 피해자를 대상으로 하는 상담에서는, 상담자가 사용하는 언어 하나하나가 내담자의 회복 여정에 깊은 영향을 미친다. 특히 상담 초기 단계에서는 피해자의 정서와 신뢰를 최우선으로 다루어야 하며, 상담자의 질문 방식이나 말투, 표현 선택은 피해자가 상담실을 '안전한 공간'으로 느낄 수 있도록 하는 결정적 요소가 된다. 피해자는 이미 외부 세계에서 판단받고, 해석되고, 의심받는 경험을 반복해 왔기 때문에 상담자조차 그러한 태도를 보일 경우, 마음의 문을 더욱 굳게 닫아 버릴 수 있다. 따라서 상담자는 상담 초반부터 피해자의 감정에 민감하게 반응하고, 그 감정을 충분히 표현할 수 있도록 정서적 여백을 만들어 주는 언어를 사용할 필요가 있다.

다음은 상담 초반 회기에서 자주 사용되지만 피해야 할 표현과, 그에 대응되는 더 적절하고 민감한 대안 표현의 예시이다.

피해야 할 질문	더 나은 대안 표현
상대가 그런 행동을 할 줄 몰랐어요?	그 상황이 많이 놀라웠을 것 같아요. 그 순간 어떤 감정을 느끼셨나요?
그 전에도 비슷한 일이 있었나요?	지금 이렇게 이야기 나누는 일이 어떤 느낌으로 다가오시나요?
법적으로 신고할 생각 있으세요?"	당신의 속도에 맞춰 이 상황을 함께 정리해 볼 수 있어요. 지금은 어떤 선택이 편하실까요?

※ 특히 상담 초반에는 사건의 세부 정황이나 법적 판단보다, 피해자가 감정을 표현할 수 있는 정서적 공간 조성이 최우선이다.

4) 피해자 중심 상담의 핵심은 '진실 여부'가 아니다

성폭력 상담에서 상담자는 종종 진술을 그대로 믿는 것이 중립성을 해치거나 책임 문제가 생길까 염려하게 된다. 특히 군과 같이 위계가 분명한 조직에서는 사실 확인의 압박을 더 크게 느낄 수 있다. 그러나 상담자의 "믿는다"는 태도는 법적 판단과는 다른 차원의 이야기다. 그것은 고통을 표현하는 사람의 감정에 공감하고, 그 경험의 아픔을 받아들이겠다는 태도이다.

실제로 많은 피해자에게 의미 있었던 순간은, 처음 이야기를 꺼냈을 때 판단 없이 수용되고 "말해 줘서 고마워요"라는 말을 들은 경험이었다. 반대로 사실 여부를 캐묻는 질문은 상담 공간을 또 하나의 심문장처럼 느끼게 만들 수 있다. 상담자는 진실을 따지는 사람이 아니라, 그 고통의 언어와 감정을 함께 견디는 사람이어야 하며, 피해자가 '여기선 말해도 괜찮다'고 느끼게 해 주는 것, 그것이 회복의 시작이다.

5) 군 상담에서의 주의사항

군은 위계와 통제가 중심인 구조로, 성폭력 피해자는 사건보다 그 이후의 조직 반응에서 더 큰 상처를 겪는다. 말 한마디가 쉽게 알려지는 환경 속에서 피해자는 "문제 인물"로 비칠까 봐 침묵을 택하는 경우가 많다. 이 침묵은 단순한 감정 억제가 아니라, 자신을 지키기 위한 생존 방식일 수 있다. 상담자는 이 침묵의 배경을 읽을 수 있어야 하며, 말하지 않아도 괜찮다는 태도로 내담자를 맞아야 한다. "그 선택도 존중합니다"라는 말은 피해자의 존재를 안전하게 감싸는 언어이다. 동시에 상담자는 군 조직 안에서 왜 말할 수 없었는지를 함께 성찰해야 하며, 작은 변화의 가능성을 열 수 있는 사람으로 자리해야 한다.

3. 법과 상담: 신고, 조사, 보호체계의 연계

1) 군 내 성폭력 신고 절차

군 조직은 성폭력 피해자가 도움을 요청할 수 있도록 다양한 신고 및 지원 체계를 갖추고 있다. 지휘관, 국방부 성고충상담관, 각 부대의 성고충상담관, 외부 민간 성폭력 상담기관, 국방헬프콜(1303), 해바라기센터 등은 피해자가 접근할 수 있는 대표적인 채널이다. 군에서는 성희롱·성폭력 사건 발생 시, 공식적인 사건 처리는 성고충상담관이 전담하게 되어 있다. 군 상담자는 사건의 성격에 따라 가해자의 심리적 안정 지원 등 제한적인 역할을 수행하며, 피해자 상담이나 사건 경위에 대한 직접적인 접근 권한은 갖지 않는다. 이는 피해자 보호와 사건의 객관성 유지를 위한 절차적 장치로, 철저한 비밀보장이 전제된다. 이들 기관은 각각의 역할과 기능이 다르므로, 상담자는 피해자의 상황과 필요에 따라 가장 적절한 지원 기관을 안내할 수 있어야 한다.

〈군 성희롱 · 성폭력 사건 발생 시 공식 처리 절차〉

구 분	절 차
사건 발생	피해자 인지 → 성고충상담관 접수
1차 조치	상담 → 임시 보호조치(격리, 생활관 이동 등)
조사 착수	지휘관/국방부 조사본부 등 공식 조사 진행
병행 지원	정신건강의학과 진료, 심리상담, 법률지원(국선변호인), 해바라기센터 연계 등
결과 처리	징계위원회 또는 수사 결과에 따른 처벌
후속 지원	회복 상담, 조직 내 보호체계 점검

※ 국방부 공식 매뉴얼(2022)

상담 초기에는 피해자의 감정 안정과 신뢰 회복이 우선이다. 이때 상담자가 "반드시 신고해야 한다"는 식의 단정적 언어를 사용하면, 피해자에게는 판단이나 압박으로 받아들여질 수 있다. 이는 자기 결정권을 침해당한 또 다른 경험으로 남을 수 있으며, 상담 회피로 이어질 가능성도 있다. 따라서 상담자는 정보제공과 주도성 존중 사이의 균형을 유지해야 한다. "필요하시면 함께 알아볼 수 있어요"처럼 피해자의 선택을 중심에 둔 표현은, 상담자가 조력자로 곁에 있다는 느낌을 줄 수 있다. 단, 미성년자이거나 생명에 위협이 있는 경우 상담자는 법적 의무를 이행해야 하며, 이때도 신뢰를 해치지 않도록 투명하게 설명하는 태도가 중요하다. 상담은 법과 충돌하는 것이 아니라, 피해자를 보호하고 지지하는 하나의 과정이 되어야 하며, 상담자는 그 경계를 섬세하게 조율하는 안내자가 되어야 한다.

2) 수사 및 조사 절차의 연계

성폭력 사건이 수사 단계로 넘어가면 군사경찰이나 국방부 조사본부가 조사 주체가 된다. 이 절차는 법적 정의 실현을 위한 과정이지만, 피해자에게는 극도의 긴장과 수치심, 무력감을 동반하는 심리적 위기일 수 있다. 상담자는 이런 정서를 사전에 인식하고, "그럴 수 있어요", "당신의 반응은 자연스러운 거예요"와 같은 언어로 불안을 완화시켜야 한다. 또한 진술 과정에서 피해자가 수동적으로 느끼지 않도록 "당신의 말로 괜찮아요"라고 안내하며, 감정과 의미를 주체적으로 표현할 수 있게 지지하는 태도가 필요하다. 상담자는 국방헬프콜(1303), 앱 기반 익명 신고, 성고충전문상담관 등 실질적 지원 체계도 함께 안내해야 한다. 조사와 상담이 분리되지 않고, 피해자의 감정과 결정이 중심이 되는 방식으로 유기적으로 연결되도록 조율하는 것이 상담자의 핵심 역할이다.

3) 피해자 보호체계

군 내에는 성고충상담관, 국선변호인, 심리상담사, 군 병원 등의 공식 지원 체계가 있으며, 필요시 생활관 분리, 임시 전출, 가해자와의 격리, 외부 심리치료 연계 같은 보호 조치도 활용될 수 있다. 상담자는 이 제도들이 존재한다는 사실 자체가 피해자에게 심리적 안정을 줄 수 있음을 인식하고, 요청이 있을 때 정확한 정보를 전달할 수 있어야 한다. 다만 정보 제공은 안내일 뿐 선택의 강요가 되어선 안 된다. "지금 결정하지 않아도 괜찮습니다", "필요할 때 언제든 선택할 수 있어요"와 같은 표현은 피해자의 주도권을 회복하는 데 도움이 된다. 상담자는 알려 주는 것과 결정하도록 유도하는 것을 구분하며, 내담자가 자신의 속도로 회복할 수 있도록 조용히 지지하는 역할에 머물러야 한다. 이러한 태도 자체가 실질적인 보호가 된다.

4) 상담자가 갖춰야 할 법적 지식

군 내 성폭력 상담에서 상담자는 단지 감정적 지지자에 머무르지 않고, 관련 법적 정보에 대한 기본 소양을 갖춘 안내자로서의 역할도 수행해야 한다. 군 조직 특유의 위계와 규율 안에서는, 사건이 어떻게 처리되는지에 따라 피해자의 혼란이나 불안을 줄일 수 있는지가 달라질 수 있다.

상담자가 숙지해야 할 주요 법령에는 다음과 같은 내용이 포함된다.

- 「군형법」: 위력 간음이나 상관에 의한 성폭력 등 군 특수관계를 반영한 조항들이 별도로 명시되어 있다.
- 「성폭력처벌법」 및 「성폭력방지법」: 피해자 진술권, 2차 피해 방지, 심리치료 지원, 상담자의 개입 범위 등에 대한 내용을 포함한다.
- 법적 의무 사항: 미성년자이거나 생명·신체 위협이 우려되는 경우, 상담자는 신고 의무를 지닌다. 또한 피해자의 요청 시 진술 동행이나 정보 안내 등도 가능하지만, 그 범위를 정확히 숙지해야 한다.

상담자가 법적 내용에 혼란을 느낄 경우, 혼자 해석하지 말고 군 법무관이나 외부 전문가와 협력하는 태도가 필요하다. 피해자의 권리를 보호하려는 노력은 감정적 공감과 법적 기반이 균형 있게 작동할 때 더욱 신뢰를 얻을 수 있다. 무엇보다 법은 수단이지 목표가 아니라는 점, 그 중심에는 피해자의 감정과 선택이 놓여야 한다는 사실을 잊지 않아야 한다.

5) 상담자의 실천 원칙

성폭력 상담에서 상담자는 법적 정보 제공자이자 정서적 지지자로서, 균형 잡힌 태도를 유지해야 한다. 어떤 제도나 절차가 가능한지를 안내하는 것은 중요하지만, 그 선택은 피해자의 몫이라는 점이 전제되어야 한다. "이런 선택도 있어요"라는 말은 주도권을 존중하는 표현이지만, "반드시 하셔야 해요"는 다시 통제를 가하는 방식이 될 수 있다. 또한 진술 과정은 피해자에게 사실 확인의 시간이기보다, 또 하나의 심리적 위기로 다가올 수 있다. 상담자는 불안과 긴장을 미리 짚어 주며, 피해자가 자신의 감정을 중심에 두고 정리할 수 있도록 돕는 말과 태도로 동행해야 한다.

무엇보다 법은 회복의 수단이지 회복 그 자체가 아니다. 감정이 다뤄지고 신뢰가 쌓이는 관계 안에서야 비로소 회복이 시작된다. 상담자는 법적 조치를 회복의 가능성 중 하나로 안내하되, 감정적 회복의 흐름을 가장 먼저 고려해야 한다.

6) 시사점

성폭력 피해자를 돕는 상담자는 법과 제도를 이해하고 있어야 하지만, 무엇보다 심리적 동반자로서의 역할을 잊지 않아야 한다. 법적 지식은 선택지를 안내하는 도구이지, 상담의 본질이 아니다. 상담의 목적은 피해자가 다시 선택할 수 있다는 감각을 회복하게 돕는 데 있다. 신고 여부, 진술 방식, 보호 절차 등 모든 결정 앞에서 상담자는 피해자의 주도권을 지지하는 태도를 일관되게 보여야 한다. "당신에게도 선택할 권리가 있습니다"라는 메시지는 말뿐 아니라 관계 속에서 전달되어야 한다. 그렇게 스스로의 삶을 다시 선택할 수 있다는 감각을 회복하는 순간이, 진정한 회복의 출발점이 된다. 상담자는 그 문을 여는 사람이어야 한다.

4. 2차 피해를 막기 위한 상담자의 역할

1) 피해 이후 또 다른 상처, 2차 피해란 무엇인가

성폭력 사건 이후의 고통은 사건 자체에 머물지 않는다. 피해자는 상담자, 지휘관, 동료, 수사기관 등 도움을 줘야 할 사람들의 반응 속에서 또 다른 상처를 경험하곤 한다. 이렇게 회복 과정에서 새롭게 발생하는 심리적·사회적 손상을 '2차 피해'라 한다. 2차 피해는 노골적인 비난이 아니라, 판단이 섞인 질문이나 반복된 확인, 공감 없는 태도에서 자주 발생한다. "왜 그때 말하지 않았나요?", "그 상황에서 빠져나올 수 있었던 거 아닌가요?" 같은 말은 피해자의 자존감을 무너뜨리고, 말하려던 용기를 꺾는다.

더욱이 이런 상처는 때로는 '도와주려는' 조언에서 비롯되기도 한다. 상담자는 자신의 말 한마디, 표정 하나가 내담자에게 어떤 영향을 줄 수 있는지 늘 성찰해야 한다.

피해자를 더 아프게 하는 건 '말할 수 없는 일'이 아니라, '말했는데도 외면당한 경험'이라는 점을 잊지 않아야 한다. 상담자는 바로 그 지점을 막아 주는 중요한 존재이다.

2) 상담 장면 안에서의 2차 피해 가능성

상담자는 자신의 언어, 표정, 침묵, 질문 방식 등 상담 장면의 모든 요소가 피해자에게 영향을 줄 수 있다는 사실을 늘 의식해야 한다. 성폭력 피해자는 극도로 민감한 상태에 놓여 있기 때문에, 상담자의 말 한마디나 고개 끄덕임조차도 "나는 신뢰받고 있는가?"라는 기준으로 해석될 수 있다. "그때 왜 거절하지 않았어요?", "혹시 오해는 아니었을까요?"와 같은 질문은 상황을 파악하려는 의도로 보일 수 있지만, 피해자에게는 책임을 전가받는 느낌으로 다가와 자책과 수치심을 더욱 키울 수 있다. 상담자의 반응이 아무리 의도하지 않은 것이라 하더라도, 피해자에게 그것은 또 하나의 부정적인 해석으로 남는다. 상담실이 안전한 공간이 되기 위해서는, 상담자가 자신의 언어와 태도를 끊임없이 조율하고 점검하는 자세가 필요하다. 피해자가 감정을 억누르지 않고 표현할 수 있도록 정서적 안전을 제공하는 것, 그것이 상담 장면 안에서의 2차 피해를 막는 가장 기본적인 실천이다.

3) 상담의 시작은 '끊지 않음'과 '존중의 태도'

성폭력 피해자가 말을 꺼내기까지는 많은 갈등과 두려움이 동반된다. 상담자는 그 침묵조차 하나의 감정 표현으로 존중하며 기다릴 수 있어야 한다. 피해자의 말은 종종 단절되고 정돈되지 않은 상태로 나오기 마련이며, 상담자는 이를 재촉하거나 해석하려 하지 않고 끝까지 들어주는 태도를 유지해야 한다. "이야기해 줘서 고마워요", "그 말 해 주셔서 정말 용기 있었어요" 같은 짧은 표현은 상담실이 안전한 공간이라는 신호를 줄 수 있다. 무엇보다 피해자가 스스로 말할 수 있다는 경험은 자기결정권 회복의 출발점이 된다. 상담자가 보여 주는 기다림은 단순한 인내가 아니라, 회복을 위한 깊은 지지의 표현이다.

4) 감정 중심 질문으로 공감의 깊이를 만든다

성폭력 피해자는 사건의 사실보다, 그 안에서 느꼈던 감정을 이해받고 싶어 한다. 그러나 상담자들이 사건 파악에 집중하며 "무슨 일이 있었나요?", "언제 일어났나요?"처럼 사실 중심 질문을 먼저 던질 경우, 피해자는 자신이 또다시 심문받는 듯한 느낌을 받을 수 있다. 반면 "그때 어떤 기분이 드셨어요?", "지금 이야기하면서 어떤 감정이 드시나요?"처럼 감정에 초점을 맞춘 질문은 피해자가 자신의 내면을 안전하게 표현할 수 있도록 이끌어 준다. 그 감정이 판단 없이 받아들여질 때, 피해자는 '이해받고 있다'는 깊은 안도감을 경험하게 된다. 감정 중심 질문은 단순한 대화 기법이 아니라, 치료적 신뢰를 세우는 핵심이다. 상담자는 피해자의 표정, 망설임, 눈물 등 모든 반응을 감정의 언어로 존중하며, 그 감정에 함께 머물 수 있어야 한다. 이는 피해자가 다시 자기 자신과 연결되고, 회복의 시작점에 설 수 있도록 돕는 중요한 다리가 된다.

5) 비밀보장의 명확한 안내와 선택권의 회복

상담자는 상담 초기에 비밀보장의 범위와 예외에 대해 분명하게 안내해야 한다. "이야기해 주신 내용은 비밀로 지켜지지만, 생명이나 신체에 위험이 있는 경우에는 보호를 위한 조치가 필요할 수 있어요"라는 설명은 상담자가 신뢰할 수 있는 존재임을 전달하는 출발점이 된다. 이러한 안내는 단순한 정보 제공을 넘어, 피해자가 상담 안에서 다시 '선택할 수 있다'는 감각을 되찾도록 돕는 역할을 한다. "지금 멈춰도 괜찮고, 원하는 만큼만 말해도 돼요"라는 말은 피해자의 주도권을 돌려주는 표현이다. 상담자는 피해자가 더 이상 통제를 빼앗기는 경험을 반복하지 않도록, 말의 흐름과 방식, 속도까지 모두 피해자의 의지에 따라 조율되도록 지원해야 한다. 그런 관계 안에서 비로소 상담실은 안전한 회복의 공간이 된다.

6) 감정에 머무는 상담

성폭력 피해자는 사건 이후 감정이 흐려지거나, 자신이 어떤 감정을 느끼는지조차 인식하기 어려운 상태에 놓이기도 한다. 충격, 불안, 무감각 등이 뒤섞이면서 "그냥 이상했어요"처럼 모호한 말로 감정을 표현하는 경우도 많다. 이때 상담자는 그 말 속에 담긴 정서를 세심하게 읽어 내고, 함께 감정의 언어를 찾아가야 한다. "많이 무섭고 혼란스러웠을 것 같아요", "수치심이나 당황스러움도 느껴지셨나요?"와 같은 표현은 피해자가 자신의 내면을 다시 들여다보는 데 실제적인 도움이 된다. 이 과정은 공감을 넘어서, 피해자가 단절된 감정과 다시 연결되도록 돕는 심리적 정돈의 시간이다. 상담자는 그 흐름을 재촉하지 않으면서도, 말보다 따뜻한 눈맞춤과 기다림으로 감정 표현의 공간을 열어야 한다. 감정의 이름을 찾아가는 이 여정은, 피해자가 자신을 다시 이해하고 품을 수 있도록 이끄는 회복의 첫걸음이다.

7) 상담자의 태도가 회복의 방향을 결정짓는다

결국 2차 피해를 막는 것은 복잡한 기술이나 이론이 아니다. '어떻게 대하느냐'에 대한 문제이며, 사람과 사람 사이의 태도에 관한 것이다. 상담자의 말 한마디, 침묵을 기다리는 시간, 미소와 눈빛, 고개를 끄덕이는 반응 하나하나가 피해자의 신뢰를 지탱하는 버팀목이 될 수 있다. 반대로 그 무엇보다 회복이 필요했던 순간에 판단과 해석이 개입된다면, 피해자는 다시 말문을 닫고 혼자가 되는 고통을 반복하게 된다. 2차 피해는 실수의 문제가 아니라 감수성의 문제이다. 회복의 속도는 피해자의 것이며, 그 속도에 끝까지 함께 걷겠다는 상담자의 태도에서 회복은 시작된다. 피해자의 '용기 있는 말하기'보다 더 중요한 것은, 그 이야기를 끝까지 지켜 줄 수 있는 상담자의 일관된 태도이다. 결국 회복은 말하기가 아니라, 믿어 주는 한 사람과의 관계 안에서 다시 시작된다.

5. 군 내 성 관련 상담 적용 사례

사례: 상급자의 언행으로 고통받은 이병의 성희롱 피해 경험

스포츠 재활학을 전공하며 활발하고 원만한 성격으로 친구들과 잘 지냈고, 군 생활에 대해서도 긍정적인 기대감을 갖고 있었다. 훈련소 생활을 무사히 마친 후 자대 배치를 받았으나, 생활은 예상과 달랐다.

문제는 분대장 일병 A와의 관계에서 시작되었다. A는 진우의 단정한 외모와 조용한 성격을 두고 "이상하게 예쁜 스타일"이라며 성적인 농담을 반복했고, 샤워 중 문을 벌컥 열거나, 스킨십을 시도하는 등 점차 수위를 넘는 행동을 이어 갔다. 진우가 불쾌하다는 반응을 보여도 A는 "남자끼리 이 정도는 괜찮지 않냐"며 오히려 진우를 민감한 사람으로 몰아갔다.

결정적인 사건은 진우가 잠든 밤, A가 그의 이불을 들추고 어깨와 가슴을 더듬으려 한 것이었다. 진우는 자는 척하며 피했지만, 극심한 불쾌감과 공포를 느꼈다. 이후 진우는 A를 피하려 늦게 샤워하고, 식사를 거르며, 점호 시간에도 멍한 표정을 보였다. 소대장이 이를 알아차리고 다가왔지만, 진우는 "컨디션이 안 좋다"며 말을 아꼈다.

그러던 중 어느 날 밤, 생활관 옥상에서 혼자 울고 있는 진우의 모습이 간부에게 발견되었고, 이후 별도 생활공간으로 분리되어 군 상담관의 심리상담을 받게 되었다. 상담에서 진우는 처음으로 자신이 느낀 수치심과 두려움을 털어놓았고, 상담자는 그의 감정을 공감하며 정식 보고 여부를 안내했다. 진우는 신고를 결심했고, 가해자 A는 조사에 회부되었으며, 진우는 현재 보호조치와 상담을 병행하며 회복 중이다.

1) 상담목표

- 성희롱 충격을 완화하고 심리적 안정을 회복한다.
- 안전을 확보하고 재피해 예방 체계를 마련한다.
- 자기 비난을 줄이고 자존감을 회복한다.
- 경계 설정과 자기주장 등 대응력을 키운다.
- 생존자로서 회복적 관계와 삶의 기반을 재구성한다.

2) 상담 개입

진우는 자대 배치 이후 상급자의 반복적인 성희롱으로 인해 수치심, 공포, 혼란을 겪고 있으며, 불면과 대인기피 등 외상 반응을 보이고 있다. 피해 사실을 주변에 알리는 것에 대한 두려움과 자기 비난은 그의 정서적 고립을 심화시켰다. 따라서 상담 초기에는 신체적·정서적 안전 확보와 신뢰 관계 형성이 우선되어야 하며, 이후 피해 경험 탐색, 자기 보호 기술 학습, 관계 회복, 정체성 재정립으로 이어지는 단계적 개입이 필요하다.

(1) 신뢰 관계 형성 및 피해 경험 탐색

군대라는 위계적 구조 속에서 피해를 고발하는 것은 심리적 부담이 크므로, 상담자는 판단 없는 경청과 공감으로 진우가 안전하게 이야기할 수 있는 환경을 조성해야 한다. 성희롱의 구체적인 내용과 그에 따른 정서·신체 반응(예: 수치심, 분노, 불면 등)을 탐색하고, "내가 잘못한 걸까?"와 같은 자기 비난 인지를 확인한다. 피해 상황이 단순한 오해가 아닌 권력과 성적 위계가 작동한 명백한 성희롱임을 상담자가 분명히 인식하고 내담자에게 정서적으로 명료화할 필요가 있다.

(2) 자기 비난 감소 및 보호감 회복

진우는 스스로를 문제의 원인으로 여기며 무력감을 느끼고 있다. 상담자는 이러한 자기 비난 사고를 현실적이고 자기 친화적인 사고로 교정하도록 돕는다. 예) "내가 더 강하게 말했어야 했다" → "그 상황은 내 힘으로 통제할 수 없었다." 이와 함께 경계 설정, 감정 표현, 자기 보호 기술을 지도하고, 작은 성공 경험을 통해 자기효능감 회복을 지원한다.

(3) 안전 계획 수립 및 공식 대응 연계

진우의 안전 확보를 위해 생활반 분리, 간부 동행 샤워, 병사 보호 제도 등을 적용하며, 내담자의 동의하에 공식 신고 절차(지휘관 보고, 군 인권보호관 등)를 안내한다. 필요시 진단서, 진술서 작성 등 실질적 정보를 제공하며, 신고 여부에 상관없이 자기 결정권을 존중하고, '신고하지 않아도 괜찮다'는 감정적 허용을 제공한다.

(4) 관계 회복 및 자율성 강화

성희롱 이후 진우는 대인관계에서 위축되고 상급자에 대한 불신을 보이고 있다. 상담자는 신뢰 회복, 경계 설정, 자기표현 기술을 통해 건강한 관계 재구성을 지원한다. 더불어 진우가 피해자 정체성에 머무르지 않고 생존자 정체성을 받아들일 수 있도록 돕고, 자신의 회복 과정을 스스로 긍정할 수 있도록 재평가한다.

(5) 상담 종결 및 장기적 지원 체계 마련

상담 종결 시점에서는 진우가 자기 보호 기술을 익히고, 조직 내 적응력을 회복했는지를 점검한다. 이후에도 정신건강의학과 진료, 군 상담센터 정기 상담, 신뢰 인물 확보 등 장기적인 지지 체계를 연계한다. 상담자는 진우에게 "이야기할 수 있었던 용기"가 회복의 시작이었음을 상기시키며, 필요시 추후 상담 재개 가능성도 안내하며 마무리한다.

chapter

10 중독 상담

1. 중독의 개념

1) 중독의 정의

중독은 단순한 습관이 아니라 개인의 삶 전반에 영향을 미치는 심리적·행동적 문제이다. 중독이란, 특정 물질이나 행동에 반복적으로 몰입하여 통제력을 상실하고, 이로 인해 일상생활이나 관계에 기능적 손상이 발생하는 상태를 의미한다. 초기에는 일시적인 즐거움이나 스트레스 해소의 수단으로 시작되지만, 점차 반복성과 강박성이 강화되면서 자율적인 조절이 어려워진다. 특히 군 병사들의 경우, 청소년기부터 형성된 중독적 행동이 병영 생활 중 더욱 강화될 수 있다.

2) 물질 중독과 행동 중독

중독은 물질 중독과 행동 중독으로 나뉘며, DSM-5에서는 물질 중독과 더불어 도박을 하나의 범주로 묶어 정의하고 있다(권석만, 2013). 물질 중독은 알코올, 니코틴, 약물, 마약처럼 외부 물질에 대한 의존으로, 내성과 금단 증상이 뚜렷하다. 반면 행동 중독은 게임, 스마트폰, 인터넷, 도박 등 특정 행위에 집착하며 심리적 의존이 중심이 된다. 군에서는 휴대전화를 기반으로 한 디지털 중독이 두드러지며, 상담 주제로 빈번히 다뤄진다. 최근에는 일부 병사들 사이에서 마약류 사용 시도도 보고되며, 물질 중독에 대한 조기 개입의 필요성 또한 커지고 있다. 이 장에서는 군 상담 현장에서 비중 있게 다뤄지는 디지털 행동 중독과, 새롭게 대두되는 마약 중독 문제를 중심으로 살펴보고자 한다.

3) 중독의 핵심 요소

중독은 물질(알코올, 니코틴, 마약 등)과 행동(스마트폰, 도박, 성, 쇼핑 등)으로 구분되며, 다음의 네 가지 공통된 특징을 중심으로 설명할 수 있다. 첫째, 통제력 상실은 중단하고 싶어도 멈추지 못하는 상태다. 둘째, 내성은 만족을 얻기 위해 사용량이나 행동 시간이 증가하는 현상이다. 셋째, 금단 증상은 사용 중단 시 불안, 무기력 등 신체·심리적 불편을 겪는 것이다. 넷째, 기능 손상은 일상생활에서 집중력 저하, 관계 악화 등으로 삶의 균형이 무너지는 상태를 의미한다.

행동 중독에 대해서는 신성만 등(2025)이 제시한 여섯 가지 기준이 있다. 주요 항목으로는 삶의 중심이 되는 활동이 되는 현저성, 기분에 영향을 주는 기분 변화, 더 많은 시간을 요구하는 내성, 행동 중단 시의 불편함인 금단 증상, 대인관계와 내적 갈등을 포함한 갈등, 그리고 반복되는 재발 경향성이 있다.

한편, 마약은 물질 중독의 하위 영역인 약물의 일종이며, 정서와 사고, 인지 및 행동을 왜곡시킨다. WHO(1993)는 마약류를 강한 사용 욕구와 내성, 금단 증상을 동반하며 사회에 해를 끼치는 약물로 정의한다. 정확한 용어는 「마약류 관리에 관한 법률」에 따라 '마약류'로 표현하는 것이 바람직하다.

4) 군 환경에서의 중독 특성

군 조직은 제한된 자율성과 통제된 일상이라는 특수한 환경을 갖는다. 군대에서는 규율과 규칙이 엄격하게 적용되기에 제한된 개인의 자율성과 자유는 병사들에게 스트레스의 원인이 되며, 사회적으로 고립되기 쉬운 환경과 가족과의 단절은 정신건강에 부정적인 영향을 미친다. 또한, 병사들은 대부분 개인 공간이 없는 생활관에서 복무하게 되며 휴식을 취하는 시간에도 집단생활을 하고, 개인적인 시간 활용에도 제약을 받는다. 이렇게 통제된 군대 환경은 개인주의 문화에 익숙한 병사들에게 큰 스트레스 요인이 되며, 병사들은 스마트폰이나 게임, 도박 같은 디지털 활동이나 마약류에 의존함으로써 심리적 보상과 자율성을 회복하려는 경향을 보인다. 특히 사회적 연결 욕구, 정서적 외로움, 감정 회피 경향 등이 높아질수록 정서적 보상으로서 중독 행동은 강화된다.

5) 군 환경 내 중독 상담자로의 역할

상담자는 병사의 중독 행동을 단순한 규율 위반으로 보지 않고, 그 행위가 어떤 정서적 기능을 수행하고 있는지를 이해해야 한다. 또한, 중독은 개인의 의지가 약해서가 아니라, 감정 조절 수단으로 고착된 반복 행동일 수 있음을 이해해야 한다. 예컨대, 상담자는 '왜 그만두지 못했을까?'라는 질책보다는 '그 행동이 어떤 감정을 덮고 있었을까?'와 같이 정서적 기능에 주목하는 질문을 해야 한다. 중독은 종종 감정을 조절하거나 회피하려는 대처 방식으로 사용되기 때문이다.

따라서, 병사의 현재 기능 수준, 회복의 동기, 자기 통찰 가능성을 중심으로 중독의 양상과 심리적 맥락을 이해하고, 회복 가능성을 여는 상담적 접근이 요구된다. 또한, 스트레스 상황은 중독에 쉽게 빠질 수 있는 상태가 되기에 스트레스를 해소하는 것이 근본적인 예방책이 될 수 있다. 이에 중독에 대해 경각심을 주는 것뿐만 아니라 군 생활에서 힘든 상황이 있을 때, 적절한 해결방안을 찾을 수 있도록 안내하는 것이 필요하다.

2. 군 장병 중독 실태와 특성

1) 군 장병의 중독 실태

2018년부터 일부 부대에서 시범 운영된 병사의 휴대전화 사용은 긍정적 효과가 확인되며 2020년 전면 허용되었다(연합뉴스, 2020.08.02.). 이로 인해 병사들의 디지털 콘텐츠 접근성이 크게 높아졌고, 스마트폰 과의존 문제가 군 상담에서 주요 이슈로 부상했다. 과도한 사용은 수면 부족, 감정 조절 어려움, 관계 회피, 훈련 집중력 저하 등 부정적 결과를 초래하며, 높은 의존도는 신체화 · 불안 · 우울 등 심리 증상과도 관련이 깊다(이현엽 외, 2023; 박지수, 2022).

디지털 중독 외에도, 불법 사이버 도박 문제도 심각해지고 있다. 집단 생활 특성상 도박은 빠르게 확산되며, 금전적 손실과 부적응 문제를 유발하고 있다. 실제로 2019년 도박 상담 군인은 전년 대비 3배 증가했고, 최근 5년간 2,129건의 사이버 도박 사례가 보고되었다(매일경제, 2019.10.03.; 서울신문, 2024.09.30.).

마약 문제 역시 확대되고 있다. 최근 5년간 군사경찰이 적발한 마약사범은 89명, 압수량은 1.8kg에 이르며(한국일보, 2024.10.11.), 이에 따라 2024년 7월부터는 모든 입영 대상자에게 마약검사가 의무화되었다. 이는 군 내 중독 문제의 사전 차단과 조기 대응의 필요성이 커지고 있음을 시사한다.

2) 군 장병의 주요 중독 유형

군 장병의 스마트폰, 게임, 영상 콘텐츠 사용 증가로 디지털 매체 과몰입 문제가 상담 현장에서 자주 다뤄지고 있다. 스마트폰 사용 허용 이후 자유 시간에 대한 심리적 의존이 뚜렷해졌으며, 최근에는 입대 전 약물 · 마약 사용 경험이 있는 병사들의 금단 증상이나 재사용 갈망 등 물질 중독 관련 상담도 늘고 있다.

• 스마트폰 과의존

스마트폰 과의존은 사용자가 자신의 목표와 무관하게 스마트폰을 가장 우선적인 활동으로 삼고, 이용을 스스로 조절하지 못하는 상태를 의미한다. 신체적 · 심리적 · 사회적으로 부정적인 결과가 발생함에도 사용을 멈추지 못하며, 현저성 증가와 통제력 저하, 문제적 결과가 반복된다(스마트쉼센터, 2025).

특히 젊은 병사들은 TV보다 유튜브, 틱톡, 쇼츠 등 짧은 영상에 몰입하는 경향이 강하다. 이러한 콘텐츠 과잉 시청은 현실 회피로 이어지고, 스마트폰 사용 제한 시 불안과 짜증, 시간 감각 상실, 대인관계 회피 등의 문제를 유발할 수 있다.

• 인터넷 · 모바일 게임중독

인터넷에서 중독으로 가장 많이 발전하는 유형은 게임중독이라 할 수 있다. 온라인 게임 가운데 가장 중독성이 높다고 알려진 것은 온라인 롤플레잉 게임(MMORPG)이다. 이는 여러 명의 게임 사용자가 동시에 같은 게임에 접속하여 함께 게임하고 채팅과 쪽지를 보내며, 실시간 의사소통을 할 수 있을 뿐만 아니라 아이템 거래 등을 통해 자신의 캐릭터를 성장시켜 나갈 수 있기에 게임의 집중도가 다른 게임보다 훨씬 높아질 수밖에 없는 것이다(신성만 외, 2025). 병사들은 자유 시간 대부분을 게임에 소비하며 게임을 중단할 경우, 분노나 무기력감을 경험하게 된다.

• 인터넷 도박중독

도박중독은 도박으로 인해 가족, 관계, 재정, 사회생활에 문제가 발생함에도 불구하고 스스로 행동을 조절하지 못하는 상태를 말한다(한국도박문제예방치유원, 2025). 도박 자체가 문제가 되지는 않지만, 시간과 금전의 통제를 상실한 반복적 행위는 중독으로 간주된다. 최근 군 장병들 사이에서 게임 중독을 넘어 인터넷 도박중독 사례가 증가하고 있으며, 이는 주요 중독 문제로 주목받고 있다. 신성만 등(2025)은 인터넷 도박중독의 요인으로 접근성과 저비용, 익명성, 현실 회피, 과몰입, 승부에 대한 착각, 연습 기능 등을 제시했다. 비공식 도박 앱이나 사설 사이트를 통한 금전 손실, 은폐, 그리고 2차 범죄로의 연결 가능성도 존재한다. 이러한 위험은 부대 내 확산 가능성이 높아 예방 교육과 상담 개입의 필요성을 더욱 강조하고 있다.

• 마약중독

「마약류 관리에 관한 법률」에 따르면, 마약류는 마약, 대마, 향정신성의약품으로 분류된다. 약리적 특성에 따라 각성제, 진정제, 진통제, 환각제로 나뉘며, 이들은 뇌 신경에 작용해 인지능력 저하, 감정 불안정, 쾌감 상실 등을 유발한다. 중독 시 호흡

정지, 혼수상태, 심장질환, 뇌졸중 등의 신체 손상이 발생할 수 있으며, 금단 증상으로는 통증, 불면, 우울, 공격성, 혈압상승 등이 나타난다. 마약중독은 단순한 습관이 아닌 만성적인 뇌질환이자 물질사용장애로 분류되며, 개인뿐 아니라 가정과 사회에까지 부정적 영향을 미친다(마약청정 대한민국 홈페이지, 2025). 특히 군은 집단생활이라는 특성상 마약 남용 병사가 나타날 경우, 그 주변 환경과 관계에 대한 세심한 관찰이 필요하다.

3) 중독으로 인한 특징

- 감정 조절 수단으로의 고착: 군 병사들은 제한된 환경 속에서 불안, 무기력, 외로움 같은 감정을 해소하기 위해 중독 행동을 활용한다. 이는 단순한 습관을 넘어, 심리적 고통을 다루기 위한 감정 조절 전략으로 기능하며 중독의 반복을 강화시킨다.
- 제한된 선택과 과도한 몰입: 군은 외부 자극이 제한된 구조로, 사용 가능한 자원에 과도하게 몰입하기 쉬운 환경이다. 훈련과 근무로 억눌린 상태에서 자유 시간이 주어지면 한정된 대상에 몰입하며, 이는 중독 행동의 고착을 유도한다.
- 왜곡된 자율성의 표현: 병사들은 통제된 일상에서 중독 행동을 자신이 통제할 수 있는 영역으로 인식하기도 한다. "이건 내가 선택한 것"이라는 심리가 반복적 사용을 정당화하고, 자율성과 자유에 대한 욕구가 왜곡된 방식으로 드러난다.
- 사회적 연결 욕구의 왜곡: 온라인 활동에 의존하며 외부와 연결되려는 시도는 현실 대면 관계를 단절시키고, SNS의 반응에 더욱 민감해진다. 이는 디지털상 존재감에 의존하게 하고, 점차 실존적 고립을 강화시킨다.
- 은폐와 자기 비난의 악순환: 규율 위반에 대한 두려움으로 중독 행동을 숨기고, 이후 죄책감과 자기 비난이 반복되며 정서적 불안정성이 커진다. 병사는 자신을 통제할 수 없다고 인식하며 자기 신뢰를 점차 상실하게 된다.
- 집단 내 전염성과 정상화 위험: 군의 집단문화는 중독 행동의 확산을 촉진한다. 일부 병사들은 소속감을 얻기 위해 이를 모방하며, 중독 행동이 '당연한 일'처럼

받아들여질 가능성도 있다.

- 조직 적응 저하: 중독은 수면, 식사, 훈련 태도 등 전반적 기능을 약화시키고, 복무 동기 및 자기효능감을 떨어뜨린다. 이는 상관이나 동료와의 갈등으로 이어지며 군 조직에 대한 신뢰 저하로 확장될 수 있다.
- 마약중독의 자기 파괴성: 일부 병사들은 입대 전 마약 사용 경험이나 복무 중 재사용 충동을 겪으며, 일반 중독과는 다른 복합적 고통을 호소한다. 마약은 감정을 마비시키는 회피 전략이자, 자기 파괴적 감정조절 수단으로 기능한다.
- 강한 내성과 통제력 상실: 마약은 빠른 내성 형성과 의존성을 유발하며, 중단 시 심리·신체적 고통을 동반한다. 병사는 통제력을 상실한 존재로 스스로를 인식하며 중독 상태가 더욱 심화된다. 마약은 자율성과 판단력을 약화시켜 일상 기능을 전반적으로 저해한다.

4) 군 조직 내 중독 문제에 대한 관점

중독은 개인의 의지 부족보다는 감정 조절 전략의 부재로 인해 나타나는 정서적 대응의 한 형태로 볼 수 있다. 특히 군 환경에서는 제한된 자율성과 통제 구조가 심리적 긴장을 높이며, 이로 인해 중독 행동이 심화되기 쉽다.

중독 여부는 단순한 사용 시간이나 빈도가 아닌, 사용 목적, 기능 손상, 통제력 상실 여부 등 심층적 기준으로 평가되어야 한다. 문제 해결은 단속이나 징계보다 심리적 이해와 회복 중심의 접근이 효과적이며, 상담자는 병사의 자율성과 내면의 필요를 함께 고려한 개입이 필요하다. 군 조직은 예방 교육과 상담 시스템을 함께 운영하여 병사들이 자기 이해와 회복 동기를 갖고 중독에서 벗어날 수 있는 실질적 지원체계를 마련해야 한다.

3. 중독 선별 및 평가

1) 중독 선별의 필요성

중독은 조기에 발견하고 개입해야 재발의 위험성을 줄이고, 회복 가능성을 높일 수 있다. 단순히 '많이 사용한다'는 이유만으로 중독으로 판단하기는 어렵다. 통제력 상실, 일상 기능 손상, 감정적 의존 여부, 내성, 금단 증상 등 질적인 요소를 파악하는 것이 중요하다. 조기 개입을 위해서는 신속하고 신뢰도 있는 선별 도구의 활용이 필수적이다.

2) 주요 선별 도구

• 스마트폰 과의존 척도 ※부록 참고※

한국지능정보사회진흥원에서 2016년에 개발하였고, 유아용 관찰자, 청소년, 성인 및 고령층용으로 분류되어 있다. 총 10문항에 리커트 4점 척도로 이루어졌으며, 조절 실패, 현저성, 문제적 결과의 3가지 하위 요인으로 구성되어 있다. 성인용 척도에서는 점수에 따라 일반 사용자군(23점 이하), 잠재적 위험 사용자군(24점 이상~28점 이하), 고위험 사용자군(29점 이상)으로 분류할 수 있다.

• 인터넷 중독 자가진단 척도 ※부록 참고※

한국정보화진흥원(2011)은 리커트 4점의 15문항으로 구성된 인터넷 중독 척도를 개발하였다. 척도는 금단, 내성, 일상생활장애, 가상세계지향성의 4가지 하위 요인으로 구성되어 있다. 성인용 척도에서는 점수에 따라 일반 사용자군(38점 이하), 잠재적 위험 사용자군(39점 이상~41점 이하), 고위험 사용자군(42점 이상)으로 분류할 수 있다.

• 게임이용장애 선별척도(IGD-20) ※부록 참고※

IGD-20(Internet Gaming Disorder Scale-20)은 미국정신의학회 DSM-5의 인터넷 게임

장애 진단기준을 기반으로 개발된 게임이용장애 선별척도이다. 인터넷 게임 사용자의 문제적 게임 행동 및 장애 수준을 평가하기 때문에 군 장병이나 청소년 등에서 게임중독 문제를 객관적으로 파악하는 데 유용한 도구로 활용될 수 있다. 이 척도는 몰입, 기분 변화, 내성, 금단 증상, 사회적 갈등, 재발 및 손상 등 6개 요인으로 구성되어 있다. 점수에 따라 비문제 사용자(49점 이하), 중간 위험군(50~70점), 고위험군(71점 이상)으로 분류할 수 있다.

• 도박문제 선별검사(CPGI) ※부록 참고※

CPGI(Canadian Problem Gambling Index)는 성인 도박문제를 선별하기 위한 대표적 도구로서 일반 인구 집단에서 도박 관련 문제의 위험군을 식별하기 위한 목적으로 개발되었다. CPGI는 총 31개 문항으로 구성되며, 이 중 핵심적인 9개 문항으로 요약된 것이 PGSI(Problem Gambling Severity Index)로 현재 대표적인 선별도구로 활용되고 있다. 9개 문항의 주요 내용은 도박 관련 행동빈도, 재정적 문제, 부정적 정서 경험, 타인에게 미치는 영향으로 구성되며, 점수에 따라 문제없음(0점), 저위험군(1~2점), 중간 위험군(3~7점), 고위험군(8점 이상)으로 해석할 수 있다.

• 한국형 마약류 중독선별도구 ※부록 참고※

한국형 마약류 중독선별도구(Korean Drug Addiction Screening)는 마약류 사용 경험과 그에 따른 사용장애 수준을 스스로 진단하고 파악하여 적절한 교육과 상담으로 이어질 수 있도록 하기 위해 개발된 자가진단 검사이다. 총 11문항으로 구성되어 있으며, 점수에 따라 문제없음(0~1점), 약한 수준(2~4점), 마약류 사용장애(5~11점)로 해석할 수 있다(마약청정 대한민국 홈페이지 자가진단 참조).

위에 제시된 선별도구들은 짧고 간편한 문항으로도 고위험군을 선별할 수 있어 상담 초기 스크리닝 도구로 활용된다. 그러나, 자기 보고식 검사가 갖는 한계로 사회적 바람직성 응답으로 편향될 가능성이 있기에 무엇보다 해석에 주의해야 한다.

• 그 외 마약류 선별검사

마약류 중독자의 군 유입을 차단하기 위해 선별 검사가 강화되고 있다. 기존에는 복용 경험이 있거나 의사의 판단에 따라 제한적으로 검사했으나, 최근 사회적 마약 문제 확산과 군 내 사고 예방 필요성이 커지면서, 병무청은 입영판정검사 대상자 전원에게 마약 검사를 의무화하였다(병무청, 2024).

현역병도 매년 1회 불시 마약 검사를 받으며, 검사는 소변을 이용한 키트 방식으로 진행된다. 검사 항목은 필로폰, 코카인, 아편, 대마초, 엑스터시, 벤조디아제핀, 케타민 등 총 7종이다. 이는 군의 안전과 기강 유지를 위한 선제적 조치로 시행되고 있다.

3) 선별검사 결과 해석 시 주의 사항

선별도구는 진단도구가 아니다. 점수는 단서일 뿐이며, 점수가 높다고 해서 반드시 병리적 중독은 아니다. 중독이 아닌 회피 전략일 수도 있기 때문에, 현실 스트레스에서 벗어나려는 일시적 자기방어 수단인지 반드시 평가할 필요가 있다. 또한, 병사가 자기 인식 없이 응답하는 경우도 있으므로 상담자는 임상적 평가와 면담을 병행해야 하고, 검사 결과는 병사의 환경, 감정 상태, 최근 스트레스 요인을 함께 고려하여 해석해야 한다.

4) 평가 시 상담자의 역할

선별검사로 병사를 판단하거나 낙인을 찍기 위한 수단이 되어서는 안 되며, 병사의 삶을 이해하는 출발점으로 활용해야 한다. 선별검사 실시 전에 “이것은 당신을 평가하기 위한 검사가 아닙니다”라는 안내는 필수이며, 점수보다 “이 결과가 당신 삶에 어떤 영향을 주는지를 함께 살펴보자”는 태도로 접근해야 한다. 검사결과를 통해 병사의 이야기를 경청하며 함께 해석하는 과정이 무엇보다 중요하다. 고위험군은 단기 개입보다 정서 조절력 향상과 관계 회복 중심의 중기 상담으로 계획하는 것이 적합하며, 반드시 정기적 재평가와 피드백, 면담이 병행되어야 한다. 또한, 마약은 개인의 의지만으로는 고치기 어렵기 때문에 재활치료를 병행할 수 있도록 반드시 안내해야 한다.

4. 중독 상담 접근법

1) 상담 개입

• 동기강화상담(MI, Motivational Interviewing)

동기강화상담은 내담자의 변화에 대한 양가감정을 존중하면서, 스스로 변화의 동기를 발견하고 강화하도록 돕는 접근이다. 변화에 대한 저항이나 무동기를 상담자가 해결하려 하기보다, 공감과 반영, 개방형 질문을 통해 병사가 스스로 문제 인식을 확장하도록 유도한다. 상담자는 지시보다 자율성과 자기결정권을 강조한다. 이로 인해 병사는 외부 지시가 아닌 내적 동기로 변화를 선택하게 되고, 중독 행동에 대한 자기통찰과 회복 동기를 강화할 수 있다.

〈상담자의 질문〉: "고칠 필요성을 잘 모르겠다"는 병사에게
"지금 상태가 계속되면, 어떤 점이 힘들어질 수 있을까요?"
"이 상태가 6개월 뒤에도 그대로라면, 어떤 점이 가장 걱정되나요?"

• 수용전념치료(ACT, Acceptance & Commitment Therapy)

단순한 중독 억제보다는 중독을 감정 회피 전략으로 바라본다. 수용전념치료는 내담자가 문제를 회피하지 않고 수용하면서 현재 순간에 머물도록 유도하며, 병사에게 삶의 방향성과 가치에 집중하게 하여 중독 이외의 삶의 의미를 회복하게 한다.

〈상담자의 질문〉: "불안해서 게임을 한다"는 병사에게
"이 행동이 당신이 원하는 사람으로 살아가는 데 어떤 영향을 주고 있나요?", "지금 스마트폰을 내려놓는 것이 당신이 중요하게 여기는 가치를 지키는 일이라면, 할 수 있을까요?"

• 자기자비 기반 상담(Self-compassion Focused Therapy)

중독으로 인해 자기 비난이 심한 병사들이 반복된 실패를 통해 '나는 안 된다'는 신념을 갖게 되는 것을 방지하는 데 유익하다. 중독 재발 후 "나는 역시 실패자야"라고 말하는 병사에게 자기 비난의 자동화된 생각을 멈추고 "실수를 할 수도 있다. 실수도 경험이다"라는 태도로 재구성할 수 있도록 돕는다. 자기자비 기반 상담은 상벌 중심의 군 환경에서 자기 비판이 강한 병사들에게 정서적 회복을 제공한다는 점에서 실수나 반복된 실패 속에서도 자기 이해, 인간의 공통성 인식, 마음챙김을 통해 자신을 따뜻하게 대하는 법을 학습하게 돕는다.

〈상담자의 질문〉: "내가 또 게임을 했다"라는 병사에게
"이 상황을 나무라는 대신, 당신을 이해해 주는 말로 다시 표현한다면 어떤 말이 될까요?", "자기 자신에게 조금 더 따뜻하게 대한다면, 어떤 행동을 할 수 있을까요?"

• 정서조절 기반 상담(Emotion Regulation Focused Counseling)

중독은 충동의 문제가 아니라 '자기 감정 인식과 감정 조절 능력 부족'의 결과로 볼 수 있다. 중독 행동을 멈추는 것보다 먼저, 병사가 무슨 감정을 느끼고 있는지를 알게 하는 것이 핵심이다. 또한, 중독 이전에 어떤 감정이 있었는지를 탐색하고, 감정 명명 훈련과 스마트 기기 대신 감정을 풀 수 있는 행동을 모색하는 감정 - 행동 간 거리두기를 통해 충동적 행동을 조절하는 능력을 강화한다. 이는 감정 표현이 억제된 병사들에게 감정을 인식하고 표현하는 데 유용하다.

〈상담자의 질문〉: "짜증 날 때마다 도박 앱을 켠다"는 병사에게
"짜증이란 표현 대신 감정에 이름을 붙인다면 어떤 단어가 적절할까요?"
"지금 감정과 잠시 거리를 둘 수 있는 생각이나 활동은 무엇일까요?"

• 내러티브 중독 상담(Narrative Therapy for Addiction)

중독된 자아가 자신의 정체성 전체로 여기지 않도록 돕고, 그동안의 경험을 재구성하여 회복된 자아에 대한 서사를 스스로 말할 수 있도록 유도한다. 즉, 병사의 중

독된 정체성을 다른 이야기로 재구성하는 접근이라 할 수 있다. "나는 도박하는 사람이다"라는 자기정체성에서 중독을 유발한 시기, 감정, 사건들을 스토리로 구성하여, "과거엔 도박에 의존했지만, 지금은 다른 선택을 하려는 사람이다"로 전환할 수 있도록 촉진한다. 특히, 과거의 문제 행동으로 자기 낙인을 형성한 병사에게 회복된 자아, 변화의 주체로 다시 서술하게 하는 내러티브 접근은 유용하다. 상담자는 새롭게 변화된 서사를 병사 스스로 말할 수 있도록 조력해 나간다.

〈상담자의 질문〉: "나는 스마트폰 중독자다"라는 병사에게
"당신은 지금 '중독된 나'로 이야기하고 있는 것 같아요. 만약 '중독 이전의 나'가 말을 한다면, 뭐라고 말할까요?"
"당신을 '중독자'가 아닌 '회복을 선택한 사람'이라고 부른다면, 그 사람은 어떤 선택을 할까요?"

최신 이론은 단순한 중독 억제가 아닌 감정, 가치, 인지, 정체성까지 통합적으로 접근한다. Z세대 병사는 금지보다 이해와 존중에 반응하며, 상담자는 고정된 이론보다 병사의 맥락과 자원을 고려해 유연하게 개입해야 한다. 단기 목표는 행동 통제지만, 장기적으로는 자기 이해와 회복 동기를 높여 자율성과 자기효능감을 회복하도록 돕는 것이 중요하다.

2) 상담자가 고려해야 할 사항

중독 상담에서 상담자는 '왜 그렇게 할 수밖에 없었는지'를 이해하려는 태도를 가져야 한다. 중독은 감당하기 힘든 감정을 피하기 위한 병사의 생존 전략일 수 있으며, 단순한 규율 위반이나 도덕적 결함으로 보아서는 안 된다. 따라서 "왜 그만두지 못하냐"는 질책보다, 그 행동이 숨기고자 한 감정을 탐색하는 접근이 더 중요하다. 또한 상담은 지시나 통제보다 자율성과 선택권을 존중하는 방식으로 이뤄져야 하며, 점수보다는 병사의 심리 · 사회적 맥락을 함께 이해하려는 노력이 필요하다. 동일한 결과라도 해석은 개인마다 다를 수 있기에, 숫자보다 그 뒤에 있는 이야기에 집중해야 한다.

상담자가 중독을 문제 삼거나 평가하는 태도보다는, 병사의 감정에 공감하고 회복 가능성을 지지하는 자세가 병사의 참여를 유도한다. 아울러 도덕적 판단이나 선입견에서 벗어나 자신의 감정을 점검하는 상담자의 자기 성찰도 필수적이다.

5. 중독 예방 및 프로그램

중독 예방은 단순히 '사용을 금지'하는 것이 아니라, 병사 스스로 감정을 인식하고 사용의 의미를 자각하며 자기조절력을 기를 수 있도록 돕는 데 초점이 있어야 한다. 이를 위해 예방 교육은 경고나 제한보다는 자율성과 자기통제를 회복하는 성장 중심의 접근으로 설계되어야 한다.

1) 디지털 매체 중독 예방의 핵심 구성 요소

- 디지털 리터러시 교육: 디지털 플랫폼이 사용자 행동에 어떤 영향을 미치는지를 이해하도록 돕는 교육이다. 자동 재생, 알림, 보상 시스템 등 몰입을 유도하는 장치를 비판적으로 인식하고, 병사가 주체적으로 디지털을 사용할 수 있는 관점을 형성한다.
- 감정 조절 훈련: 스트레스나 외로움 등 중독을 유발하는 감정을 인식하고, 반응을 조절하는 능력을 기른다. 감정 - 행동 사이의 '멈춤', 감정 명명, 심호흡 · 걷기 같은 안정 기법을 통해 대응력을 높인다.
- 사용 습관 점검 활동: 디지털 사용과 감정 상태의 연결을 자각하게 하는 활동이다. 사용 시간, 당시 감정, 사용 후 느낌 등을 기록하며 자신의 사용 패턴과 감정 반응을 스스로 인식하게 한다.
- 중독 대체 활동 제공: 병사 개개인의 성향과 관심을 반영한 몰입 활동을 제안하여 중독 행동을 대체한다. 운동, 글쓰기, 자연 관찰 등은 감정 해소와 자기효능감 회복에 도움이 되는 정서적 대안이 될 수 있다.

2) 디지털 매체 중독 예방 및 프로그램 ※부록 참고※

중독 예방은 병사들이 자신의 감정과 습관, 욕구를 인식하고 삶의 균형을 회복할 수 있도록 돕는 심리교육적 접근이어야 한다. 예방 프로그램은 일회성보다 4~5회기 이상으로 구성하는 것이 효과적이며, 병사의 참여를 높이기 위해 생활 밀착형 운영과 간부 협조 체계가 필요하다. 또한 간부와 리더를 위한 별도 오리엔테이션을 통해 중독에 대한 이해와 지도 방법을 공유해야 한다. 집단상담은 비교나 경쟁보다 공감과 자기 이해를 촉진하는 방식으로 진행하며, 평가와 피드백이 포함된 구조를 통해 병사의 자기 성찰을 이끌어야 한다.

3) 약물중독 예방의 핵심 구성 요소

- 정확한 정보 제공: 마약류의 종류, 작용, 부작용, 법적 처벌 등을 근거 중심으로 설명해 병사의 정확한 이해를 돕는다.
- 자기 인식 및 감정 조절: 약물 사용의 심리적 원인을 이해하고, 감정 인식 및 조절 기술(예: 심호흡, 감정 명명 등)을 훈련한다.
- 또래 압력 대처 능력: 실제 상황에서 거절할 수 있는 표현력과 대처 기술을 익히도록 역할극 등을 활용한다.
- 대체 활동 및 자기효능감 강화: 운동, 창작, 독서 등 긍정적 활동을 통해 만족감과 통제감을 회복하고 약물 유인을 줄인다.

4) 약물중독 예방 전문기관

군 장병의 약물중독 예방 및 회복을 위해 민간 및 공공 전문기관과의 연계는 필수적이다. 약물 사용 이력이 있거나 중독 위험군으로 확인된 병사에게는 조기 선별과 전문기관 연계를 통해 지속적인 개입이 이루어져야 하며, 다음과 같은 기관을 활용할 수 있다.

◎ 마약청정 대한민국(홈페이지: nodrugzone.mfds.go.kr)

2024년 식품의약품안전처가 개설한 범정부 마약예방 플랫폼

마약류에 대한 올바른 정보제공과 교육 및 상담을 지원

온라인 교육, 오프라인 교육, 전화 및 대면상담

자가진단 테스트(마약류 중독 위험성 자가 평가 지원)

마약류 관련 최신 자료 및 범정부 보도자료, 정책 정보 제공

웹툰·카드뉴스·포스터·리플렛 등 다양한 콘텐츠 활용 정보제공

가상현실(VR) 플랫폼을 활용한 메타버스 교육

◎ 한국마약퇴치운동본부(홈페이지: drugfree.or.kr)

약물 오남용 예방교육, 중독자 및 가족 상담, 지역사회 캠페인 운영,

'용기 한걸음 1342' - 365일 24시간 전화상담 운영

'함께 한걸음 센터' - 마약류 중독재활 센터 운영

병사 활용 방안: 예방교육 강사 초청, 전화상담 연계, 프로그램 참여 등

6. 중독 상담 적용 사례

사례 1: 일과 후 스마트폰 사용에 과도하게 몰입한 병사

기훈(가명)은 입대한 지 7개월 된 일병으로, 평소 조용하고 말수가 적은 병사였다. 특별한 사고나 문제 행동은 없었지만, 일과 외 시간 대부분을 스마트폰 사용에 몰입하며 지내는 모습을 보였다. 군에서는 병사 개인 스마트폰 사용이 일과 후 3시간으로 제한되어 있었지만, 기훈은 이 시간을 하루 중 가장 기다리는 시간이라며 "그때만 살 것 같다"라고 말하곤 했다.

간부의 지시에 성실하게 따르는 편이었지만, 점차 훈련과 근무 시간에는 무기력해 보이거나 멍하게 앉아 있는 일이 많아졌고, 동료들과의 대화도 거의 없었다. 생활관 동기들은 "기훈이는 스마트폰 할 때만 진짜 살아 있는 사람 같다"라고 농담처럼 말했지만, 시간이 갈수록 그는 식사 시간에도 휴대폰만 생각하며 불안해하는 모습을 보였다.

문제는 휴대폰 사용 시간이 끝난 이후였다. 기훈은 자주 침상에 누워 한숨을 쉬거나 이불을 뒤집어쓴 채 말을 걸어도 반응하지 않았고, 휴대폰 반납 직후 갑자기 짜증을 내

거나 생활반 청소, 단체 활동에도 소극적으로 반응하는 일이 많아졌다. 특히, 휴가를 앞두고는 "나가면 하루 종일 유튜브만 보고 싶다"는 말을 반복했고, 병사들과 함께하는 활동에는 거의 참여하지 않으려 했다.

생활관 선임이 이러한 변화를 중대장에게 보고했고, 기훈은 군 상담관과의 상담을 연계 받게 되었다. 초기 면담에서 기훈은 "여기선 아무 하고도 진짜 얘기할 수 없어요. 그냥 폰 보고 있으면 시간이 빨리 가요"라고 말하며, 자신에게 스마트폰은 유일한 위안과 탈출구임을 표현했다.

1) 상담 목표

- 스마트폰 사용에 대한 정서적 의존을 이해하고, 불안을 완화한다.
- 사용 패턴과 심리적 기능을 파악하여 과몰입의 원인을 탐색한다.
- 감정 표현과 스트레스 해소를 위한 대체 전략을 개발한다.
- 동료 및 조직 내 관계 회복을 통해 고립감을 줄인다.
- 일과 후 시간을 건강하게 활용할 수 있는 자기조절 능력을 향상시킨다.

2) 상담 개입

기훈은 일과 후 주어진 시간을 스마트폰 사용에 강하게 몰입하며, 사용 종료 후 심한 짜증, 무기력, 대인기피를 보이고 있다. 이는 단순 습관을 넘어, 정서적 회피와 소속감 결여를 보완하는 도구로 기능하고 있었다. 상담을 통해 기훈이 느끼는 심리적 결핍을 인식하고, 스마트폰 외의 자원을 회복할 수 있도록 단계적으로 개입한다.

(1) 신뢰 형성 및 스마트폰 사용 기능 탐색

초기 상담에서는 스마트폰에 대한 기훈의 '집착'이 아니라, 그것이 어떤 정서적 기능을 하고 있었는지를 공감적으로 탐색한다. "스마트폰 보는 동안만 마음이 편하다", "밖에서 친구랑 채팅할 때가 진짜 나였다"는 진술을 통해, 스마트폰 사용이 현실 회피와 자기 위안의 수단임을 확인한다. 상담자는 이를 문제로 단정하지 않고, "기훈 씨에게 스마트폰은 어떤 역할을 해 온 것 같나요?"와 같은 질문을 통해 내면적 기능에 대한 자기 이해를 유도한다.

⑵ 감정 표현 훈련과 정서 인식 확대

기훈은 평소 감정을 잘 표현하지 않고, 불편한 상황에서 침묵하거나 스마트폰으로 전환하는 패턴을 보인다. 상담자는 감정 어휘 목록, 감정 일기 쓰기, 상황 - 감정 - 반응 연결하기 등의 활동을 통해 자신이 느끼는 감정을 인식하고 말로 표현하는 연습을 시작한다. "짜증이 나서 폰을 보고 싶었다"는 말 이면에 있는 실망감, 외로움, 피로감 등을 언어화하도록 도우며, 정서적 긴장 해소를 스마트폰 외의 다른 방법으로 경험하게 한다.

⑶ 사용 패턴 점검과 자기조절 전략 수립

기훈과 함께 하루 중 스마트폰을 생각하거나 기다리는 시간이 언제, 어떤 상황에 반복되는지를 구체적으로 점검하고, 그 시간에 스마트폰 대신 실행할 수 있는 '미니 루틴'을 설계한다. 예를 들어, "스마트폰 반납 후에는 침상으로 직행" → "사용 종료 후엔 생활관 한 바퀴 걷기", "점호 전 짧은 독서나 쓰기" 등 스마트폰 사용의 목적이 '휴식'이라는 점에 주목하여 대체 가능한 짧은 자기돌봄 활동을 함께 탐색한다.

⑷ 대인관계 거리 조정과 관계 회복

생활관 동료들과의 거리감은 기훈의 고립감과 스마트폰 의존을 강화시키는 요소였다. 상담자는 '친해지기'가 아니라 '불편하지 않게 지내기'라는 현실적 목표를 설정하고, 작고 실현 가능한 세부 목표로 단계적 대인관계 접근 전략을 시도한다. 예를 들어, "먼저 인사하기", "식사 중 한 마디 건네 보기", "공통된 관심사 찾기" 등을 시도할 수 있다. 또한, 소속감을 회복하기 위한 중대 내 활동(체력 단련, 공동 작업 등)에도 기훈이 스스로 참여를 선택할 수 있도록 격려한다.

⑸ 자기효능감 강화 및 유지 전략 수립

후기 상담에서는 기훈이 달라진 자신의 반응과 작은 성공 경험을 스스로 인식하도록 유도하고, "예전에는 스마트폰이 없으면 아무것도 못 할 줄 알았는데, 요즘은 다른 걸 해도 시간이 간다"라는 인식을 강화한다. 상담 종결을 앞두고는 스마트폰 사용에 대한 자기 규칙 정하기, 불안감이 올라올 때 사용할 수 있는 정서적 안정 전략 정리, 재중독 경향 감지 시 대처 방법 설정 등을 함께 계획한다.

사례 2: 부대원들과 함께 도박을 하다 적발된 병사

호용(가명)은 고등학교에 다닐 때 도박을 시작했다. 군에 입대한 후에도 휴대전화 사용이 허용되는 일과 후에 온라인 도박을 했다고 한다. 호용이 스마트폰으로 도박하는 모습을 본 동료 부대원들도 하나둘 동참했다. 입대 후 생긴 나라사랑카드와 결제를 위해 만든 본인 명의의 계좌 덕에 온라인 도박 판돈 충전 비용 송금과 결제가 자유로웠다.

그는 이등병 때부터 받은 월급을 모두 도박으로 탕진했다고 한다. 가끔 돈을 따서 목돈이 생기면 휴가 때 유흥비로 쓰고, 남은 돈으로 또 베팅을 했다. 생활관에서 도박하는 시간은 점점 더 길어졌고, 온라인 도박에 빠진 호용과 동료들의 상황은 곧 간부의 귀에 들어갔다. 결국 부대에서 조사가 시작됐고, 이를 알게 된 간부는 호용에게 중독 상담을 받을 것을 권유했다. 이에 마지못해 호용은 상담실에 내방하게 되었다.

1) 상담 목표

- 도박 행동에 내재된 심리적·행동적 기제를 이해한다.
- 도박의 부정적 결과(금전 손실, 대인관계 영향, 규율 위반 등)를 인식하게 한다.
- 도박에 대한 왜곡된 신념 및 기대를 교정한다.
- 충동적 행동을 조절할 수 있는 전략을 개발한다.
- 집단 내 영향력 및 관계망 속에서의 행동 변화를 유도한다.
- 재도박 방지를 위한 고위험 상황 관리 및 대체 활동을 계획한다.

2) 상담 개입

호용은 고등학교에 다닐 때부터 도박에 빠졌고, 군에 입대한 뒤 휴대전화 사용이 허용된 일과 후에도 온라인 도박을 하고 있다. 문제는 호용의 도박 행위를 본 부대원들이 도박에 동참하게 되면서 도박은 개인의 문제를 넘어 부대 내 문제로 확대되었다. 월급을 탕진하고, 도박으로 딴 돈은 유흥비와 다시 도박에 투자하면서 호용은 도박에 몰입하는 시간이 길어지고 있다. 상담을 받으러 왔지만, 자신의 문제를 인식하지 못하고 있기에 상담을 통해 도박이 자신과 타인에게 미치는 부정적인 결과를 인식하게 하고, 충동적인 행위를 조절할 수 있도록 단계적으로 개입한다.

(1) 도박의 기능 및 심리적 기제 탐색

호용에게 도박이 단순 오락인지, 현실 회피, 통제감 회복, 우울감 보상 등의 정서적 기능을 수행하고 있는지를 탐색한다. 상담자는 "처음 도박을 시작하게 된 계기와 그때 어떤 기분이 들었는지 기억이 나세요?"라는 질문을 통해 '돈을 딸 때'가 아니라 '잃은 후 다시 베팅할 때'의 심리 상태에 주목해 내적 갈등을 인식하도록 유도한다.

(2) 인지적 재구조화(도박 신념 교정)

"오래 하면 언젠가는 딴다", "운이 따라 주면 된다"와 같은 비합리적 신념에 대해 살펴보고, 현실에 맞는 검토를 통해 교정을 한다. 예를 들어, 이득보다 손실 확률이 높다는 수치를 기반으로 설명하고, "다른 사람들은 당신을 어떻게 바라볼 것 같나요?"와 같은 질문으로 자기 경험을 타인의 시각으로 돌아보게 한다.

(3) 금전 사용 점검과 도박 회복 일지 작성

최근 3개월간 도박과 관련된 지출 내역을 점검한다. 기억을 회상하거나, 월급의 흐름을 함께 추적하여 그동안 관리되지 못했던 자신의 금전 사용을 돌아볼 수 있도록 돕는다. 또한, '내가 딴 돈'이 진짜 남았는지, '일상에서 사라진 비용'을 수치로 정리하거나 대차대조표를 만드는 것도 도움이 된다. 호용이 도박 충동이 발생하는 시간대, 상황, 감정 등을 일지로 작성하면서 시각화할 수 있도록 한다.

(4) 충동 조절 훈련 및 고위험 상황 탐색

도박에 대한 갈망이 오는 순간, 예를 들어 "혼자 침상에 있을 때 유튜브 도박 광고를 보는 순간" 등 고위험 상황의 사례를 보다 구체화하여 탐색한다. 또한, 그 상황에서 적용할 수 있는 STOP 기법, 딴생각 전환 활동, 간단한 이완훈련, 신체활동, 물 마시기 등 쉽게 적용할 수 있는 다양한 방법들을 함께 모색한 뒤 스마트폰 사용 전 루틴 행동으로 계획한다.

(5) 대인관계와 집단 내 역할 인식 재정립

도박은 개인만의 문제가 아닌 공동체의 문제로 발전할 수 있음을 인식하고, "내가 하니까 다른 애들도 시작했다"라는 부분을 책임이 아닌 영향력의 관점에서 접근할 수 있도록 돕는다. 이에 "이제 내가 끊는 모습을 보여 줄 수 있다"라는 긍정적인 영향력을 회복할 수 있도록 격려한다.

(6) 재도박 방지를 위한 유지 전략 수립

상담 종결 전 '재도박 위험 상황'을 리스트화하여 위험 상황을 예측해 보고, 이에 맞는 행동 시나리오를 작성한다. 이때, 대체 활동으로 할 수 있는 목록도 함께 점검하고, 현실적으로 몰입이 가능한 활동을 연계하여 지속적으로 유지할 수 있도록 전략을 마련한다.

chapter

11 군 가족상담

1. 군 가족의 특성과 생활환경

1) 군 가족이란

군 가족은 군인의 직무 특성과 밀접한 영향을 주고받는 배우자, 자녀, 부모 등의 심리・사회적 단위를 의미한다(강석우, 2024). 이들은 반복적인 이사, 장기적인 부재, 사회적 고립, 위계 질서의 가정 내 영향 등으로 인해 민간 가족과는 다른 삶의 양식을 경험한다. 잦은 인사 발령으로 인한 별거 생활은 가족 간의 거리감을 키우고, 그로 인한 정서적 긴장도 지속된다. 또한 불규칙한 근무 일정은 가족 구성원의 일상과 자율성을 제한하며, 가정 내에서 정체성과 역할에 대한 혼란을 야기할 수 있다. 이런 특수한 환경 속에서 군 가족은 군인의 정신적 안정과 직무 수행에 핵심적인 지지 기반이 되며, 조직 유지의 중요한 축으로 기능한다. 따라서 군 가족을 이해하고 지원하는 전문적 접근이 필수적이다(이정원 외, 2012).

2) 군 가족의 주요 특성

• 이동 잦은 생활: 이동성과 주거 안정성의 충돌

군 조직의 순환 전출과 임시 배속은 가족에게 지속적인 환경 변화와 적응을 요구한다. 자녀의 전학, 배우자의 경력 중단, 사회적 관계 단절 등은 반복되는 이사와 함께 가족의 정서적 안정성과 정착을 어렵게 만든다. 특히 군 자녀는 이동 시기에 따라 또래 상실이나 정체감 혼란을 겪을 수 있어, 발달단계에 맞춘 사전 상담 개입이 중요하다.

• 군 조직 중심의 생활 구조: 위계적 일정에 따른 생활 구조 특성

군 조직의 명령과 일정은 가족의 일상에 깊은 영향을 미친다. 훈련이나 파병 등으로 가족과의 시간이 제한되며, 배우자는 양육과 생계 책임을 홀로 감당해야 하는 상황이 잦다. 이는 역할 불균형과 심리적 과부하로 이어지며, 군인의 피로와 스트레스가 가정 내 갈등으로 번지기도 한다. 상담자는 이런 가족의 구조적 어려움과 정서적 박탈감을 이해하고, 이를 수용하는 상담 분위기를 마련해야 한다.

• 사회적 고립감: 폐쇄성과 고립이 중첩된 심리적 부담

군 가족은 폐쇄된 주거환경과 외부와의 제한된 접촉 속에서 심리적 고립을 경험하기 쉽다. 내부 공동체 내에서도 위계와 평가의 압박을 느끼며, 육아나 부부 갈등 등 개인적 어려움을 외부에 쉽게 말하지 못하는 문화가 형성된다. 이로 인해 감정 표현이 억제되고, '참고 견뎌야 한다'는 신념이 강화되어 정신건강의 위기로 이어질 수 있다. 상담자는 이 고립의 의미를 이해하고, 안전하게 감정을 표현할 수 있는 공간을 제공해야 한다.

• 심리적 불안정 요인: 부재와 위협이 공존하는 상태

군인의 직무는 상시적 위험을 동반하며, 이로 인해 가족은 지속적인 긴장과 불안 속에 놓이게 된다. 전방 근무나 해외파병은 배우자와 자녀에게 예기불안, 애착 불안정성, 상황성 우울을 유발하며, 장기적으로 이차 외상 증후군으로 이어질 수 있다. 특히 어린 자녀는 이를 외현화 행동이나 수면장애로 표현할 수 있다. 상담자는 불안 관리와 회복탄력성 강화를 위한 개입을 설계하고, 부재 중에도 감정적 연결을 유지할 수 있는 디지털 소통과 일상 교류 방식을 함께 제시할 필요가 있다.

• 군 문화 내 위계 전이: 위계적 명령체계의 가정 내 재현

군의 위계 중심 문화는 퇴근 후에도 군인의 대화방식과 갈등 처리 방식에 영향을 주며, 가정 내에서 명령 - 복종 구조로 재현되기도 한다. 이로 인해 감정 표현이 억제되고 가족 간 정서적 거리가 생기며, 자녀의 자기 주도성 저하나 권위적 양육으로 연결되기 쉽다. 상담자는 이러한 문화 전이를 인식하고, 부부간에는 수평적 소통, 자녀에게는 감정 표현 모델링을 통해 건강한 상호작용으로의 전환을 유도해야 한다.

3) 생활환경의 특수성

• 군 관사 및 기지촌 생활: 제한된 공간 속에서의 사회적 동질성과 긴장

군 가족은 주로 관사나 기지 인근에 거주하며, 이 공간은 계급 · 소속에 따라 서열화된 구조를 보인다. 내부적으로는 강한 연결감이 있으나, 동시에 비교와 감시, 사생활 침해 등의 긴장도 존재한다. 일부 가족은 평가와 규범의 압박 속에서 위축되거나 자기검열에 시달리기도 한다. 상담자는 이러한 생활환경이 정체성 혼란과 심리적 불안을 유발할 수 있음을 인식하고, 경쟁보다 연대를 강조하는 공동체적 접근을 지원해야 한다.

• 배우자의 이중 부담: '보이지 않는 사령관'의 삶

군인의 배우자는 가정 운영과 자녀 양육, 경제 관리 등 다양한 역할을 혼자 감당하며, 예측 불가능한 복무 일정과 단절된 소통 속에서 심리적 탈진과 주체성 상실을 겪기 쉽다. 특히 반복되는 이사와 육아로 인한 경력 단절은 여성 배우자에게 자존감 저하와 사회적 소외감을 초래한다. 상담자는 배우자의 삶을 독립된 존재로 회복할 수 있도록 내러티브 재구성과 자기역량 강화 프로그램 등을 통해 정체성과 사회적 역할 회복을 지원해야 한다.

• 군 생활의 잦은 이동이 초래하는 자녀의 정체성 혼란과 발달적 도전

군 자녀는 일반 아동보다 더 잦은 전학과 이사, 또래 관계의 단절을 경험하며, 이

는 애착 안정성과 정서 예측 가능성을 해치고 심리·사회적 발달에 혼란을 초래할 수 있다. 반복적 이동은 다양한 경험을 제공할 수 있지만, 동시에 '떠돌이 정체성', 친밀감 회피, 과잉 적응 등 정서·행동 문제로 이어질 수 있다. 부모의 부재와 긴장 속에서 자녀가 부모 역할을 떠맡는 역기능적 역동도 발생할 수 있다. 상담자는 자녀의 발달단계와 특성을 고려하여, 감정 표현 훈련, 또래 지지 집단, 원거리 정서 교류 기술 등의 개입을 통해 정서 조절력과 정체감 회복을 도와야 한다(박미은, 2019).

4) 시사점

군 가족은 단순한 지원 대상이 아니라, 군 전력의 심리적 기반을 이루는 핵심 주체다. 그러나 이들의 정서적 부담은 종종 간과되기 쉽다. 군 가족의 안정성은 군인의 임무 수행과 정신건강 유지에 밀접한 영향을 미치며, 이는 군 조직의 전반적인 효율성과 연결된다. 따라서 상담자는 군 가족을 독립적 존재로 인식하고, 가족 단위의 스트레스 반응과 역할 구조, 의사소통 등을 정기적으로 평가해야 한다. 또한 위계적인 군 문화에 대한 감수성을 바탕으로 상담 환경을 조성하고, 의료·복지·교육 등 외부 자원과의 연계를 통해 정서적 안전망을 강화해야 한다. 단기적 지원을 넘어, 회복탄력성 향상을 위한 정서 표현 훈련, 갈등 대처 교육, 지지 공동체 형성 등의 전략이 통합적으로 이루어져야 하며, 상담자는 군 가족의 회복과 성장을 돕는 동반자로 기능해야 한다(전지경, 2018).

2. 군 가족의 스트레스와 가족상담 개입의 필요성

1) 군 특수문화가 가족 기능에 미치는 심리·사회적 영향

군 가족은 군 조직이라는 특수한 구조 속에서 반복적, 누적적인 심리적 긴장을 경험한다. 이들의 고유한 어려움은 단순한 개인 문제가 아닌, 생활 전반에 영향을 미치는 환경적 요인과 밀접하다(태유월 외, 2014).

첫째, 2~3년 주기의 전출로 인해 가족은 거주지, 교육, 대인관계 등 많은 부분을 반복적으로 재구성해야 하며, 이는 예측 가능성과 정서적 안정감을 약화시킨다. 배우자는 지속적인 이사로 인해 경력 단절과 자기효능감 저하를 겪고, 자녀는 또래 관계 단절과 소속감 부족으로 심리적 위축이나 과잉 적응을 보이기도 한다.

둘째, 군인의 부재는 남겨진 가족에게 감정적 고립과 책임 과중을 유발한다. 배우자는 정서적 유대 결핍과 양육 책임의 전적인 부담 속에서 소진을 호소하며, 자녀는 부재한 부모에 대한 혼란과 감정 전이 등의 반응을 보인다.

셋째, 임무 특성상 항상 긴장 상태에 놓인 군인의 상황은 가족에게도 전이된다. 사고, 파병 등의 가능성은 만성적인 불안으로 이어지고, 이는 배우자의 과잉 보호적 양육, 자녀의 정서 불안, 퇴행 등 다양한 반응으로 나타난다.

넷째, 군 조직의 위계적 문화는 가정 내 소통 방식에도 영향을 주어, 수직적 대화와 감정 억제가 일상화되기 쉽다. 이는 구성원 간 거리감을 만들고, 자발적 표현을 어렵게 한다.

다섯째, 관사 생활 등 군 특유의 주거 환경은 지역사회와의 단절을 심화시키며, 내부에서는 비교·감시 문화로 인해 관계 형성이 제한되고 자기검열이 강화된다.

여섯째, 자녀는 부모 부재와 이사, 권위 중심 양육 속에서 정체성 혼란을 겪고, 청소년기에는 내면의 억압이 외현적 문제행동으로 나타날 수 있다.

이처럼 군 가족이 겪는 문제는 일상적인 어려움을 넘어, 구조적인 환경이 만든 정서적 과부하로 볼 수 있다. 상담자는 이를 체계적 관점에서 접근해야 하며, 가족과 조직 간의 상호작용을 고려한 개입, 배우자의 독립적 정체성 회복, 외부 자원 연결, 군 문화에 적합한 가족상담 모델 개발 등이 필요하다(강부자 외, 2017).

2) 군 가족상담의 제도적 한계와 임상 개입의 실천 과제

군인의 직무 특성과 조직 문화는 가족에게도 독특한 생활 양식을 요구하며, 이에 따른 정서적 긴장과 구조적 어려움이 반복된다. 그러나 현재 군 상담 체계에서는 군 가족의 심리 지원이 체계적으로 이루어지지 않고, 주로 정보 제공이나 교육 중심의 간접적 방식에 머무르고 있다. 이로 인해 가족은 자율적인 내담자로 인식되기보다는 군인을 둘러싼 배경으로 취급되며, 정작 이들이 겪는 정서적 어려움은 공식 지원 체계 안에 잘 포착되지 않는다. 군 가족 내부에서는 감정 표현의 제한, 역할 간 충돌, 위계적인 의사소통 방식이 복합적으로 작용하며 관계가 점차 경직되는 경향이 있다. 따라서 가족상담은 위로와 지지에 머물지 않고, 정서 교류 회복과 관계 구조 재정립을 위한 실질적 개입으로 설계되어야 한다. 구성원 각각이 처한 현실을 이해하되, 가족 전체의 상호작용 맥락을 중심으로 다루는 것이 중요하며, 이를 위해서는 체계적이고 관계 지향적인 상담 접근이 필요하다.

궁극적으로 군 가족상담은 병사의 임무 수행 지원을 넘어, 가족 스스로의 삶을 주도적으로 영위할 수 있도록 돕는 과정이어야 한다. 심리적 안정과 관계 회복을 위한 실질적인 제도 정비와 상담 실천이 요구된다(Wright et al., 2013).

3. 군 가족상담을 위한 주요 이론 틀과 적용 방향

군 가족상담은 가족 내 스트레스와 갈등을 관계 맥락 속에서 이해하고 변화시키는 통합적 접근이 필요하다. 군 가족의 특수한 생활환경을 반영한 이론과 개입 모델이 요구되며, 본 절에서는 상담자가 실무에 적용할 수 있는 이론적 틀과 실천 전략을 함께 제시한다.

1) 정서적 거리와 삼각관계를 중심으로 한 보웬의 가족체계이론 (BFST: Bowen Family Systems Therapy)

보웬(Bowen)의 가족체계이론은 가족을 상호 연결된 정서적 단위로 보며, 개인의 문제가 가족 내 반복되는 상호작용과 구조적 맥락에서 비롯된다고 본다. 군 가족은 위계 중심의 군 문화와 군인의 반복적 부재, 전근, 위험 노출 등으로 인해 정서적 균형이 쉽게 무너질 수 있다. 배우자가 자녀 양육을 전담하는 과정에서 정서적 융합이나 갈등 회피가 고착되기 쉽고, 이는 가족 간 긴장을 심화시킨다. 이러한 현상은 가족체계이론의 관점에서 가족 내 역동성과 역할 구조를 분석하는 데 유용하다.

가족체계이론의 핵심 개념인 자기분화(differentiation of self)는 개인이 가족의 정서적 영향에서 벗어나 자율적으로 기능할 수 있는 능력을 의미한다. 군 가족에서는 배우자가 감정을 억누르며 헌신하거나, 자녀가 부모의 불안에 과도하게 반응하는 양상이 나타난다. 상담에서는 감정과 사고를 구분하는 훈련을 통해 각자의 정서적 독립성을 키우는 작업이 이루어진다. 또한 삼각관계(triangles)는 가족 내 갈등이 제삼자에게 감정적으로 이전되면서 긴장이 완화되는 구조다. 군 가족의 경우, 자녀가 부재 중인 군인을 대신해 배우자의 정서적 지지 역할을 하며 부담을 떠안게 되는 일이 흔하다. 이를 완화하기 위해 상담자는 가족 내 정서 흐름을 시각화하고, 직접적인 감정 교류를 회복하도록 돕는다.

다세대 전수과정(multi-generational transmission process)은 감정 억제나 갈등 회피와 같은 정서 패턴이 세대를 넘어 되풀이되는 구조를 말한다. 군 가족에서는 정서 표현의 억제가 세대를 따라 이어지는 경우가 많으며, 가계도(genogram) 작업을 통해 이러한 반복을 인식하고 변화의 실마리를 찾도록 돕는다.

마지막으로 가족투사과정(family projection process)에서는 부모의 불안이나 두려움이 자녀에게 전이되어 자녀가 감정의 짐을 떠맡게 된다. 이를 다루기 위해 상담자는 감정의 주체를 명확히 하여 "이건 엄마의 불안이야"와 같은 언어로 감정을 되돌려주는 개입을 사용하고, 각자의 감정을 스스로 다룰 수 있는 역량을 기른다(정문자 외, 2024).

> 사례 A: 부사관 남편이 장기 파병 중이고, 아내는 두 자녀와 함께 지내며 반복적으로 건강염려, 불면, 자녀 통제 문제를 호소함.
> 사례 B: 군 간부 부부가 자녀 문제로 상담을 받음. 부부간 정서적 거리가 멀고, 자녀가 아버지의 '감정 창구' 역할을 하고 있음.

사례 A는 장기 파병 중인 남편의 부재 속에서 아내가 건강 불안과 자녀 통제 문제를 반복 호소한 경우였다. 상담자는 가계도를 통해 내담자가 과거에도 부재한 아버지를 대신해 어머니의 정서를 떠맡았음을 확인하고, 자기분화와 삼각관계 해소를 통해 자녀와의 관계를 재구성했다. 사례 B에서는 정서적 단절이 있는 간부 부부가 자녀 문제로 상담을 의뢰했으며, 자녀가 아버지의 감정 창구 역할을 하고 있었다. 상담자는 부부간 정서 연결을 회복시키는 작업을 통해 자녀가 감정적 부담에서 벗어나도록 도왔다.

보웬의 가족체계이론은 군 가족 내 정서 융합, 역할 반복, 거리감 형성 등 구조적 긴장을 이해하는 데 유용하다. 감정은 표현 그 자체가 아닌 체계 내 흐름으로 보아야 하며, 상담자는 이 흐름을 재조정해 건강한 관계로 전환되도록 개입할 수 있다. 군 가족이 요구받는 '강함'이 억압과 과잉책임으로 왜곡되지 않도록, 보웬 이론은 내면의 정서 구조를 탐색하고 회복을 이끄는 통찰을 제공한다.

2) 자아존중과 가족소통 회복을 위한 경험중심 가족상담 접근 (Experiential Family Therapy - Virginia Satir)

사티어(V. Satir)의 경험중심 가족상담은 가족을 정서적 생태계로 보고, 각 구성원의 내면 경험과 자존감 회복, 진정한 자기의 회복을 핵심 목표로 삼는다. 감정 표현과 수용을 통해 가족 간 진실한 연결을 추구하며, 군 가족 특유의 위계적 의사소통, 감정 억제, 정서적 단절 문제와 잘 맞닿아 있다. 특히 군인이나 배우자가 역할에 몰두한 나머지 자기 자신을 상실하는 경우, 경험적 접근은 가족 내 정서적 회복을 가능하게 하는 데 효과적이다.

첫째, 사티어는 감정 표현을 인간 경험의 핵심으로 보며, 감정을 억누를수록 정서적 고립과 소통 단절이 심화한다고 보았다. 군 가족에서는 감정을 참는 것이 미덕으로 여겨져, 배우자가 자신의 감정을 억제하는 경우가 많다. 이에 상담자는 감정 어휘 확장, 현재 감정 인식 유도, 감정 회고 대화 등의 방법으로 정서 표현을 촉진할 수 있다.

둘째, 의사소통 유형은 일치형, 비난형, 회유형, 산만형, 초이성형 다섯 가지로 나뉘며, 군 가족 내에서는 비난형 부모, 회유형 배우자, 산만형 자녀가 조합되는 경우가 흔하다. 이를 파악하고, 실제 대화 방식에 대한 역할극 훈련과 의사소통 방식의 대안을 제시하는 접근이 효과적이다.

셋째, 사티어는 가족 문제의 핵심을 '자존감 손상'으로 보았다. 군 가족의 반복된 이별과 부재는 구성원으로 하여금 자신의 존재 가치를 의심하게 만든다. 이때 자기 가치 선언, 가족 내 인정의 언어화, 성장 잠재력에 주목하는 개입이 필요하다.

넷째, 가족 조각 기법은 가족 간의 거리와 위계를 공간적으로 드러내는 도구다. 군 가족에서 흔한 불균형 구조를 외형화하고, 재배열을 통해 새로운 관계의 가능성을 탐색하도록 돕는다. 이는 언어로 설명하기 어려운 감정을 표현하고 정서적 거리를 조정하는 데 유용하다.

> 사례 A: 파병 이후 귀환한 남편이 "가족이 나 없이도 잘 지내는 것 같아 소외감을 느낀다"라고 함.
> 사례 B: 군 가족의 청소년 자녀가 반항 및 무기력 문제로 상담에 참여함.

사례 A는 파견 복귀 후 남편이 가족 내에서 소외감을 느끼고, 아내는 오랫동안 자신의 감정을 감춘 채 남편을 배려해 온 상황이었다. 상담자는 감정 단어화와 역할극, 가족 조각 기법을 통해 억눌린 감정을 표면화하고, '감정을 나누는 것이 배려'라는 새로운 가족 신념을 형성해 관계 재조정을 도왔다. 사례 B에서는 반항과 무기력을 보인 청소년 자녀를 통해 가족 내 산만한 의사소통과 자존감 저하가 확인되었다. 부모는 소통을 시도했지만, 방식에 어려움이 있었고, 자녀는 소외감을 느꼈다. 이후 상담은 일관된 대화 구조와 자존감 회복 전략으로 진정성 있는 관계 형성을 도왔다.

사티어의 경험적 가족상담은 감정 표현과 자기수용, 자존감 회복에 집중함으로써 군 가족의 고립감과 정체성 혼란, 관계 피로를 이해하고 회복하도록 돕는다. 이 접근은 감정을 연결의 출발점으로 되살리고, 역할 수행 중심의 사고에서 벗어나 관계의 진정성을 회복하며, 각자의 '진짜 나'를 되찾음으로써 가족 전체가 함께 성장하는 구조를 마련해 준다. 이러한 관점은 군 가족상담에서 유용한 실천적 도구가 된다.

3) 정서의 재구조화를 통한 정서중심 가족상담 모델 (EFT: Emotionally Focused Family Therapy)

정서중심 가족상담(EFT)은 존슨과 그린버그(Johnson & Greenberg, 1988)의 이론에 기반하여, 가족 구성원 간 정서적 유대와 애착을 중심에 두는 접근이다. 갈등을 행동의 문제가 아니라 정서적 단절의 표현으로 보고, 애착의 불안정성이 핵심 과제로 다뤄진다. 군 가족은 반복적인 이별, 전근, 긴장된 근무 환경 등으로 인해 정서적 연결이 약화하기 쉽고, 이는 무관심하거나 공격적인 반응으로 나타날 수 있다. “남편이 있어도 없는 것 같다”, “기대하지 않아요”라는 표현은 이러한 정서적 철수를 단적으로 보여 준다.

EFT의 주요 개념은 세 가지다. 첫째, 정서는 생애 전반에 걸쳐 지속되는 애착의 핵심 매개이며, 인간은 안전한 정서적 유대를 추구한다. 그러나 군 가족은 구조적 특성으로 인해 정서적 안정성이 위협받는다. 둘째, 반복되는 정서 반응의 순환 구조는 갈등을 심화시키며, 이 악순환을 끊는 것이 핵심 개입 대상이다. 셋째, 분노, 냉소와 같은 이차 정서(secondary emotion)는 슬픔, 두려움 등 보다 근원적인 일차 정서(primary emotions)를 가리며, 정서적 고립을 강화한다(Greenberg & Paivio, 2018).

개입은 존슨(2008)이 제안한 3기 9단계 모델에 따라 진행된다.

제1기(1~4단계)에서는 부정적 정서 순환을 파악하고 안정화하는 데 집중한다. 갈등의 표면 아래에 깔린 정서적 욕구를 식별하고, 감정 지도를 활용해 1차 정서를 명확히 하여 대화를 재구성한다. 감정 간 반복 패턴을 도식화하고, 이 문제를 구성원 개인이 아닌 ‘관계 구조의 패턴’으로 보게 하여 방어적 태도를 줄인다.

제2기(5~7단계)는 정서적 접근을 강화하는 단계로, 구성원이 감정을 더 편안히 표현하고 상호 반응하도록 돕는다. 감정에 대한 신체감각을 묻거나, 표현된 감정에 상대가 수용적으로 반응하도록 조정하며, 비난을 애착 신호로 전환하는 언어 훈련이 핵심이다.

마지막 제3기(8~9단계)는 새로운 정서 상호작용을 유도하고 관계의 재정립을 돕는 단계다. 안정된 애착을 형성하기 위한 과제를 제공하고, 정서적으로 의미 있었던 기억을 함께 재해석함으로써 가족 간 정서적 신뢰를 회복한다. 이를 통해 가족 구성원은 서로를 회피의 대상이 아닌, 정서적 피난처로 다시 경험할 수 있게 된다(박성덕 외, 2019).

> 사례 A: 군인 아버지가 훈련 중 귀가하지 못해 자녀 생일에 불참. 자녀는 "아빠는 날 신경 안 써"라고 표현했지만, 상담에서는 "버려졌다는 느낌"이라는 일차 정서가 확인됨.
> 사례 B: 장교 아내가 남편의 무표정과 단답형 대화에 지쳐 있었고, 남편은 "감정을 드러내는 건 군에서는 약점"이라며 회피함.

사례 A에서는 군인 아버지가 자녀 생일에 귀가하지 못한 상황에서, 자녀의 "아빠는 날 신경 안 써"라는 말을 '버려진 느낌'으로 재해석함으로써, 아버지가 "너 없는 하루는 생각도 안 해 봤어"라고 진심 어린 반응을 보이며 정서적 연결이 이루어졌다. 사례 B에서는 감정 표현을 꺼리던 장교 남편이 상담을 통해 자신의 두려움을 인식하고, "당신이 날 실망할까 봐 말하지 못했어"라고 고백하면서 부부간의 공감이 회복되었다.

정서중심 가족상담은 군 가족이 겪는 감정의 단절을 회복의 가능성이 있는 애착관계로 재구성할 수 있도록 돕는다. 감정을 억제하는 문화가 강한 군 조직 안에서는, 상담자가 정서 표현의 중요성을 회복시키고 이를 애착 신호로 전환하는 역할이 중요하다. EFT는 의사소통 방법을 넘어서, 관계의 본질을 회복하는 정서 중심의 개입 방식으로서, 장기복무자나 반복된 분리를 겪은 가족에게 특히 효과적인 접근이다.

4) 정서적 안전기반 형성을 위한 애착 중심 가족상담 접근 (ABFT: Attachment-Based Family Therapy)

애착기반 가족상담(ABFT)은 존 볼비(Bowlby, 1982)의 애착 이론을 기반으로, 가족 내 기초적인 신뢰와 정서적 유대가 회복될 때, 자녀의 정서적 안정성과 자율성이 회복될 수 있다는 전제에서 출발한다. 원래는 청소년의 우울, 자살 위험, 외상 경험을 다루기 위한 치료로 개발되었으나, 최근에는 다양한 가족 갈등, 부모-자녀 소통 문제, 정서적 단절 회복을 위한 개입으로 확장되고 있다(Diamond et al., 2016). 군 가족의 경우, 부모 중 한 명이 장기간 부재하거나 잦은 이동, 심리적 거리감 등으로 인해 애착의 기본 틀이 손상될 위험이 크다. 특히 부모 - 자녀 관계에서 '정서적으로 연결되지 않는 느낌'이나 '말해도 소용없다는 무력감'이 반복되면, 자녀는 정서적 회피나 공격성, 심리적 위축으로 반응하게 된다. 예컨대, 군인 아버지를 둔 한 자녀는 "아빠는 늘 바쁘고, 중요한 건 다 군대 일이야. 난 그냥 곁에 있는 존재일 뿐이야"라고 말하며, 자신이 중요하지 않은 사람처럼 느껴지는 깊은 소외감과 정서적 박탈감을 표현한다.

• 애착기반 가족상담(ABFT)의 핵심 이론

애착기반 가족상담(ABFT)은 정서적 유대가 회복되어야 자녀의 심리적 안정과 자율성이 가능하다는 전제에 기초한다. 애초에는 자살 위험이나 우울을 겪는 청소년을 위한 치료로 시작되었으나, 지금은 부모 - 자녀 갈등이나 정서적 단절이 있는 가족에도 폭넓게 활용된다. 군 가족은 장기간의 부재, 반복되는 이동, 제한된 소통 등으로 애착 기반이 흔들릴 가능성이 크다. 자녀는 부모와 연결되지 않는 느낌에 반복적으로 노출되면서 심리적 거리감이나 무력감을 경험하게 된다. "아빠는 늘 바쁘고, 나는 곁에만 있는 사람 같아"라는 말은 이런 정서적 소외를 잘 보여 준다.

ABFT는 구조화된 5단계 모델을 통해 개입한다. 1단계는 겉으로 드러난 문제를 행동이 아니라 애착 욕구의 좌절로 이해하도록 돕는 데 집중한다. 군인의 역할 우선 문화가 가족에게 소외감을 주었음을 인식하면서 관계 회복의 실마리를 찾는다. 2단계는 자녀가 그동안 숨겨 온 감정과 상처를 표현할 수 있도록 감정 언어를 길러 주는 과정이다. 감정일기, 과거 회상 등의 도구를 활용해 외로움, 분노, 실망을 차분히 표현하도록 이끈다. 3단계는 부모가 자녀의 감정을 방어적이지 않게 수용하도록 훈련하는 단계다. 감정의 의미를 듣고 반응하며, 자녀에게 정서적 안정감을 주는 존재로 회복되도록 돕는다. 특히 군 부모는 규율 중심의 반응을 보이기 쉬우므로, 감정 수용적 언어 훈련이 함께 이루어진다. 4단계에서는 감정의 흐름이 다시 연결되는 '정서적 재접촉'이 이루어진다. 자녀가 상처를 솔직하게 꺼내고, 부모가 공감 어린 반응을 보일 때 관계 회복이 일어난다. 과거 부재의 기억을 감정 대화로 재해석하며 가족 간 정서적 유대가 복원된다. 마지막 단계는 자녀의 독립성과 부모의 정서적 지지자 역할을 강화하는 것이다. 가족 구성원 각자가 감정적으로 안전하다고 느낄 수 있는 신뢰 기반의 구조를 함께 만들고, 갈등 상황에서도 유대와 자율성이 함께 유지되도록 한다. ABFT는 특히 반복된 이별과 긴장 속에 있는 군 가족에게 정서적 연결의 가능성을 열어 주는 유효한 개입 모델이다(Diamond et al., 2016).

사례 A: 중학교 자녀가 갑작스럽게 성적 하락과 무기력 증상을 보이며, 치료에 의뢰됨. 아버지는 장기 파견 중, 자녀는 "엄마는 내 마음을 잘 몰라주고, 아빠는 늘 없어"라는 표현을 반복
사례 B: 장교인 어머니와 고등학생 딸의 잦은 갈등. 딸은 "엄마는 늘 완벽해야 한다고 하고, 나는 그 기준에 못 미쳐"라고 토로함.

사례 A는 성적 저하와 무기력을 보이는 중학생 자녀의 상담 장면이다. 아버지의 장기 파견으로 인한 정서 단절이 중심 원인이었고, 자녀는 "엄마는 내 마음을 잘 몰라주고, 아빠는 늘 없어"라고 표현하며 고립감을 드러냈다. 상담 중 '버려졌다는 느낌'을 표현하게 되자, 복귀한 아버지가 "네 감정을 외면해서 미안하다"고 말하며 관계의 회복이 이루어졌다. 사례 B에서는 장교 어머니와 고등학생 딸 사이의 충돌이 반복되고 있었다. 딸은 엄격한 기대 속에서 스스로를 늘 부족하다고 여겼고, 상담을 통해 그 안에 자리한 인정 욕구와 사랑받고 싶은 마음이 드러났다. 어머니 역시 자신의 불안한 감정을 자녀에게 투사했음을 깨달으며, 감정적으로 공감하고 소통할 수 있는 관계로 전환되었다.

ABFT는 이처럼 군 가족 내에서 발생하는 애착의 손상과 정서적 단절을 재구성하고 회복하는 데 효과적인 상담 접근이다. 군인은 업무상 명료함과 통제를 중시하는 의사소통 방식에 익숙하지만, 가족관계에서는 민감성과 공감이라는 전혀 다른 언어가 필요하다. 이 간극을 좁히는 것이 ABFT의 핵심이며, 정서적으로 다시 만나는 경험을 가족 안에서 가능하게 한다.

군 가족상담은 억제된 감정 표현을 풀어내고, 구성원 간 상호작용의 흐름을 조율하는 작업으로 이루어진다. 최근 상담은 단순히 갈등을 해결하는 차원을 넘어, 가족

간 정서적 안정감과 애착의 회복을 주요 목표로 삼고 있다. 실천 현장에서 상담자는 구성원의 감정에 예민하게 반응하면서, 동시에 가족 체계의 흐름을 유연하게 조율하는 능력을 요구받는다. 특히 군 조직 특유의 폐쇄성과 위계 구조는 상담 자체에 대한 저항감을 유발할 수 있어, 이에 대한 문화적 이해와 신뢰 구축 전략이 필수적이다. 군 가족상담은 장병 개인의 정신건강을 넘어, 가족 전체의 삶의 질을 높이는 핵심 실천 분야로 더욱 주목받을 필요가 있다.

4. 가족상담 적용 사례

사례: 장기 복무 간부의 배우자와의 갈등 및 자녀 소외 문제

상우(가명)는 육군 모 부대에서 13년째 복무 중인 현직 상사이다. 야전 부대에서 근무하며 잦은 훈련과 당직, 이동 배치가 반복되었고, 주말에도 훈련 준비나 부대 업무로 인해 가족과 보내는 시간이 거의 없었다. 부인은 두 아이를 돌보며 전업주부로 생활하고 있었지만, 혼자 양육과 가사 부담을 오롯이 감당해야 하는 현실에 점점 지쳐 가고 있었다.

최근 상우는 자녀의 학교 행사에 한 번도 참석하지 않았다는 이유로 부부간에 크게 다툰 일이 있었다. 부인은 "아이들도 당신을 낯설어 한다", "나는 결혼한 게 아니라 혼자 애 셋 키우는 기분"이라며 눈물 섞인 감정을 폭발시켰고, 이후 며칠간 연락을 받지 않으며 아이들과 함께 본가로 내려가 버렸다. 상우는 이를 '감정적 행동'이라고 생각했지만, 시간이 지날수록 자신이 아내와 자녀들에게 점점 낯선 존재가 되어 간다는 위기감을 느꼈다.

간부 교육 과정 중 상우는 우연히 가족상담 연계 프로그램을 안내받고, "이대로 가면 정말 가족을 잃을지도 모르겠다"라는 생각에 상담을 신청하게 되었다. 상담 초반 그는 "군 생활은 나라를 위한 일인데, 왜 내가 욕을 먹어야 하죠?"라고 말하며 억울함과 분노를 내비쳤지만, 상담자가 가족의 입장에서의 심리적 거리감을 공감적으로 전달하자 점차 방어를 내려놓았다.

이후 상담에서 밝혀진 내용에 따르면, 아내는 수년간 "아이 문제든 뭐든 결국 나 혼자 감당해야 한다"는 외로움과 분노를 쌓아 왔고, 아이들 역시 "아빠는 그냥 집에 있는 손님"이라고 말할 정도로 정서적 단절이 깊어져 있었다. 특히 초등학교 5학년인 첫째 아이는 "아빠는 우리 얘기 몰라. 혼내는 사람이지"라며 서운함과 위축된 반응을 자주 보이고 있었다.

1) 상담목표

- 배우자의 정서적 소외감과 갈등을 이해하고 관계 회복을 지원한다.
- 자녀와의 단절된 정서적 연결을 회복하도록 돕는다.
- 군 복무와 가족 역할 간의 균형 인식을 확립한다.
- 가족 내 소통과 정서 교류를 증진할 수 있는 행동을 실천하도록 돕는다.

2) 상담 개입

상우는 장기복무 중인 군 간부로서, 반복된 야전 근무와 부대 내 책임으로 인해 가족과의 정서적 교류가 거의 단절된 상태이다. 배우자는 양육과 가사 부담 속에서 정서적 소외를 호소하고 있으며, 자녀들 역시 아버지에 대한 거리감과 위축된 감정을 표현하고 있다. 이에 따라 상담자는 가족 간 감정의 단절을 이해하고, 상호 인식 전환과 정서적 소통 복원을 목표로 상담을 진행한다.

(1) 배우자의 소외감 수용 및 정서적 재접촉 시도

초기 상담에서는 상우가 가족 갈등을 단지 '감정 과잉'으로 인식하고 있으므로, 배우자가 수년간 겪어 온 정서적 외로움과 과부하 상태를 정서적으로 이해하도록 돕는 것을 우선으로 한다. 상담자는 "군인으로서 책임과 가족 안에서 존재감은 별개의 과제"임을 설명하며, 상우가 자신의 부재로 인한 배우자의 심리적 반응을 이해와 공감의 시선으로 전환할 수 있도록 유도한다.

(2) 자녀와의 관계 회복을 위한 역할 재정립

자녀와의 정서적 단절을 인식한 이후, 상담자는 상우가 '지시자'나 '통제자'로만 기능했던 아버지 역할에서 벗어나, 감정에 반응하고 교감하는 부모 역할을 회복하도록 방향을 설정한다. 특히 초등학생 첫째 자녀와의 소통에서 감정 언어를 사용하는 연습, 비판 없는 경청 훈련 등을 통해, 정서적 교류의 작은 시도를 실천하도록 돕는다. 예를 들어, "오늘 어땠어?", "그랬구나"와 같은 감정 반영적 대화를 시도한다.

(3) 군 복무와 가족 역할의 균형 인식 촉진

상담자는 군인으로서의 헌신과 가족 내 정서적 역할은 서로 충돌하는 개념이 아니라, 조율할 수 있는 병행의 영역임을 강조한다. 상우가 "일을 잘하는 것이 곧 가족을 위한 것"이라는 신념을 되짚고, 가족 구성원들이 원하는 '함께 있음'의 의미를 재해석할 수 있도록 돕는다. 특히 근무 외 시간대나 휴일, 외박 시기 등을 활용한 작은 재접촉 활동으로 아이와 손 편지 쓰기, 아내와 산책 등을 실천할 수 있도록 계획한다.

(4) 소통 회복을 위한 가족 상호 과제 설정

중기 상담에서는 가족 구성원 각자가 실천할 수 있는 소통 회복 과제를 설정한다. 상우에게는 감정 표현 시도, 아내에게는 정서적 표현의 명료화, 자녀에게는 '아빠에게 바라는 것 적어 보기' 등의 활동을 제안하며, 가족 내 대화 구조를 복원하도록 돕는다. 가족 간 상호 이해를 촉진하기 위한 3자 가족 면담을 한다. 면담에서는 각자의 서운함을 이야기하고, '함께 바꾸고 싶은 가족 모습'을 공유하는 시간을 갖는다. 상담 후반에는 상우 스스로 "이제는 내 역할을 군인에서 남편, 아버지로 확장해 나가는 느낌"이라고 말하며 변화된 인식을 표현한다. 상담자는 가족 구성원 모두가 각자의 방식으로 연결되고 있다는 점을 강화하며 개입을 마무리한다.

chapter

12 군 다문화 상담

1. 군 내 다문화 장병의 현황

1) 군 내 다문화 장병

다문화 장병은 '부모 중 한 명이 외국 국적을 가진 병역 의무자'로 정의되며, 국방부는 이들을 국제결혼, 외국인 근로자, 탈북이주민 가정 출신으로 구분하고 있다. 주로 중국, 베트남, 필리핀, 캄보디아 등 다양한 문화권 출신 부모를 둔 청년들이 이에 해당하며, 외국에서 성장 후 귀화한 병사도 포함된다. 그러나 군대의 특성상 문화적 다양성은 출신 국가나 혼혈 여부로만 파악하기 어렵다. 외견상 한국인처럼 보이더라도, 이중 언어 환경에서 성장했거나 해외에서 유학한 경험을 지닌 병사들은 문화적 정체성에서 차이를 보인다. 따라서 '다문화'의 개념은 언어, 종교, 외모, 문화 경험 등 폭넓은 요소를 포괄해야 하며, 보다 유연한 기준으로 장병의 다양성을 바라볼 필요가 있다(고창영, 2017). 획일적인 병영 적응 교육은 이러한 병사들에게 오히려 소외감과 정체성 혼란을 줄 수 있다. 병사의 문화적 배경을 고려한 맞춤형 지원과 정책 설계가 필요하며, 이는 군 조직의 통합성과 신뢰를 높이는 방향이기도 하다.

2) 다문화 장병의 증가 배경

• 다문화 가정의 증가

다문화 가정의 확대는 다문화 장병 증가의 주요 배경이다. 2006년 이후 국적이나 영주권을 취득한 외국계 이민자는 전체 인구의 약 2.6%였으며, 2020년에는 외국인 인구 비율이 4.6%까지 증가했다. 특히 다문화 혼인은 2018년 전체 혼인의 약 9.2%를 차지했고, 이에 따라 그 자녀들이 병역 의무 대상이 되고 있다. 경제 변화로 외국인 노동자 수가 늘었고, 북한 이탈주민과 귀화자, 다양한 문화적 배경을 지닌 청년층도 증가하는 추세다. 2018년 기준 다문화 가구 구성원은 약 100만 9천 명으로 전체 인구의 2%에 이르며, 이는 군 조직 내 문화적 다양성 확대와 직결된다.

• 혼혈, 귀화 인구 증가

혼혈 및 귀화 인구가 늘면서, 이들의 자녀들이 병역 대상 연령에 진입하고 있다. 과거에는 다문화 청년들이 병역에서 제외되는 경우가 많았지만, 제도 변화로 이제는 이들도 군 복무를 수행하게 되었다. 특히 국제결혼 가정에서 자란 병사들은 외모, 언어 습관, 가치관 등에서 또래와 차이를 보이기도 하며, 이런 차이가 군 생활 적응에 영향을 줄 수 있다. 외국에서 성장했거나 귀화한 청년들도 복무 중이며, 이들은 외형상 한국인과 비슷하더라도 생활 방식이나 감정 표현 등에서 문화적 이질감을 겪을 수 있다. 한국에서 교육을 받았더라도 가정 내 언어나 문화는 다를 수 있어, 위계적인 군 문화에 적응하는 데 어려움을 겪기도 한다. 이러한 현실은 단지 인구 변화의 문제를 넘어서, 문화적 다양성에 대한 이해와 조직 차원의 수용 태도가 병행되어야 함을 시사한다.

• 병역의무 확대

다문화 청년의 병역 이행은 이제 개인 문제가 아닌, 국가 통합과 포용의 실천 과제로 여겨진다. 병무청과 여성가족부 등 관계 부처는 병역 제도에서의 형평성을 높이기 위해 제도 정비를 추진해 왔고, 2010년에는 외국인 부모를 둔 자녀가 병역에서 제외되던 '제2국민역 편입 제도'가 폐지되었다. 이로써 다문화 가정 출신 청년도 다른 병사들과 동일한 기준 아래 병역의무를 수행하게 되었다. 이러한 변화는 인구 감소에 따른 병역 자원 부족에 대한 대응이기도 하다. 정부는 다양한 배경의 청년 유입을 단순한 인력 충원이 아닌 국민 통합의 기회로 보고, 병역제도 전반의 수용성을 높이기 위한 노력을 이어 가고 있다. 특히 여성가족부는 병역 이전의 성장 과정에, 병무청은 병역 이행 중의 차별 방지와 상담 자원 확대에 초점을 두고 있다.

상담자는 이러한 제도적 변화와 흐름을 충분히 이해한 상태에서, 다문화 병사의 복무가 사회적 배경과 맞물려 이루어지고 있다는 점을 고려해 개입해야 한다. 이는 단순한 개인 상담을 넘어, 사회 구조와 정책 안에서의 의미를 함께 읽어 내야 가능한 접근이다.

3) 통계 현황

2010년 51명에 불과했던 다문화 출신 장병 수는 현재 매년 1,000명 이상으로 증가하고 있으며, 국방부는 2025~2031년 사이 8,000명 이상의 다문화 청년이 병역의무를 이행할 것으로 예측하고 있다. 이 같은 흐름에 따라 2016년부터는 전 장병을 대상으로 다문화 이해 교육이 의무화되었고, 군 내 포용적 문화를 확산시키기 위한 정책이 본격화되었다. 다만 2016년 이후 다문화 장병 관련 통계는 별도로 수집되지 않고 있다. 병영 내에서 출신 배경을 드러내는 행위 자체가 낙인이나 차별로 이어질 수 있다는 우려에 따라, 국방부는 다문화 여부를 식별하는 조사 자체를 제한하고 있다. 이로 인해 다문화 병사들은 수적으로는 증가했지만, 공식 기록에 드러나지 않는 '보이지 않는 다양성'으로 존재하게 되었으며, 이들의 정체성과 경험을 존중하는 민감한 태도가 상담자와 간부들에게 요구된다.

4) 다문화 장병이 겪는 어려움

다문화 장병은 외형적으로는 다른 병사들과 큰 차이가 없어 보일 수 있지만, 군 조직 내에서 실질적으로 겪는 심리적·문화적 어려움은 예상보다 깊고 복합적이다. 이들이 경험하는 스트레스는 단순히 개인의 성격 문제나 일시적인 불편함이 아니라, 문화적 차이에서 비롯된 구조적 긴장감으로 이해되어야 한다. 주요 스트레스 요인은 다음과 같다.

- **언어 · 억양 · 어휘 차이로 인한 의사소통 스트레스**: 다문화 장병은 한국어를 잘하더라도 억양, 말투, 단어 선택의 차이로 인해 병영 내 의사소통에서 어려움을 겪는다. 짧은 명령, 은어, 비언어적 표현이 많은 군대 특성상 혼란이 생기기 쉬우며, 이로 인해 소통을 회피하거나 위축되는 경우가 많다.
- **외모 · 식습관 · 태도 차이로 인한 타 병사와의 거리감**: 다문화 장병은 외모, 식습관, 표현 방식 등에서 한국 병사들과 미묘한 차이를 보이며, 이는 관계 형성에 영향을 미친다. 눈 맞춤 회피나 음식 기피가 오해를 불러일으키고, 이러한 문화적 차이는 소속감 저하와 심리적 거리감으로 이어질 수 있다.
- **군 내 위계문화와 '동화 압력'에 의한 자기억압**: 다문화 장병은 위계 중심의 군 문화 속에서 자신을 드러내기보다 '한국인처럼 보이기'를 선택하며, 언어와 감정 표현을 억제하는 방식으로 적응하려 한다. 그러나 이는 정체성 혼란과 정서적 탈진을 유발할 수 있으며, '다르면 불이익을 받는다'는 압박감은 지속적인 불안을 낳는다. 상담자는 이처럼 보이지 않는 심리적 긴장을 인식하고, 정보 제공을 넘는 정서적 지지와 문화적 통역자의 역할을 수행해야 한다.

5) 시사점

다문화 장병의 증가는 군 조직의 다양성과 포용성 확장을 보여 준다. 그러나 문화 차이로 인한 의사소통 문제, 편견, 정서적 적응의 어려움 등도 함께 나타나 군 차원의 대응이 필요하다. 특히 다문화 감수성을 높이기 위한 구성원 전체 대상의 교육과 태도 변화가 중요하다. 2023년 설문조사에서는 간부의 15%가 다문화 장병의 존재를 인식하지 못했으며, 외모로 식별하는 것이 금지되었다는 사실조차 모르는 비율도 절반 이상이었다. 다문화 장병에 대한 혜택에 대해서도 전반적으로 공감도가 낮아, 특정 집단 중심이 아닌 전체 장병을 위한 정책 설계가 요구된다. 상담 체계 구축, 문화 차이에 대한 이해 증진 등 다각적 접근이 필요하며, 모든 장병이 자신의 정체성을 지키며 안정적으로 군 생활에 적응할 수 있는 환경 조성이 중요하다.

2. 다문화 장병의 적응 문제와 심리적 과제

1) 문화 충격과 이중문화 갈등

다문화 배경의 장병은 가정에서 익숙했던 문화와 군대 내 문화 사이에서 정체성의 혼란을 겪을 수 있다. 감정 표현이 자유롭고 개인 중심적이었던 환경에서 자란 이들에게 군의 위계 질서, 감정 절제, 일방적 명령 체계는 억압적으로 다가올 수 있다. 또한 병영 내에는 명시되지 않은 규범들이 존재해, 문화적 배경이 다른 병사들에게는 부자연스럽고 이해하기 어려운 기준이 될 수 있다. 이에 적응하려다 보니 자신을 숨기고 동화되려는 압박을 자신에게 가하는 경우도 많다. 이런 방식은 갈등을 피하는 데는 유용할 수 있으나, 장기적으로는 정체성 손상과 정서적 탈진을 초래할 위험이 있다. 이중문화 사이에서의 내적 갈등은 단지 문화 적응의 문제가 아닌, 존재감과 안정감의 문제로 이어지므로 상담자는 이에 대한 깊은 이해와 세심한 접근이 필요하다.

2) 언어 장벽과 의사소통의 오해

일부 다문화 장병은 억양이나 어휘 선택에서 차이를 보이며, 본인의 의도와 다르게 해석되는 상황을 겪는다. 같은 말도 낯설게 들린다는 이유로 반복적으로 출신을 묻는 일이 이어지면, 말하는 것 자체가 부담으로 바뀌고 점차 침묵을 선택하게 된다. 특히 군대 내에서는 명령과 일상 언어가 뒤섞이고, 말장난과 진담이 혼재돼 언어의 해석이 까다롭다. 이런 맥락에서 자주 생기는 소통의 틈은, 상대와의 거리감을 넓히는 배경이 되기도 한다.

다문화 장병 다수는 "내가 말하면 괜히 이상해 보일까 봐", "틀릴까 봐 입을 다물게 된다"는 감정을 토로한다. 이처럼 언어의 어려움은 단순한 기능 문제가 아니라, 자기를 표현할 수 있는 기회를 잃는 심리적 손실로 이어진다. 한번 어색했던 경험은 말하지 않는 쪽을 선택하게 만들고, 이는 곧 고립감과 소극적 관계 태도로 연결된다.

더불어 군대의 언어는 정확성과 속도를 중시한다. 이는 다문화 장병에게 위압적인 구조로 작용하며, 위계적 언어문화 속에서 발언권이 제한되면 스스로를 드러내는 데 더욱 위축될 수 있다. 이 같은 언어 장벽은 단지 말의 문제를 넘어서, 소통과 적응, 심리 안정 전반에 영향을 미친다.

3) 차별 및 편견, 낙인

다문화 장병은 피부색, 억양, 이름, 가족 배경 등 외적인 특징으로 인해 크고 작은 차별적 언급이나 시선을 경험할 수 있다. "한국어 잘하네?", "혼혈이라서 특이하다"는 말은 의도치 않게 들렸더라도, 반복되면 스스로를 타자화시키는 계기가 된다. 농담처럼 들리는 표현도 자주 접하면 '나는 다르다'는 인식을 강화하고, 이는 낮은 자존감과 위축된 태도로 이어질 수 있다.

특히 감정을 쉽게 드러내기 어려운 군대 환경에서는 이런 정서적 상처가 쉽게 사라지지 않는다. 때로는 감정을 억누르다 무기력에 빠지거나, 작은 자극에도 과하게 반응하는 모습으로 나타날 수 있다. 문제는 이러한 경험이 한 번으로 끝나지 않고 서서히 쌓인다는 점이다. 눈빛, 말투, 태도에 스며든 미묘한 구분과 거리감은 장병으로 하여금 자신이 배제되고 있다는 느낌을 더욱 강하게 만든다. 정서적으로 의지할 수 있는 사람이 없을 경우, 장병은 점차 관계에서 멀어지고 자기표현을 꺼리게 된다. 이는 단순한 기분의 문제가 아니라 소속감, 관계 유지, 심리 안정 전반에 영향을 주는 요소로, 상담자는 말의 무게와 그 여운에 주목하며 깊이 있게 다뤄야 한다.

4) 소속감과 자존감의 약화

다문화 장병이 반복적으로 관계에서 배제되거나 오해를 겪게 되면, 자신이 이 집단에서 특별한 외부인이라는 인식을 갖기 쉽다. 언어나 문화의 차이를 스스로 의식하며, "누구도 나를 온전히 이해하긴 어려울 것"이라는 마음이 자리 잡는다. 점차 자신을 표현하는 일에 소극적이 되고, 동료와 어울리기보다는 조용히 견디며 일상을 보내는 방향으로 적응하게 된다. 이런 상태가 계속되면 소속감은 점점 약해지고, "나는 없어도 되는 사람"이라는 자기평가로 이어질 수 있다. 군대처럼 체계와 질서가 강조되는 환경에서는 사소한 차이도 두드러지게 드러나기 때문에, 장병은 자신을 더 감추려 하고, 행동은 무난하게 유지하되 마음은 점점 멀어진다. 표면상으로는 아무 문제가 없어 보여도, 내면에서는 지속적인 무력감과 소진을 경험하고 있을 가능성이 높다. 상담자는 침묵과 순응 이면에 있는 심리를 가볍게 넘기지 말고, 그 속에 쌓인 고립감과 자기 의미 상실의 감정을 세심하게 살펴야 한다.

5) 상담자가 이해해야 할 심리적 과제

다문화 가정 출신 장병은 군 복무 중 언어, 관계, 정체성 문제로 복합적인 심리적 과제를 경험한다. 의사소통에서 오는 어색함이나 문화적 거리감이 누적되면 불안, 우울, 고립감 같은 정서 반응이 나타나고, 자신에 대한 혼란이나 소속감 부족이 장기간 이어질 경우 무기력과 낮은 자존감으로 이어질 수 있다. 이러한 긴장감은 억울함이나 차별감정과 얽히며, 때로는 충동적 행동이나 공격성으로 표출되기도 한다. 특히 폐쇄적이고 위계적인 군 구조는 감정 조절을 더욱 어렵게 만들고, 일부는 외상반응과 유사한 심리 상태를 겪을 가능성도 있다. 이에 상담자는 단순한 적응 문제로 보기보다는, 장병이 처한 심리적 환경 전체를 이해하고 다층적인 개입 방안을 고민해야 한다. 간부와 병사 모두를 대상으로 하는 문화 감수성 교육, 다문화 병사에 특화된 상담 체계 마련, 동료 멘토링 프로그램, 외부 자원 연계 등 다양한 지원 체계가 함께 구축되어야 한다. 더불어 가족과의 정서적 연결, 언어적 지원체계도 함께 마련되어야, 병사가 지닌 심리적 부담을 줄이고 보다 안정적으로 군 생활에 적응할 수 있다.

3. 다문화 감수성 향상을 위한 상담적 접근

1) 다문화 감수성이란

문화적 감수성은 다양한 문화 배경을 지닌 이들의 관점과 삶을 편견 없이 이해하고 존중하는 태도이다. 이는 상담자뿐 아니라 군 간부와 동료 병사 모두에게 필요한 기본 자세이며, 소수자가 군 조직 내에서 심리적 안전감을 느낄 수 있도록 하는 기반이 된다. 다문화 장병 상담은 정보전달을 넘어서, 그들의 감정과 문화 맥락에 대한 깊은 이해와 공감이 동반되어야 한다.

2) 상담자에게 요구되는 감수성

효과적인 다문화 군 상담을 위해서는 문화적 맥락에서 행동을 이해하는 감수성이 필요하다. 다문화 장병은 한국 사회뿐 아니라 군 특유의 문화까지 동시에 익혀야 하므로 적응 부담이 크다. 따라서 상담자는 이들의 경험이 군 복무에 미치는 영향을 충분히 이해하고, 문화적 차이를 존중하며 개입할 수 있는 역량을 갖춰야 한다.

• 자기 인식(Self-awareness)

상담자는 자신의 문화적 관점을 자각하고 성찰하는 태도가 필요하다. "나는 중립적인가?", "편견은 없는가?"를 스스로 점검하며, 무의식적인 문화 우월감이나 고정관념이 상담에 영향을 미치지 않도록 주의해야 한다. 문화적 겸손함을 유지하며 자기 인식을 지속적으로 점검하는 자세가 중요하다.

• 지식(Knowledge)

다문화 상담을 효과적으로 수행하기 위해서는, 장병들이 속한 문화권의 역사, 가치관, 가족 구조, 감정 표현 방식 등에 대해 열린 자세로 배우고 이해하는 노력이 필요하다. 상담자는 특정 문화권의 표현 양식이나 정서 반응을 오해하지 않도록 해당

문화에 대한 기본적인 지식과 이해를 갖추는 것이 중요하다.

• 기술(Skills)

문화적 기술은 다문화 장병이 군대라는 위계적이고 폐쇄적인 환경 속에서 정서적으로 안전하게 적응할 수 있도록 지원하는 상담자의 실제적 역량을 말한다. 이는 단순히 언어를 잘 이해하고 전달하는 차원을 넘어서, 내담자의 문화적 배경을 존중하며 섬세하게 반응하는 정서적 민감성과 통합적 이해 능력을 포함한다. 상담자는 내담자의 표현 방식이 익숙하지 않거나 간접적일 수 있다는 점을 인식하고, 말의 내용뿐 아니라 표정, 말의 흐름, 눈빛, 침묵 등 비언어적 단서에 주의를 기울여야 한다.

예를 들어, 말없이 눈을 피하는 행동이 한국 문화에서는 무관심이나 반항처럼 보일 수 있지만, 특정 문화권에서는 존중이나 긴장감의 표현일 수 있다. 이처럼 문화적 차이를 간과하면 내담자의 태도를 오해할 수 있으므로, 상담자는 이러한 신호를 민감하게 감지하고 "지금 이야기하면서 어떤 기분이 드시나요?"와 같은 정서적 확인을 통해 내담자가 감정을 표현할 수 있도록 돕는 태도를 갖춰야 한다. 또한 낯선 용어나 문화적 맥락이 등장했을 때, 상담자는 그 차이를 판단하거나 설명하려 하기보다, 진심 어린 관심과 존중의 시선으로 질문하는 자세가 필요하다. "그 말은 어떤 상황에서 주로 사용되나요?", "당신 문화에서는 이런 상황을 어떻게 표현하나요?"와 같은 질문은 내담자로 하여금 '내가 있는 그대로 이해받고 있다'는 감정을 느끼게 하고, 상담자와의 신뢰 관계 형성에 긍정적인 영향을 준다.

• 상담자를 위한 다문화 감수성 체크리스트

상담자의 문화적 민감성과 개입 역량을 점검하기 위해, 본 교재에서는 임은미, 강혜정, 김성현, 구자경(2018)이 개발한 『한국 상담자의 다문화 상담역량 척도(KMCCS: Korean Multicultural Counseling Competency Scale)』를 기반으로 한 안내를 제공한다. 이 도구는 아레돈도(Arredondo) 등의 다문화 상담역량 모형(1996)을 토대로 한국 상담 환경에 맞춰 재구성된 것으로, 총 9개의 하위요인으로 구성된다. KMCCS는 상담자가 자신의 문화적 신념을 인식하고, 다양한 문화 집단의 가치와 경험을 이해하며, 실제 상담에서 이러한 요소를 반영하고 있는지를 점검할 수 있도록 설계되었다. 특히 상담자의 문화적 고정관념 자각, 차별적 요소에 대한 민감도, 문화 친화적 개입기법의 사용 여부 등을 구체적으로 살펴볼 수 있어 실천적 도구로 활용도가 높다. 9가지 하위요인은 아래 요약표로 정리하였으며, 각 항목별 세부 문항은 [부록 12-1]에서 확인할 수 있다.

〈다문화 상담역량 척도(KMCCS)의 9가지 하위요인〉

	하위요인	주요 내용
1	상담자 문화에 대한 수용	상담자가 자신의 문화적 배경을 인식하고 이를 편안하게 수용하는 태도
2	상담자 문화에 대한 지식	자신의 문화가 상담과정에 어떤 영향을 미치는지를 이해하는 능력
3	상담자 문화의 영향 조절 노력	상담자의 문화적 특성이 상담에 미치는 영향을 통제하기 위한 의식적 노력
4	내담자 문화에 대한 존중	내담자의 다양한 문화적 배경을 가치 있게 존중하는 태도
5	내담자 문화에 대한 지식	내담자의 문화적 특성이 심리적 문제 및 상담관계에 미치는 영향을 이해하는 능력
6	다문화적 지식 활용	다양한 문화 관련 지식을 내담자 이해와 개입에 실제로 적용하는 역량
7	다문화적 기법 수용	문화적으로 다양한 상담기법을 개방적으로 수용하고 적용하려는 태도
8	개입기법의 차별적 요소에 대한 지식	상담기법과 도구에 포함된 편향이나 차별 요소를 식별하고 비판적으로 인식하는 능력
9	다문화적 상담개입 기술	내담자의 문화적 특성에 맞춘 상담 전략과 기술을 실제 상담에서 활용하는 실천 능력

이 체크리스트는 상담 전후에 자신을 점검하거나, 동료 상담자와의 슈퍼비전 과정에서 활용할 수 있다. 특히 감정적으로 민감한 주제를 다룰 때 상담자의 문화적 렌즈를 되돌아보는 데 유용하다.

3) 구체적인 상담적 접근 전략

• 문화 중심이 아닌 '경험 중심'

다문화 장병과의 상담에서는 '그 사람이 겪은 일'에 집중하는 것이 중요하다. 어떤 문화에 속해 있는지를 묻기보다는, 군대 안에서 어떤 상황이 낯설었는지, 어떤 장면에서 혼란을 느꼈는지를 물을 때 훨씬 풍부한 이야기를 들을 수 있다. "그 나라에서는 보통 어때요?"라는 질문보다 "그때 어떤 기분이 들었나요?"처럼 감정에 초점을 맞춘 질문이 내담자에게 더 진정성 있게 다가간다. 상담자는 문화에 대한 사전 정보를 갖되, 상담 장면에서는 내담자를 '문화의 대변자'가 아닌 '하나의 존재'로 바라보아야 한다. 이 과정에서 정체성은 출신 문화가 아니라, 현재 그가 어떤 상황을 겪고 있는지를 중심으로 자연스럽게 드러난다. 상담자의 질문 방식과 반응은 내담자가 자신의 경험을 해석하고 표현할 수 있도록 지지해 주는 도구이며, 이는 상담자와 내담자 사이에 신뢰를 쌓는 중요한 실마리가 된다.

• 비언어적 신호 민감성

다문화 장병은 말보다 몸의 움직임, 시선 처리, 손동작 등을 통해 불편한 감정을 드러내는 경우가 많다. 특히 감정을 직접 표현하는 데 익숙하지 않거나 언어 소통에 제약이 있는 장병은, 표정이나 몸짓이 유일한 표현 방식일 수 있다. 상담자는 이러한 신호를 억측하지 않고, 편안하게 확인하는 태도를 유지해야 한다. 예컨대, 시선을 피하거나 몸을 움츠리는 내담자에게 "지금 이 이야기가 불편하실 수 있어요. 괜찮으시면 잠깐 멈춰도 됩니다"처럼 말함으로써, 감정의 흐름을 억누르지 않고 받아들일 수 있는 분위기를 조성해야 한다. 상담자는 내담자가 꼭 말로 설명하지 않아도 감정이 '존재하는 것 자체'를 인정해 주는 자세를 지녀야 하며, "굳이 설명하지 않아도 괜찮아요"라는 말 한마디가 내담자의 긴장을 크게 풀어 주는 역할을 한다. 이처럼 비언어적 반응에 대한 민감성은 단순히 관찰의 문제가 아니라, 언어 바깥에 존재하는 감정을 존중하고 기다리는 관계적 태도에서 비롯된다. 상담자는 내담자의 표현을 조심스럽게 마주하며, 감정이 안전하게 흘러갈 수 있는 공간을 함께 만들어 가는 존재가 되어야 한다.

• 통역보다 감정 읽기

다문화 장병과의 상담에서는 언어를 이해하는 것만으로는 충분하지 않다. 말의 억양, 속도, 침묵, 말끝의 떨림 등 비언어적 요소에는 감정의 결이 섬세하게 담겨 있기 때문이다. 같은 "힘들어요"라는 말도, 피로, 무력감, 상처 등 전혀 다른 감정에서 비롯될 수 있다. 상담자는 이 감정의 맥락을 놓치지 않도록, “그 말 하실 때 어떤 기분이 드셨나요?”, “말씀하시면서 표정이 달라지셨어요. 혹시 괜찮으세요?”처럼 정서에 주목하는 질문을 통해 감정을 조심스럽게 확인해야 한다. 정확한 해석보다 중요한 건 감정에 가까이 가려는 태도이다. “정확히 말하지 않아도 괜찮아요. 그냥 그때 마음이 어땠는지 천천히 나눠 주셔도 됩니다”라는 말은 내담자가 자신의 감정이 존중받고 있다고 느끼게 한다. 언어는 의미를 전달하지만, 감정은 관계를 연결한다. 상담자는 말의 내용뿐 아니라 그 안에 깃든 정서를 함께 들으려는 태도로, 내담자와 신뢰의 공간을 함께 만들어 가야 한다.

- ‘동화’가 아닌 ‘존중’

다문화 장병 상담에서 상담자의 핵심 역할은 내담자가 기존 조직에 일방적으로 동화되도록 유도하는 것이 아니라, 자신의 문화를 지키면서도 군 생활을 안전하게 이어 갈 수 있는 환경을 함께 모색하는 데 있다. 이는 적응을 개인에게만 요구하기보다, 조직과 개인이 만나는 지점을 함께 재구성하려는 시도이다. 많은 다문화 병사들은 ‘한국인처럼 보여야 한다’는 부담 속에서 자신을 숨기며 생활한다. 이는 시간이 지날수록 심리적 소진과 자기 상실로 이어질 수 있다. 상담자는 이러한 보이지 않는 압력에 민감하게 반응하며, 내담자가 자신의 문화를 포기하지 않고도 적응할 수 있다는 가능성을 제시해야 한다. “그 표현이 당신 문화에서는 자연스러운 거군요. 이곳에서는 어떤 방식이 더 편하실까요?”와 같은 질문은 문화를 가르치거나 수정하려는 태도 대신, 함께 조율하고 존중하는 자세를 보여 준다. 상담자는 내담자가 자신의 문화를 가진 고유한 존재로 대우받을 수 있도록 돕는 동시에, 조직 내에서도 심리적 안정을 찾아갈 수 있도록 지원하는 조력자여야 한다. 이러한 접근이 바로 다문화 감수성의 본질이라 할 수 있다.

4) 시사점

다문화 장병과의 상담에서 중요한 것은 문화 지식의 양이 아니라, 내담자를 대하는 상담자의 태도이다. 정보를 많이 알고 있어도, 상대를 변화의 대상으로 본다면 감수성은 작동하기 어렵다. 오히려 상담자가 내담자의 입장을 이해하고, 그 자리에서 함께 머무르려는 자세가 진정성을 전한다. 이 태도는 질문 하나, 눈빛 하나, 짧은 침묵을 대하는 방식에까지 스며들어 내담자에게 전달된다. 그리고 상담자는 그 섬세한 전달을 통해 비로소 신뢰를 얻는다. 군 상담자는 기술적 개입을 넘어, 조직 안에 다양성이 존재하고 있다는 사실을 민감하게 인식할 수 있어야 한다. 다문화 병사는 특별 관리가 필요한 대상이 아니라, 군의 성숙도를 보여 주는 한 구성원이다. 그들을 '다름'으로 분리하기보다 함께 살아가는 사람으로 인정하고 조화롭게 머물 수 있는 공간을 만드는 것, 그것이 상담자의 역할이자 다문화 감수성의 본질이다. 상담자는 그 공간을 지키는 사람이어야 한다.

4. 다문화 상담 적용 사례

사례: 다문화 병사의 언어 · 문화 차이로 인한 소속감 저하와 고립감

라이언(가명)은 어머니가 필리핀 출신인 21세의 이병으로, 한국 국적을 가지고 있으며 초등학교 이후 한국에서 교육을 받았다. 외형상 한국인과 크게 다르지 않지만, 발음에 미묘한 억양이 남아 있고, 문장 표현이나 어휘 사용이 또래 병사들과 조금 달라서 종종 "어색하다", "너 어디서 왔냐"는 말을 듣곤 했다.

훈련소 시절에는 큰 문제가 없었지만, 자대 배치 이후 생활관 동료들과의 관계에서 점점 어려움을 겪기 시작했다. 동기들이 "한국말 잘 하네?"라고 장난스럽게 말할 때도, 라이언은 그 말이 농담이 아니라 자신이 '다르다'는 낙인처럼 들린다고 느꼈다. 공동 작업 시에는 자신이 질문을 하거나 발언을 하면 분위기가 조용해지는 일이 반복되었고, 이후에는 자연스럽게 말수를 줄이고 혼자 있는 시간이 많아졌다.

시간이 지날수록 라이언은 군 생활이 단순히 힘들다는 수준을 넘어, "나는 여기에 껴 있을 수 없는 사람 같다", "말을 해도 통하지 않는다"는 고립감과 소외감을 강하게 느꼈고, 점차 복부 통증과 두통 등을 호소하며 의무실 진료를 반복하기 시작했다.

생활관 선임은 "얘는 그냥 말을 안 해요. 자꾸 눈치만 보면서 도망가듯 사라져요"라고 보고했고, 이에 따라 간부의 판단으로 상담 연계가 이루어졌다. 초기 상담에서 라이언은 "제가 말하면 애들이 피하는 것 같아요. 뭔가 분위기를 망친다는 느낌이 들어요"라고 말하며, 소속감 부재와 문화적 차이에 대한 민감성을 드러냈다.

1) 상담목표

- 언어 · 문화 차이에서 비롯된 정서적 위축과 소외감을 완화한다.
- 군 조직 내 소속감과 심리적 안전감을 회복하도록 돕는다.
- 자기표현과 상호 소통에 대한 자신감을 높인다.
- 다문화 정체성을 긍정적으로 수용, 문화적 강점을 발견하도록 지원한다.

2) 상담 개입

라이언은 한국어 구사에 큰 어려움은 없으나, 미묘한 억양과 문화적 표현 차이로 인해 생활관 내에서 소외감을 경험하고 있다. 반복되는 신체 증상과 대인 회피는 단순한 성격 특성이 아니라, 다문화적 정체성에 대한 위축과 조직 내 심리적 배제감에서 기인한 정서 반응이었다. 따라서 상담자는 정체성 수용, 소속감 회복, 자기표현 역량 강화, 문화적 다양성 존중 경험 제공의 네 가지 방향으로 개입을 진행한다.

(1) 문화적 차이에 대한 정서적 수용과 자기 이해 촉진

상담 초기에는 라이언이 겪은 언어적 미묘함, 타인의 시선, 반복된 침묵 경험을 수용적으로 듣고, “다름은 틀림이 아니라는 감각”을 내면화할 수 있도록 돕는다. 그가 외형상 한국인으로 분류되면서도 정서적으로 ‘외부인’처럼 느껴지는 이중적 경험을 명료화하고, 자신의 다문화적 배경이 곧 정체성의 약점이 아니라, 다양한 시각과 언어적 유연성이라는 자원임을 자각할 수 있도록 유도한다.

(2) 위축된 자기표현 회복과 소통 방식 조율

라이언은 자신이 말할 때 분위기가 어색해진다는 경험을 반복하며 자기검열이 심화된 상태였다. 이에 따라 상담자는 자기표현을 평가받지 않는 안전한 관계 안에서 천천히 연습할 수 있도록 돕는다. ‘말을 건네는 방식’, ‘말의 속도’, ‘표현의 맥락’ 등을 조절하며 상황에 맞는 표현 기술을 조율하고, 작은 성공 경험을 축적하게 한다.

예: 생활관 내 "안녕하세요" → "식사 맛있게 하세요" → "이건 어떻게 해요?"와 같은 단계적 대화 시도 실습

(3) 군 조직 내 소속감 회복과 긍정적 역할 발견

라이언이 "내가 여기에 속해 있어도 되는 사람인가"라는 불안을 느낀 이유는 타인과의 차이 그 자체보다, 그 차이에 대해 긍정적 피드백을 받지 못했기 때문이다. 상담자는 그가 참여할 수 있는 공동 작업, 생활관 간단한 역할(청소 구역 리더, 일정 알림 담당 등)을 통해 소속감과 자기 유용성을 느낄 수 있는 구조를 제안하고, 간부와 동료 간 비언어적 지지 표현이 가능하도록 환경 조율을 병행한다.

(4) 문화적 강점 인식과 자원화

상담 후반에는 라이언이 자신의 다문화 정체성을 위축이 아닌 자원으로 바라보는 시각을 가질 수 있도록 돕는다. 예를 들어, 이중 언어 구사 능력, 해외 친인척과의 문화교류 경험, 다양한 가치관에 대한 개방성을 자각하게 하고, 상담자는 이를 통해 "너만이 해 줄 수 있는 이야기가 있다"는 메시지를 전달한다. 필요시 다문화 병사 간의 소모임, 간부 교육 시 다문화 감수성 안내 등의 제도적 연계도 함께 고려한다. 상담자는 라이언이 군 내에서 '억지로 적응해야 하는 이방인'이 아니라, 자기 자리를 만들어 갈 수 있는 주체로 변화할 수 있도록 돕는 것을 목표로, 정서적 안전 기반 안에서 점진적인 변화를 이끌어 낸다.

13 군 진로 및 전역 후 상담

1. 군 진로상담의 필요성

1) 군 진로상담

군 진로상담은 복무라는 특수한 환경과 생애 전환기의 맥락에서 장병이 자신의 삶을 재정비하고 미래를 설계할 수 있도록 지원하는 전문적 개입이다. 복무 중의 제한된 환경은 자율성이 위축될 수 있지만, 동시에 내면을 성찰할 수 있는 기회를 제공하기도 한다. 진로상담은 취업 정보 전달을 넘어, 흥미와 적성, 가치관, 삶의 의미를 체계적으로 탐색하도록 도우며, 장기적 시야에서 자신의 방향을 스스로 찾아갈 수 있도록 돕는다. 상담 과정은 진로 사전검사, 개별 면담, 정보 제공, 실행 계획 수립으로 이루어지며, 병사의 자기 통제감과 주체적 선택 능력을 강화하는 데 중점을 둔다. 최근에는 생애설계 개념과 의미 중심의 진로 탐색이 강조되며, 군 복무 경험을 성장의 자산으로 전환하는 흐름이 주목받고 있다. 진로상담은 전역 후 진로 준비를 넘어 정체성 확립과 삶의 만족도 향상, 사회 적응력 강화로 이어지는 통합적 역할을 수행한다.

2) 군 장병 진로상담의 필요성

군 진로상담은 병사 개인의 전환기를 지원하는 예방적이자 통합적인 개입이다. 복무 시기는 진로 발달의 중요한 시점과 겹치며, 진로 결정을 유예한 상태에서 입대한 이들은 혼란과 불안을 경험하기 쉽다. 이 시기에 진로 상담은 삶을 주도적으로 설계하도록 돕는 중요한 역할을 한다.

첫째, 사회복귀에 대한 불확실성과 불안을 줄이는 데 도움을 준다. 진로 정보의 부재보다는 자기 이해 부족이 무력감의 핵심이며, 진로상담은 이러한 부분을 중심으로 접근해야 한다.

둘째, 진로 정체감이 형성되지 않은 청년층에게 방향감을 제시한다. 고졸 입대자나 중도 퇴학생은 선택의 기준이 모호한 경우가 많아, 삶의 통제감을 회복하도록 돕는 과정이 필요하다.

셋째, 복무 후 사회 적응 과정에 심리적 안전기반을 마련한다. 군과 민간의 조직문화 차이는 정체감 혼란을 유발할 수 있으며, 진로상담은 이 간극을 조율하는 완충장치가 된다.

넷째, 퇴역 직전이 아닌 복무 기간 내 일정 시점부터 자기탐색과 실천계획을 포함한 구조화된 진로 설계가 이루어져야 한다.

군 진로상담은 단기적 정보 제공에 머무르지 않고, 개인의 정체성과 미래 설계를 지원하는 심화된 개입이다. 이는 병사 개인의 삶의 질은 물론, 국가 인력 활용 측면에서도 제도적 기반이 요구되는 영역이다.

3) 군 진로상담의 목표

군 진로상담은 전역 후 취업을 위한 조언을 넘어, 병사가 자신의 삶을 새롭게 바라보고 방향을 설정할 수 있도록 돕는 발달적 개입이다. 특히 군 복무는 자기 성찰의 기회가 부족했던 이들에게 자신을 돌아보고 삶의 기준을 재정립할 수 있는 중요한 시기가 된다. 상담은 실제 사회 구조와 직업 세계에 대한 정확한 정보를 제공하여 왜곡된 기대를 바로잡고, 현실적 판단 능력을 기를 수 있도록 지원한다. 또한 전역 이후의 계획을 세우고 이를 실천에 옮길 수 있는 단계별 전략 수립을 통해 병사가 삶의 주도권을 회복하도록 돕는다. 위계가 강한 환경 속에서 스스로 선택할 기회를 놓쳤던 병사들은 진로상담을 통해 다시 삶을 설계할 수 있다는 확신을 얻고, 자기효능감과 동기를 회복하게 된다. 이 과정은 개인의 삶에 대한 통찰과 사회적 이행 준비를 함께 지원하는 핵심적 상담 경험으로 작용한다.

4) 시사점

군 복무 중 병사들이 마주하는 핵심 질문은 "무슨 일을 할까?"보다 "나는 누구이고 어떤 삶을 원하는가?"에 가깝다. 진로상담은 이러한 자기 탐색을 함께하는 여정이며, 단순한 정보 제공이나 직업 매칭을 넘어 개인의 감정과 혼란 자체를 상담의 중심에 둬야 한다. 군 조직이 정체성 형성에 제약을 줄 수 있지만, 오히려 진로상담은 삶의 서사를 회복하는 기회가 될 수 있다. 상담자는 병사의 불확실성과 고민을 함께 견디며, 스스로 삶의 방향을 설정할 수 있도록 돕는 촉진자가 되어야 한다. 진로 선택은 무엇을 할지가 아닌, 어떻게 살 것인가를 스스로 발견해 가는 과정이며, 진로상담은 그 여정에 함께하는 심리적 동반자 역할을 수행해야 한다.

2. 진로발달이론

1) 군 장병에게 진로발달이론의 필요성

군 복무는 장병에게 정체성이 아직 안정되지 않은 상태에서 사회와 잠시 단절되는 과도기다. 이 시기에 진로 방향을 미리 정하지 못한 병사들은 복무 중이나 전역을 앞두고 혼란을 겪기 쉽다. 이런 상황은 단순한 정보 전달만으로 해소되지 않으며, 진로 발달 이론에 기반한 체계적 탐색이 요구된다.

수퍼(Super)의 생애진로이론은 병사들이 탐색기에서 확립기로 넘어가는 전환기에 있으며, 이 시기에는 자기 이해와 현실 적응이 핵심 과업임을 강조한다. 사빅카스(Savickas)의 생애설계이론은 병사 개인의 삶의 이야기를 중심으로 진로를 구성하도록 돕는다. 이처럼 진로 발달 이론은 병사의 진로 성숙도에 맞는 개입 전략을 설계할 수 있는 기준이 되며, 자기 이해에서 실행까지의 과정을 내면화하도록 이끈다. 진로 발달 이론의 적용은 병사들이 삶을 주체적으로 설계할 수 있도록 하는 상담의 이정표가 되며, 군 진로상담의 전문성과 정체성을 강화하는 기반이 된다.

2) 적용가능한 주요 이론

• 수퍼의 진로무대이론(Life-Span, Life-Space Theory)

수퍼의 진로무대이론은 진로를 한 시점의 선택이 아니라, 생애 전체에 걸쳐 조정되고 재구성되는 발달 과정으로 본다. 이 이론은 생애 단계와 생애 공간이라는 두 개념으로 구성되며, 사람은 성장기부터 쇠퇴기에 이르는 여러 시기를 지나면서 다양한 사회적 역할을 수행하고, 이 과정에서 자아개념을 형성한다. 병사, 자녀, 시민 등 여러 역할이 동시에 존재하며, 이들의 상호작용은 진로 만족과 삶의 질에 영향을 미친다.

장병은 일반적으로 탐색기 후반에 해당한다. 직업 세계에 대한 탐색과 자아정체성의 명료화가 필요한 시기지만, 군이라는 제한된 환경은 이 과업의 진행을 방해할 수 있다. 이럴 때 수퍼 이론은 상담의 방향을 정하는 데 유용하다. 자기개념을 중심에 둔 상담은 장병이 자신의 흥미, 성격, 강점을 자각하고 이를 진로에 반영하도록 돕는다. 또한 이 이론은 진로를 직업에만 국한하지 않고 삶 전체의 구조로 본다. 전역 이후 수행하게 될 다양한 역할을 미리 조망하게 함으로써, 진로를 삶의 중심축으로 재정립할 수 있는 관점을 제공한다. 진로 발달이 반복되는 순환 과정이라는 점은 현재의 유예나 혼란이 실패가 아님을 인식하게 해 주며, 장병이 미래의 과업에 능동적으로 준비할 수 있도록 안내한다. 이처럼 수퍼의 이론은 군 진로상담에 통합적 사고를 가능하게 하며, 병사 스스로가 자신의 삶을 재설계하는 주체로 성장하도록 돕는 기초가 된다.

• 홀랜드의 인성이론(Holland's RIASEC)

홀랜드(Holland)는 개인의 성격이 직업 선택에 중요한 영향을 미친다고 보았으며, 사람과 환경 사이의 일치성이 직무 만족과 안정성에 직결된다고 설명한다. 이를 여섯 가지 유형으로 정리한 것이 RIASEC 모델이다. 각각은 현실형(Realistic), 탐구형(Investigative), 예술형(Artistic), 사회형(Social), 진취형(Enterprising), 관습형(Conventional)으로 구분되며, 각 유형은 고유한 선호 활동과 적응 환경을 지닌다.

군 환경에서는 다양한 진로 경험이 제한되기 때문에, 구조화된 흥미 유형 모델은 장병의 자기 이해를 돕는 데 유용하다. 특히 RIASEC의 언어는 직관적이라 자기표현이 익숙하지 않은 장병에게도 효과적이다. 상담에서는 간이형 흥미검사 등을 통해 개인의 주된 유형을 파악하고, 이를 토대로 진로 대화를 시작할 수 있다.

유형 기반 접근은 직업 정보를 나열하는 수준을 넘어서, 장병이 어떤 환경에서 자신이 살아 있을 수 있는지를 상상하고 구체화하도록 이끈다. 성격에 맞는 직무만이 아니라, 자신이 잘 기능할 수 있는 삶의 조건을 설계하게 해 주며, 이는 전역 후 진로 결정의 기준이 되기도 한다. 홀랜드 이론은 획일적인 병영 안에서도 개인의 고유한 성향을 존중하며, 진로 주도성을 키우는 상담 개입의 틀이 될 수 있다.

• 크롬볼츠의 사회학습이론(SLTCDM)

크롬볼츠(Krumboltz)는 진로를 정해진 목표로 보는 관점에서 벗어나, 학습과 적응을 통해 형성되는 과정으로 이해했다. 그는 사회학습에 기반한 진로결정이론(SLTCDM)을 통해, 우연한 사건이나 예측 불가능한 경험이 진로 형성에 깊은 영향을 미친다고 보았다. SLTCDM은 관찰, 직접 경험, 인지적 해석이 진로 태도에 작용한다고 설명하며, 상담은 고정된 계획보다 변화에 유연하게 반응할 수 있는 자원을 키워 주는 과정이 되어야 한다고 강조한다.

군 복무는 계획된 진로와 무관하게 주어지는 시간이지만, 다양한 조직 경험과 위기 상황은 자기 인식의 확장 기회가 된다. 상담자는 장병이 과거의 활동과 경험을 되돌아보며 자신만의 의미를 찾아가도록 도와야 한다. 뜻밖의 계기에서 얻은 통찰이 오히려 진로의 실마리가 될 수 있기 때문이다.

SLTCDM은 불확실성을 기회로 받아들이는 태도를 중시한다. 실패나 우연한 선택 속에서도 새로운 방향을 모색할 수 있는 가능성을 열어 주며, 장병이 변화에 능동적으로 대응하도록 돕는다. 이 이론은 군 복무 기간을 진로 탐색의 공백기가 아닌, 삶의 방향을 새롭게 설계하는 시기로 전환하게 해 주는 현실적인 틀이 될 수 있다.

• 진로적응이론(Savickas의 Career Construction Theory)

사비카스의 진로적응이론은 진로를 정해진 목표가 아닌, 개인의 삶 속에서 의미를 구성해 가는 이야기로 본다. 이 관점은 직업 선택이 외부 요인에 따라 결정되는 행위가 아니라, 자신을 이해하고 방향을 설계하는 내러티브 구성 과정으로 이해된다. 군 복무 중 겪는 다양한 상황–규율 적응, 갈등 경험, 협업–은 개인의 성장에 영향을 주는 중요한 경험들이다. 이러한 삶의 단면들을 함께 읽어 내고, 그 속에서 어떤 사람이 되어 왔는지를 조망하는 것이 진로상담의 출발점이 된다. 내담자는 과거를 단순히 회상하는 것이 아니라, 거기 담긴 동기와 감정을 재해석하며 자신만의 이야기로 재구성해 나간다.

진로는 빠르게 답을 내리는 문제가 아니라, 자신의 삶을 어떻게 구성하고 싶은지에 대한 성찰이다. 장병이 삶과 진로를 분리하지 않고 통합적으로 바라보게 되면, 진로에 대한 압박보다 자기 삶을 설계한다는 감각이 강해진다.

진로적응이론은 이미 정해진 길이 아닌, 자신이 주도적으로 구성해 가는 이야기라는 점에서 장병에게 진로 선택의 새로운 관점을 제시한다. 상담자는 이 서사가 생겨나는 여정에 함께하며, 장병이 자신의 경험을 삶의 설계로 전환할 수 있도록 지지하는 동반자가 되어야 한다.

3) 상담 적용 시 주의할 점

진로상담 이론은 상담자에게 유용한 틀이 되지만, 그 자체가 해답이 되지는 않는다. 중요한 것은 이론이 아니라, 이론을 매개로 만나는 장병 개개인의 삶이다. 같은 환경에 있어도 진로 고민의 양상은 저마다 다르며, 복무에 대한 해석이나 미래를 바라보는 시선 또한 각자 고유하다. 상담자는 이론을 그대로 적용하기보다는 장병의 맥락 속에서 유연하게 조율할 수 있어야 한다. 예를 들어, 흥미 유형을 확인했다면 그것이 실제 경험과 어떤 관계를 맺고 있는지를 함께 탐색해야 하고, 서사 중심의 상담을 시도하려면 먼저 감정을 다룰 준비가 되어 있는지를 세심하게 살펴야 한다. 진로상담에서 이론은 방향을 찾기 위한 참고 지도일 뿐, 그 길을 걷는 주체는 장병 자신이다. 상담자는 이론을 넘어서서 내담자의 삶을 전체적으로 바라보고, 다양한 접근을 넘나들며 진로 이야기가 온전하게 구성될 수 있도록 지지하는 역할을 해야 한다.

4) 시사점

진로 이론은 정해진 답을 제공하기보다, 장병이 스스로 삶의 방향을 해석할 수 있도록 돕는 사고의 틀이다. 핵심은 이론 그 자체보다, 그 이론이 장병의 언어로 다시 구성되는 방식에 있다. 상담자는 지식을 주입하기보다, 내담자의 경험을 새롭게 조망할 수 있도록 돕는 해석자가 되어야 한다. 진로상담은 단순한 직업 추천이 아니라, 삶의 의미를 구성하는 여정이어야 한다. "나는 지금 어디쯤 와 있는가?", "무엇이 나를 편안하게 하는가?" 같은 질문은 장병이 자신의 삶을 주도적으로 설계하도록 이끈다. 진로란 직업을 고르는 문제가 아니라, 자신이 어떤 방식으로 살아가고 싶은지를 정하는 일이기 때문이다. 상담자는 이론과 현실을 연결해 주는 안내자이자, 내담자가 자기 삶을 주체적으로 구성하도록 돕는 조력자여야 한다.

3. 전역 전 심리상담

1) 전역 전 상담의 중요성

전역을 앞둔 장병들은 해방감과 동시에 불확실한 미래에 대한 막연함을 함께 느낀다. 이 시기 상담은 단순한 진로 준비가 아닌, 삶의 전환을 조율하는 과정이다. 장병이 군 경험을 자신의 이야기로 정리하고, 전역 이후의 삶을 구체화할 수 있도록 돕는 것이 중요하다. 진로 계획뿐 아니라 정체성과 역할 변화에 적응할 수 있는 심리적 기반 마련이 함께 이뤄져야 한다. 전역 전 상담은 방향을 정해 주는 것이 아니라, 새로운 출발을 위한 내적 균형과 동기를 회복하는 과정이다.

2) 이별 준비를 위한 상담 전략

• 의미 정리: 군 생활을 되돌아보기

전역을 앞둔 시기의 상담은 미래 설계뿐 아니라 군 생활 전체를 자기 삶의 한 장으로 통합하는 데 초점이 맞춰져야 한다. 진로상담자는 장병이 복무 기간을 억지로 견딘 시간으로만 바라보지 않도록 돕고, 그 안에 담긴 감정과 배움을 스스로 정리해 볼 수 있도록 유도해야 한다. 예컨대, "군 생활 중 나를 변화시킨 경험은?", "이 시간을 어떤 기억으로 남기고 싶은가?" 같은 질문은 자기 이해를 확장시키는 촉진제가 된다. 이러한 회고는 자아정체감 강화뿐 아니라, 이후 진로 선택의 주체성을 형성하는 기초가 된다. 상담자는 회상과 구조화 작업이 원활히 이뤄지도록 '군 생활 회고 기록지'와 같은 도구를 활용할 수 있다. 이를 통해 장병이 복무 경험을 정리하고, 그 시간을 자기 성장의 일부로 받아들이는 데 도움을 줄 수 있다.

• 감정 통합: 애증의 감정 다루기

전역을 앞둔 장병들은 군 생활을 돌아보며 긍정과 부정, 자부심과 억울함이 뒤섞인 감정을 경험한다. 특히 부당한 대우나 위계 속 상처는 쉽게 잊히지 않으며, 이후에도 영향을 남길 수 있다. 상담자는 이때 감정을 억제하거나 무작정 긍정하라고 하기보다, 복합적인 감정에 이름을 붙이고 해석할 수 있도록 돕는 감정 정리의 과정을 함께해야 한다. "그럼에도 불구하고 내가 해낸 건?", "그때의 나에게 해 주고 싶은 말은?" 같은 질문은 자기 연민과 수용을 이끌어 내며, 복무 경험을 의미 있는 서사로 전환하는 데 기여한다. 감정 통합은 단순한 배출을 넘어서, 자신을 이해하고 수용하는 기반이 되어 진로 선택 이전의 중요한 심리적 준비 과정을 이룬다.

• 관계 정리: 동료, 간부, 조직과의 심리적 작별

군 생활은 특수한 밀착 관계를 형성하게 하며, 전역과 함께 이러한 관계는 자연스럽게 종료된다. 하지만 작별은 감정의 여운을 남기며, 심리적 정리가 필요하다. 상담자는 장병이 관계 속 감정을 언어화하고 정리할 수 있도록 돕는다. "고마움을 전하고 싶은 사람은?", "아직 남은 감정은?"과 같은 질문은 감정 해소를 촉진하며, '감사 편지 쓰기'나 '마무리 대화' 같은 활동도 도움이 된다. 관계 정리는 단순한 이별이 아니라 군 정체성에서 민간인으로 이행하는 심리적 전환이며, 새로운 삶과 관계를 준비하게 하는 상담의 중요한 부분이다.

3) 현실적 계획 수립 전략

• 6개월 플랜 그리기

전역을 앞둔 장병은 '앞으로 무엇을 할지'에 대한 막연함 속에서 불안과 공허감을 겪기 쉽다. 이 시기의 진로상담은 단순한 조언을 넘어, 구체적인 시간 구조화를 통해 심리적 예측 가능성과 실행 동기를 높여야 한다. '6개월 플랜 그리기'는 전역 후 혼란스러운 시기를 단계적으로 설계하도록 도와주는 실용적인 전략이다. 핵심은 세부 계획 자체보다, 계획을 세우며 장병이 주도성과 통제감을 회복하는 경험에 있다. 예를 들어, 1개월 차는 휴식과 재정 정리, 23개월 차는 진로 탐색과 자기 이해 활동, 45개월 차는 실질적인 준비, 6개월 차에는 구직 활동에 집중하는 방식으로 전개된다. 상담자는 장병의 가치관과 에너지 흐름, 외부 자원을 반영한 현실적 계획을 함께 구성하며, 플래너나 행동계획표 등 시각적 도구를 활용해 자기효능감을 강화한다. 이는 단순한 일정 관리가 아니라, 장병이 자신의 삶을 설계할 수 있다는 자신감을 되찾는 회복의 과정이자 상담적 개입이다.

• 자기 강점 재정리 및 적용 계획

진로상담은 장병이 군에서 얻은 자질을 민간 사회로 옮길 수 있도록 돕는 과정이다. 복무 경험을 단절된 시간으로 여기기 쉬운 장병에게, 상담자는 자신이 어떤 역할을 수행해 왔는지 성찰하도록 이끈다. 예를 들어, 침착함, 자기관리 습관, 관계 조절력 등은 민간에서도 유용한 역량이다. "군에서의 나의 자질이 어떤 직무에 적합할까?"라는 질문을 중심으로, 구체적인 강점 - 직무 연결을 시도해야 한다. '강점 인터뷰 시트'나 '경험 역량 카드' 등 도구를 활용하면 자원 인식과 자기효능감 향상에 도움이 된다. 이 과정을 통해 장병은 '다시 시작하는 사람'이 아니라 '이미 자원을 가진 사람'으로 자기 인식을 회복하게 된다.

• 사회적 자원 연결

전역 장병의 진로 설계는 자기 이해와 실행 계획 수립만으로는 충분하지 않다. 정보 접근성과 사회적 네트워크가 제한된 청년 병사의 경우, 취업과 진로 준비를 위한 공공 자원과의 연결이 반드시 병행되어야 한다. 이에 따라 상담자는 병사의 상황과 희망 진로에 맞는 자원을 필터링해 안내하고, 선택권을 존중하는 방식으로 접근해야 한다.

실제 연결 가능한 주요 자원은 다음과 같다.

- 병무청의 취업맞춤특기병 제도 및 취업매칭 서비스
- 고용노동부의 국비 직업훈련과 취업지원 프로그램
- 국방전직교육원, 보훈복지문화진흥원 등의 전역장병 특화 진로상담 센터
- 지자체 청년센터, 일자리 카페, 군전역자 재도약 프로그램
- 대한상공회의소, 중소기업진흥공단 연계 채용박람회와 온・오프라인 구직 플랫폼 등

상담자는 내담자의 관심 분야, 재정 상황, 지역 등을 고려해 단기 - 중기 - 장기 자원을 단계적으로 안내하고, "이 자원이 아니어도 괜찮습니다"와 같은 표현을 통해 감정적 안전도 함께 확보해야 한다. 이를 통해 병사는 혼자만의 불안 속에 머무는 것이 아니라, 현실적 기회를 기반으로 진로를 설계할 수 있는 힘을 갖게 된다.

4) 회기 구성(2~4회기 기준)

전역을 앞둔 장병을 대상으로 한 진로상담은 단기 집중형 회기 구조로 운영되는 경우가 많다. 제한된 시간 내에 실질적 성과를 도출하기 위해서는 각 회기마다 정서적 안정 → 자기 이해 → 현실 계획 → 사회 연결로 이어지는 구조적 흐름을 유지하는 것이 중요하다. 다음은 4회기를 기준으로 구성한 전역 전 진로상담 개입 모델의 예시이다.

• 1회기: 군 생활 돌아보기, 감정 정리, 의미 찾기

장병의 군 생활을 돌아보며 감정과 경험을 정리하고, 그 안에서의 의미를 찾아가는 데 초점을 둔다. 단순한 해방감 외에도 억울함, 분노, 후회 등 다양한 감정이 존재하므로, 이를 안전하게 표현하고 수용하는 정서적 안정화 작업이 필요하다. 구체적으로는 군 생활 타임라인 그리기, 인상 깊거나 후회되는 순간 나누기, "내가 버틴 이유는 무엇인가?"라는 질문을 통한 자기서사 탐색, '감정 명명 카드'를 활용한 감정 표현 활동 등이 이루어질 수 있다. 이를 통해 장병은 군 복무를 단순한 의무가 아닌 삶의 한 챕터로 받아들이고, 그 경험에 내재된 의미를 새롭게 구성하게 된다.

• 2회기: 전역 후 감정 예상, 불안 요인 파악, 대처 전략 탐색

전역 후 장병이 경험할 감정과 불안을 예상하고, 이에 대한 개인 맞춤형 대처 전략을 설계하는 데 중점을 둔다. "전역 후 어떤 감정이 들 것 같은가?", "가장 두려운 상황은 무엇인가?" 등의 질문을 통해 불안을 구체화하고, 과거의 대처 경험을 바탕으로 현실적인 대응 방식을 탐색한다. 스트레스 대처 유형 파악, 인지 재구성 훈련, 작은 실천계획 수립 등을 통해 불안을 통제 가능한 형태로 나누고, 그에 맞는 대응력을 기르는 심리적 준비가 이루어진다.

• 3회기: 6개월 계획 그리기, 자기 강점 전환, 목표 설정

전역 후 삶을 주체적으로 설계할 수 있도록 6개월 계획 수립, 군 경험에서의 자기 강점 재정리, 민간에서의 적용 전략을 구체화한다. 장병은 1~2개월 단위로 목표를 설정하며, 자신의 강점을 원하는 직무와 연결짓는 과정을 통해 실질적인 진로 실행 기반을 마련하게 된다. "전역 후 나는 어떤 사람으로 살고 싶은가?"에 대한 비전 선언을 통해, 내담자는 더 이상 막연한 미래가 아닌 준비된 삶의 주체로 자리매김하게 된다.

• 4회기: 관계 정리, 심리적 작별 연습, 사회 연결 자원 안내

군 조직과의 관계를 정리하고 민간사회로의 전환을 준비하는 심리적 작별과 사회

적 연결을 돕는다(감정→의미→계획→이별→연결). 장병은 감사 편지 쓰기나 상징적 이별 활동을 통해 감정을 정리하고, 병무청, 고용노동부, 국방전직교육원 등 다양한 사회 자원을 안내받으며 새로운 환경에 대한 기대를 형성한다. 상담자는 선택권을 존중하는 방식으로 자원을 제안하며, 전역을 단절이 아닌 연결의 시작으로 인식하도록 지원한다. 이를 통해 장병은 혼자 떠나는 전환이 아닌 준비된 이행으로 전역을 맞이하게 된다.

5) 시사점

전역 전 진로상담은 단순히 '앞으로 무엇을 할 것인가'를 정하는 자리가 아니다. 병사 한 사람의 지나 온 시간을 함께 되짚고, 그 시간을 의미 있는 삶의 일부로 통합하며, 미래로 건너갈 다리를 놓는 심리적 과정이다. "이제 뭘 하지?"라는 질문보다 "지금까지 어떻게 살아 냈는가?"를 묻는 것이 먼저이며, 이는 병사로 하여금 자신을 이해하고 견뎌 낸 시간의 가치를 발견하게 한다. 군 복무가 단절처럼 느껴지더라도 그것은 삶의 한 흐름이다. 진로상담은 이 흐름을 이어 주는 해석의 과정이자, 병사가 자신의 삶을 주체적으로 설계하도록 돕는 여정이다. 상담자는 방향을 제시하기보다, 의미 있는 질문을 통해 병사의 자존감과 자기결정성을 북돋는 동반자가 되어야 하며, 직업보다 삶의 의미와 방향을 다듬도록 조력해야 한다.

4. 사회복귀 지원 방안

1) 사회복귀의 이중 과제

사회로 나아가는 일은 단순한 전역 이상의 의미를 가진다. 오랜 군 생활을 마친 병사에게 '돌아간다'는 것은 낯선 사회에 처음 발을 들이는 일처럼 느껴질 수 있으며, 해방감보다는 생계 부담, 미래에 대한 막막함, 가족의 기대가 더 크게 다가오기도 한다. 이들은 하고 싶은 일보다 해야 하는 일에 집중하게 되고, 그 과정에서 자존감과 자신감이 흔들리기 쉽다. 이 시기에 상담자는 병사의 감정을 공감하고, 진로 탐색과 복지 자원 등 실질적 정보를 연결해 주는 동반자 역할을 해야 한다. 나아가 사회복귀를 단순한 적응이 아니라 '새로운 나'를 다시 만들어 가는 과정으로 인식할 수 있도록 도와야 한다. 상담은 이러한 전환을 지지하는 심리적 디딤돌이 되어야 한다.

2) 취업지원 측면의 상담 전략

• 현실 기반 취업 정보 제공

전역을 앞둔 장병에게 진로상담은 정서적 지지를 넘어 실질적인 취업 정보를 포함해야 한다. 상담자는 병무청, 고용노동부, 국방전직교육원, 국비지원 과정 등 다양한 자원에 대한 최신 정보를 기반으로 장병의 자기결정권을 존중하며 안내해야 한다. RIASEC, 직업가치카드 같은 도구를 활용해 흥미와 적성에 맞는 진로를 탐색하도록 돕고, 정답을 제시하기보다는 감정 · 정보 · 선택을 연결하는 구조적 상담을 통해 병사가 주체적으로 삶을 설계하도록 지원해야 한다. 이를 위해 상담자는 공공 및 민간의 취업 지원 프로그램에 대한 충분한 정보력을 갖추고 있어야 한다.

- 병무청 전역예정자 맞춤 취업지원 시스템: 장병 개개인의 이력과 선호에 기반한 맞춤형 취업 정보 제공 플랫폼
- 고용노동부 취업성공패키지: 청년 대상 단계별 취업 지원 프로그램
- 국방전직교육원: 기술 · 자격훈련, 면접 코칭, 전직 워크숍 등 제공
- 국비지원 자격훈련 과정: 내일배움카드, 민간자격 연계 과정 등

• 이력서 · 자소서 클리닉, 면접 코칭

전역을 앞둔 병사에게 자기표현 능력 향상은 중요한 진로상담 목표다. 많은 병사들이 사회 경험 부족으로 이력서, 자기소개서, 면접에 어려움을 느끼며, 상담자는 STAR 기법, 경험 재구성 워크시트, 자기 강점 표현 훈련 등을 통해 병사가 자신의 이야기를 설득력 있게 전달할 수 있도록 돕는다. 면접 코칭은 기술 지도뿐 아니라

자기감 회복을 위한 심리적 지지를 포함해야 하며, 이는 취업을 넘어 병사가 삶을 자기 언어로 표현하는 과정으로 이어진다.

- '경험 재구성' 워크시트 활용: 군 내 일상적 경험들을 직무 핵심 역량(예: 리더십, 위기 대처력, 책임감 등)에 대응시키는 구조적 접근
- 자기 강점 서술 훈련: "이등병 때부터 후임을 이끌었던 경험"을 "주어진 환경에서 자율성과 지도력을 발휘한 사례"로 변환
- 자기소개서 포맷 교육: STAR 기법(Situation, Task, Action, Result)을 통해 병사 경험을 구조화하여 설득력 있게 전달

이력서·자소서 클리닉과 면접 코칭은 병사에게 단지 일자리를 위한 도구를 제공하는 것이 아니라, 자신의 삶을 사회적 언어로 다시 구성하고 전달할 수 있는 표현적 자율성의 회복을 의미한다.

• 실천 계획 동반 설정

진로상담의 핵심은 정보를 주는 데 그치지 않고, 병사와 함께 현실적으로 실행 가능한 실천 계획을 세우는 데 있다. 단순한 정보 전달로 상담이 끝나면 병사에게는 부담으로 남을 수 있어, 상담자는 "그럼 지금부터 무엇을 해 볼 수 있을까요?"라는 질문을 통해 작은 실행 계획을 함께 설정하는 실천적 동행자가 되어야 한다.

- "이번 주 안에 마음에 드는 자격훈련기관 두 군데를 찾아보기"
- "직업훈련 신청서를 초안으로라도 한 번 작성해 보기"
- "고용센터 상담 예약을 직접 시도해 보기"

이러한 작은 행동은 자기효능감을 높이고 진로 실행의 시작이 된다. 이후에는 후속 면담 일정을 함께 정해 심리적 연속성을 유지하고, 병사가 혼자가 아닌 함께 준비하는 느낌을 갖도록 돕는다. 실천 계획은 병사의 주체적 선택과 참여로 이루어져야 하며, 이는 진로설계의 주도권을 병사에게 돌려주는 중요한 계기가 된다.

3) 심리적 지지 측면의 상담 전략

전역을 앞둔 병사에게 심리적 지지는 정체성 재구성과 자기 신뢰 회복의 출발점이다. 상담자는 불안을 병리화하지 않고 자연스러운 감정으로 받아들이며, 감정카드나 이미지 연상 도구를 활용해 감정 인식과 표현을 지원한다. 이를 통해 병사는 "나는 선택할 수 있는 사람"이라는 내적 확신을 되찾게 된다.

• 사회로 나가는 것에 대한 두려움 수용

사회로 나가는 두려움은 병사의 취약성이 아닌, 자율성과 경쟁이 요구되는 환경 변화에 대한 자연스러운 반응이다. 상담자는 이를 병리화하지 않고 수용하며, "불안할 수 있어요" 같은 반영을 통해 감정 표현과 자기수용을 돕는다. 감정카드, 이미지 연상 등 비언어적 도구를 활용해 내면을 탐색하고, 병사가 "나는 선택할 수 있는 사람"이라는 자기 신뢰를 회복하도록 지원하는 것이 진로상담의 핵심이다.

• 자기효능감 회복

전역을 앞둔 병사들이 느끼는 불안의 핵심에는 "내가 해낼 수 있을까?"라는 자기효능감의 약화가 있다. 이는 정보 부족보다, 군 경험이 민간에서 무의미하다는 인식에서 비롯된다. 반두라(Bandura, 1977)는 자기효능감이 행동 선택, 지속성, 정서 반응에 큰 영향을 미친다고 보았기에, 이를 회복하는 작업은 진로상담의 핵심이다. 상담자는 병사의 과거 성취 경험을 구체적으로 탐색하여 그 속에 담긴 능력과 자원을 재조명해야 한다. "그때 어떻게 버텼나요?", "어떤 방식으로 상황을 해결했죠?"와 같은 질문은 병사가 자신 안의 문제 해결력을 인식하게 한다. 또한 "그 경험을 해낸 사람이 지금의 당신이다"는 피드백은 과거의 자원을 현재와 연결하며 자기 신뢰를 회복시키는 중요한 상담적 언어가 된다.

• 관계망 확장 훈련

전역을 앞둔 병사는 "밖에는 아무도 없다"는 고립감에 쉽게 빠진다. 상담자는 병사에게 전역 후 준비가 혼자의 몫이 아니라 '연결 속의 준비'임을 인식시켜야 하며, 전역자 네트워크, 취업 워크숍, 멘토링 프로그램 등과의 접점을 안내해야 한다. 단순한 정보전달을 넘어서, 관계에 대한 두려움을 완화하고 병사가 스스로 연결을 시도할 수 있도록 정서적으로 지지하는 태도가 중요하다. 특히 관계 상처 경험이 있는 병사에겐 초기 적응을 함께 조율해 주는 섬세한 동행이 필요하다. 관계망 확장은 곧 자기감과 소속감 회복의 시작이다.

4) 통합 지원 프로그램 구성

전역 병사의 진로상담은 직업 선택을 넘어 정체성, 사회 적응, 심리적 독립을 함께 다루어야 한다. 이를 위해 감정 정리부터 실행 전략, 사회적 연결까지 포함한 통합적 지원이 필요하며, 총 4회기로 구성된 구조화된 상담 프로그램이 효과적이다.

- 1회기: 전역을 앞둔 감정 정리와 기대 - 두려움의 명료화를 통해 병사가 자신의 정서를 안전하게 표현하고 수용할 수 있도록 돕는다. 감정카드나 전역 감정 저널 같은 도구를 활용하여 불안을 병리화하지 않고 자연스러운 감정으로 받아들이는 태도를 형성한다.
- 2회기: 군 복무 중의 역할과 경험을 강점 언어로 재구성하고, 이를 직무와 연결시키는 작업이 이루어진다. RIASEC 검사와 강점 워크시트를 활용해 병사가 자신의 적성과 선호를 구체적으로 인식하도록 돕는다.
- 3회기: 병사의 진로 실행 가능성을 높이기 위한 실제적인 정보 제공과 실행 전략 수립이 중심이 된다. 고용노동부나 국방전직교육원 등의 제도 정보, 자기소개서 피드백, 모의 면접 클리닉 등을 통해 실천 기반을 강화하고, 병사와 함께 단기 실행 과제를 설정해 자기효능감을 높인다.
- 4회기: 불안 조절과 사회적 자원 연계를 중심으로 구성된다. 자기돌봄 루틴과 감정 수용 전략을 안내하고, 청년상담센터나 커리어 코칭기관, 전직 멘토링 프로그램 등 실질적인 사회적 자원에 대한 접근성을 높여 준다. 병사가 전역 후

스스로 도움을 요청할 수 있는 사람과 기관을 정리하도록 돕고, 필요시 후속 상담과의 연결도 지원한다.

5) 시사점

사회로 나아가는 과정은 철저한 준비보다 함께 걸어 줄 누군가의 존재가 더 큰 힘이 된다. 전역을 앞둔 병사들이 느끼는 흔들림은 폐쇄적 구조에서 벗어나 새로운 세계로 나아가려는 자연스러운 반응이다. 상담자는 "괜찮다", "당신은 할 수 있다"는 메시지를 통해 병사의 경험을 함께 떠올려 주고, 그동안의 버팀을 인정해 주는 사람이어야 한다. 이러한 관계는 자기효능감을 회복하고 민간 사회에서 다시 뿌리내릴 수 있는 회복탄력성의 출발점이 된다.

5. 진로상담 적용 사례

사례: 전역을 앞두고 진로 방향에 혼란을 겪는 병사

지훈(가명)은 전역을 약 3개월 앞둔 23세의 상병으로, 복무 기간 중 큰 문제 없이 모범적으로 군 생활을 수행해 왔다. 하지만 전역일이 다가오면서, 진로에 대한 고민이 급격히 심화되었다. 상담을 신청한 그는 "나가면 뭘 해야 할지 모르겠어요. 다들 뭔가 준비하는데, 저는 빈손이에요"라고 말하며 막막함을 토로했다.

지훈은 입대 전 2년제 대학을 중퇴한 후 학업이나 취업 모두 본격적으로 준비하지 못한 상태에서 입대했으며, 군 복무 중에도 별다른 진로 계획을 세우지 못했다. 평소 책임감 있고 성실하다는 평가를 받았지만, 막상 자신의 미래를 떠올리면 "나는 이룬 것도 없고, 어디에 가도 평범 이하일 것 같다"는 생각이 먼저 떠오른다고 했다.

부대 내 진로 관련 교육을 몇 차례 받았으나, 구체적인 정보나 방향을 정하지 못한 채 시간만 흘렀고, 동료 병사들 중 일부가 공기업 준비, 복학 계획, 자격증 공부 등을 이야기할수록 그는 점점 더 위축감을 느끼게 되었다. 최근에는 잠을 설치거나 식사량이 줄고, 일과 중에도 멍하게 있는 시간이 늘었다.

생활관 선임과의 면담에서 지훈은 "다들 나보다 나은 것 같다. 난 뭐든 늦은 것 같고, 자신이 없다"는 말을 자주 반복했다. 이를 확인한 간부의 추천으로 상담관과의 진로상담이 연결되었고, 초기 상담에서는 자존감 저하, 비교로 인한 위축, 진로결정의 불안이 두드러지게 나타났다.

1) 상담목표

- 전역 이후 진로에 대한 불안과 위축감을 완화한다.
- 자기 이해를 바탕으로 강점과 흥미를 탐색한다.
- 현실에 맞는 진로 방향을 설정하고 목표를 구체화한다.
- 진로 실행을 위한 정보 탐색과 계획 수립 능력을 강화한다.

2) 상담 개입

지훈은 전역을 3개월 앞두고 미래에 대한 방향을 정하지 못한 채, 타인과의 비교와 자기 비난 속에서 위축감을 느끼고 있다. 그의 진로 고민은 단순한 정보 부족이 아니라, 자신에 대한 이해 부족과 실패에 대한 불안, 정체감의 혼란에서 비롯된 문제로 파악된다. 이에 따라 상담자는 자기 이해 증진, 진로 자원 탐색, 실행 기반 목표 수립을 중심으로 개입을 진행한다.

(1) 관계 형성 및 진로 불안 수용

상담 초기에는 지훈이 느끼는 불안과 혼란, "나는 늦은 것 같다"는 자책을 평가 없이 수용하고, 진로 고민이 그저 '못해서 생긴 문제'가 아니라 중요한 전환기에서 누구나 겪는 정서적 반응임을 정상화한다.

"아직 명확하지 않다는 건, 선택지가 많다는 뜻일 수도 있어요"와 같은 언어를 통해 내담자가 가진 막막함을 부정하지 않으면서, 심리적 여유를 확보한다.

(2) 자기 이해 증진 및 흥미·가치 탐색

지훈은 진로를 생각할 때 "나는 특별한 게 없다"는 인식을 반복하고 있으므로, 지금까지 해 온 경험 중 의미 있었던 순간, 힘들었지만 끝까지 해낸 일, 칭찬받은 경험 등을 함께 회상하며, 내면에 있는 가치관, 흥미, 강점 요소를 도출한다. 필요시 진로 흥미 검사(Holland 유형 검사 등)를 활용하여 자기 이해를 도우며, 검사 결과는 '틀렸다/맞았다'가 아니라 '생각의 출발점'으로 해석하도록 안내한다.

(3) 진로 선택지 정리 및 현실 기반 목표 설정

지훈과 함께 현실적인 진로 선택지를 브레인스토밍하고, 그중 가장 가능성 있는 2~3개를 추려 구체적으로 비교해 본다.

예: 복학 vs 공기업 준비 vs 현장 직업 경험 등. 각 선택지의 장단점, 요구 조건, 준비 기간 등을 표로 정리하고, 결정균형표(Decision Balance Sheet) 같은 기법을 활용해 자신의 판단 기준을 분명히 한다.

(4) 실행 계획 수립 및 정보 탐색 훈련

선택한 진로 방향에 따라 단기 실행 계획을 함께 세우고, 구체적 행동으로 연결되도록 돕는다.

예: "2주 안에 온라인 직업탐색 사이트 2곳 조사", "상담관과 함께 이력서 초안 작성", "복학 관련 학과 홈페이지 확인" 등

정보 탐색이 막막한 지훈에게는 자료를 찾는 방법, 질문 정리법, 지원 시스템(위풍당당센터, 병영진로상담 등)에 대한 구체적 안내도 제공한다.

(5) 자기효능감 강화 및 상담 종결 준비

상담 후반에는 지훈이 스스로 변화한 부분(정보를 모아 본 경험, 혼자 결정을 시도한 경험 등)을 자각하도록 하며, "나는 아무것도 없었다"는 인식에서 벗어나 작은 실행 경험을 쌓은 사람으로 자기 평가를 재구성하도록 돕는다. 전역 이후에도 진로 탐색은 계속될 수 있음을 설명하고, 군 외부 진로상담기관, 온라인 플랫폼, 지역 고용센터 등의 정보도 함께 안내한다.

chapter

14 군 상담자의 자기돌봄과 윤리

1. 군 상담자의 소진 원인과 유형

1) 군 상담자 역할의 특수성

군 상담자는 복무 적응, 위기 개입, 자살 예방, 지휘 조언 등 다양한 영역을 혼자 담당하는 다역할 심리 전문가다. 민간과 달리 슈퍼비전이나 협업 기반이 부족한 폐쇄적 환경 속에서 활동하다 보니, 정서적 · 윤리적 부담이 장기화될 위험도 크다. 이동귀 등(2013)은 군 상담자를 군인과 그 가족에게 심리상담을 제공하고, 지휘관이 부여한 관련 업무를 수행하는 전문가로 정의했다. 이처럼 군 상담자는 심리 개입뿐 아니라 조직 내 소통과 조정의 가교 역할도 동시에 수행한다.

- 복무 부적응 장병을 식별 · 관리하며, 이와 관련하여 지휘관을 보좌한다.
- 부적응 장병을 현장에서 상담하고 관리한다.
- 장병의 기본권을 제한하는 사항을 식별하고 이를 시정하도록 지휘 조언한다.
- 간부 및 상담 병사의 상담 능력을 향상하는 교육을 제공한다.
- 장병 및 군인가족에 대한 상담을 제공한다.
- 다문화 장병을 관리하고, 이와 관련하여 지휘관을 보좌한다.

'식별', '관리', '지휘관 보좌' 등 일반 상담자들에게 익숙하지 않은 용어가 시사하듯, 군 상담자는 민간의 상담센터는 물론 학교, 기업, 공공기관 등 기관 내부 상담센터와도 상당히 다른 근무 환경에 처해 있으며, 이로 인한 고유한 어려움을 경험할 수 있다. 연구에 따르면, 현업에 종사하는 군 상담자가 가장 중점을 두는 역할은 '병사 적응 지원'(40.3%)이었고, 두 번째로 '위기 개입'(36.1%)을 꼽았다(이형국, 김영혜, 지승희, 2019). 세 번째 역할 초점은 지휘 조언을 통한 지원이었다. 세 범주 모두 조직의 요구와 매우 긴밀하게 연관되어 있다는 점에서 군 상담의 독특성을 보여 준다.

2) 소진의 주요 원인

소진(burnout)은 지속적인 직무 스트레스로 인한 신체적 · 정서적 · 정신적 탈진 상태이며, 사람을 많이 상대하는 직군에서 자주 발생한다. 군 상담자는 내담자뿐 아니라 지휘관 등 다양한 관계자와 소통해야 하기에 복합적인 부담을 겪는다. 이로 인해 상담자의 정서적 소진이 상담의 질을 저하시킬 수 있다. 주요 원인으로는 열악한 근무 환경, 과중한 업무, 조직의 낮은 상담 인식, 복지 부족, 동료 간의 갈등 등이 있으며, 이는 상담자의 직무 몰입과 지속 가능성에 영향을 미친다(박철우, 2017; 현희주, 신애자, 2018).

• 물리적 환경

군 상담자는 열악한 환경에서 근무하는 경우가 많다. 상담 공간의 부족, 장거리 이동, 여성 상담자의 경우 화장실 문제, 일과 가정의 병행 어려움 등이 대표적이다. 특히 혼자 근무하는 '1인 센터' 구조는 정서적 고립감을 키우며, 군 조직 내 특수한 위치로 인해 주변과 단절된 느낌을 갖기 쉽다. 이러한 소외감은 상담자의 소진을 가중시키는 핵심 요인 중 하나다.

• 업무 부담 및 개인 시간의 제한

군 상담자는 상담 외 행정업무까지 맡으며 과중한 업무를 감당한다. 근무와 개인 시간의 경계가 모호하고, 자해 · 자살 등 위기 상황이 발생하면 야간이나 주말에도 출동해야 하는 경우가 많아 만성 피로와 긴장을 경험하게 된다. 박철우(2017)는 위기 개입과 자살 예방이 군 상담자의 핵심 역할임을 강조하며, 이로 인한 심리적 부담과 무력감이 크다고 보았다. 특히 고위험 내담자 개입 실패나 실제 자살 사건은 상담자에게 깊은 충격과 장기적 소진을 남길 수 있다.

• 상담에 대한 인식 부족

군 조직에서는 상담이 사고 예방이나 정보 수집 수단으로 인식되는 경우가 많아, 상담자가 문제 해결자나 보고 책임자로 기대되며 심리적 부담을 느끼게 된다. 이처럼 '군기 유지'와 '정서적 공감' 사이에서 역할 갈등이 생기고, 간부마다 상담에 대한 이해나 기대가 다르다면 상담 개입에도 혼선이 생길 수 있다. 이는 청소년 상담 후 부모와 소통하는 과정과 유사하지만, 군 조직의 위계 구조로 인해 의사소통이 더욱 어렵다는 점에서 상담자의 혼란과 소진을 가중시킨다.

• 복지와 처우로 인한 스트레스

군 상담자는 근무 초기에 평가와 재계약에 대한 불안과 긴장감을 지속적으로 느낄 가능성이 있다. 이는 근무 시작 후 5년이 되는 시점에 무기계약직으로 전환되는 제도로 인한 것이다. 또한 해직과 재고용에 대한 객관적인 기준과 절차가 확립되어 있지 않다고 여겨 고용 불안정을 호소하기도 한다. 이 외에, 경력과 무관하게 적용되는 임금제도도 경력이 높은 군 상담자들의 동기를 저하하는 주요 요인으로 작용한다.

• 동료 관계

군 상담자 연구들에 따르면, 동료 관계는 직무 스트레스를 가중하는 요인 중 하나이다. 군 상담자들은 군의 특수성으로 인해 타 기관 상담자들과 의사소통이 어렵다고 느끼므로, 군 상담자로 활동하는 동료와의 관계가 중요하게 부각된다. 병영생활 전문상담관 제도는 그 도입 취지와 전개 양상을 반영하여 다양한 학문적 배경을 지닌 상담자를 채용하였고, 이에 따라 군 상담자 간 전문 영역과 관점의 차이가 발생한다. 또한 앞서 언급한, 경력과 무관한 임금제도 및 동일한 업무가 주어지는 수평적 체계로 인해 선임과 후임 상담관과의 소통과 협력 체계가 어렵다는 점도 동료 관계를 어렵게 하는 요인이 된다.

3) 소진의 주요 증상 유형

상담자의 소진은 심리적·신체적 건강에 직접적인 영향을 줄 뿐 아니라 대인관계 및 전문성에 손상을 줄 수 있어, 조기에 예방하고 관리될 필요가 있다. 마슬라크와 라이터(Maslach & Leiter, 1997)는 소진을 정서적 탈진, 탈인격화, 성취감 저하의 세 가지 요소로 설명하였다. 이를 바탕으로 군 상담자의 실제 경험을 분석하면, 다음과 같은 양상들이 나타난다.

• 정서적 탈진

군 상담자들은 반복적인 위기 상담, 특히 자살 위험군 병사와의 상호작용에서 심리적 에너지를 특히 많이 소모한다. 예를 들어, 고위험군 병사와 상담 후 책임감과 불안감에 시달리며, '혹시 일이 생기면 어떻게 해야 하나'라는 생각에 잠을 이루지 못할 수 있다. 또 각 부대의 요청에 따라 개인 상담을 과도하게 진행한 후, 감정적으로 고갈되어 무력하고 우울한 감정을 느끼는 정서적 소진을 경험할 수 있다.

• 탈인격화

비인격화는 내담자나 조직에 대한 냉소적인 태도를 가지게 되거나 정서적 거리두기를 함으로써 스스로 보호하려는 양상으로 나타난다. 예를 들어, 내담자의 정서적 고통에 공감하기 어렵고 병사들을 '일'로만 인식하는 거리두기 반응을 보이거나, 지휘 체계의 협조 부족으로 좌절감을 느낄 때 '군대는 원래 이렇다'는 냉소적인 태도를 보일 수도 있다.

• 성취감 저하

군 상담자는 부대나 지휘관의 특성에 따라 전문성을 인정받지 못하고 상담 개입이 실질적인 변화를 만들지 못한다는 인식을 갖게 되어, 직무에서 무력감을 경험할 수 있다. 전문가로서의 정체성이 침식되어 '내가 이곳에서 무얼 하고 있는지 모르겠다', 또는 '내가 뭘 해도 변하는 건 없다'라고 느끼게 되면, 내담자의 변화를 민감하게 알아차리지 못하거나 반복적인 문제에 대해 기계적으로 반응하는 등 실질적인 상담의 질 저하가 나타난다.

• 신체적 · 인지적 반응

군 상담자는 잦은 출장, 위기 개입, 야간 상담 등으로 수면 부족과 피로가 누적되어 수면장애, 두통, 소화불량, 집중력 저하 등의 신체적 · 인지적 증상을 겪는다. 이러한 탈진은 심리적 고립과 이직 욕구로도 이어진다. 실제로 군 상담자가 역할 지속을 고민하는 주요 이유는 전문가 정체감 혼란(35.3%)과 소진(25.5%)이며(이형국 외, 2019), 이는 개인의 문제가 아닌 구조적 문제로 봐야 한다. 소진 예방을 위해서는 스트레스 관리뿐 아니라 상담자 역할에 대한 재정립과 제도적 · 정서적 지원이 병행되어야 한다.

2. 자기돌봄 전략

1) 자기돌봄은 '선택'이 아닌 '필수'

군 상담자는 반복되는 위기 개입과 고립된 환경 속에서 쉽게 소진될 수 있어, 자신의 정서와 에너지를 돌보는 체계를 갖추는 것이 필수적이다. 이는 단순한 스트레스 해소가 아니라 스트레스에 어떻게 반응하느냐에 대한 자기 이해의 문제이다. 현희주와 신애자(2018)는 직무 스트레스가 상담자의 성장 계기가 될 수 있다고 보았으며, 스코볼트(Skovholt, 2001)는 환경과 특성에 따라 전문성 발달이 달라질 수 있음을 설명했다. 라자루스와 폴크만(Lazarus & Folkman, 1984)은 스트레스 대처 방식 중 문제해결과 사회적 지지 추구가 소진 예방에 효과적임을 강조하였다. 자기돌봄은 상담자의 심리적 회복력과 역할 지속을 위한 필수 요소다.

2) 기본적인 건강관리

소진을 예방하려면 신체 리듬을 유지하는 건강한 생활 루틴이 필수적이다. 규칙적인 식사와 수면, 가벼운 유산소 운동은 기본이며, 특히 아침을 어떻게 시작하느냐가 하루 전체의 심리 안정에 큰 영향을 준다(小林弘幸, 2023).

- 여유로운 아침을 위해 일찍 기상하고, 이불 속에서 간단한 스트레칭을 한다.
- 일어나자마자 물 한 컵을 마시고, 가능한 한 느긋하게 아침 식사를 한다. 이는 부교감신경계를 자극해 이완과 심리적 안정감을 높인다.
- 저녁 루틴 역시 수면의 질에 중요하다. 밤 시간의 준비 과정은 부교감신경을 활성화하여 숙면을 돕는다.
- 저녁 식사는 늦어도 8시 이전에 마치고, 식후 바로 눕는 것은 피한다.
- 샤워는 미지근한 물로 저녁에 하는 것이 좋으며, 짧은 반신욕도 이완에 도움이 된다.
- 취침 1시간 전에는 조명을 낮추고, 스마트폰은 최소 30분 전부터 멀리 둔다.

이 외에도 가벼운 일상 활동과 유산소 운동은 스트레스를 완화하고 자율신경계의 균형을 회복하는 데 도움이 된다. 특히 피로가 누적된 날일수록 가벼운 집안일을 하거나 햇볕을 쬐며 걸어서 긴장을 풀어 주는 것이 좋다. 스쿼트, 스트레칭, 슬로우 조깅 등은 군 상담자가 쉽게 실천할 수 있는 운동이며, 상담 전후 5분 스트레칭이나 심호흡 루틴도 유익하다.

3) 일과 삶의 분리

상담자는 상담실 밖에서도 자신이 상담자 역할을 지속하고 있지 않은지 점검할 필요가 있다. 인정 욕구나 불안이 개인 생활을 침범하면 소진 가능성이 커지며, 가족이나 지인과의 관계에서도 피로가 누적될 수 있다. 역할과 정체성의 경계를 설정하는 일과 삶의 분리는 소진 예방과 윤리적 상담을 위한 필수 과정이며, 전문성 향상에도 기여한다. 개인적 삶과 전문성은 분리된 것이 아니라 상호 작용하며 함께 성장한다는 인식이 필요하다.

- 근무 시간 외에 업무 메모나 보고서를 작성하는 일을 의식적으로 줄인다. 이를 위해 부대와 협의하여 하루에 상담하는 인원을 최대 5명으로 줄인다든지, 특정 시간에 상담을 진행할 수 있도록 일정을 구조화하는 것이 도움이 된다.
- '개인 시간 선언'을 연습한다. '이 시간에는 내가 나에게 집중하겠다'고 스스로와 약속을 하는 것이다. 예를 들어, 점심시간에 천천히 식사하고 산책하거나, 퇴근 후 자신만을 위해 편안하게 즐길 수 있는 시간대를 확보할 수 있을 것이다.

4) 관계 기반 자기돌봄

군 안팎에서 정서적으로 연결된 '한 사람'의 존재는 고립감 해소와 소진 예방에 큰 힘이 된다. 특히 군 상담의 특수성을 이해하는 동료 상담자와의 교류는 스트레스 해소와 문제 해결의 단초가 될 수 있다(현희주, 신애자, 2018). 가족이나 지인과의 관계 역시 정서적 지지의 중요한 자원이 되며, 일상 속 소통과 즐거운 활동은 상담자가 자신을 객관화하고 소진에 빠지지 않도록 돕는다.

- 같은 부대나 인근 부대 상담자, 동기들과 정기적으로 모여 '감정 나눔' 시간을 갖는 것이 고립감 해소에 도움이 된다.
- 가족과 떨어져 지낼 경우, 정기적으로 연락하고 관심을 표현하여 관계가 소원해지지 않도록 관리한다.
- 군 조직의 폐쇄성 속에서도 외부 지인과 지속적으로 소통함으로써 자신만의 세계에 갇히지 않도록 노력하는 것이 필요하다.

5) 감정노동 관리

상담자는 내담자의 고통에 장기간 노출되며 공감피로(compassion fatigue)를 겪을 수 있다. 자신의 감정을 인식하고 분리하는 연습이 필요하며, 마음챙김(mindfulness)을 통해 감정을 흘려보내는 훈련도 도움이 된다. 감정은 신체의 내적 신호와 연결되어 있어, 현재 각성 수준을 스스로 점검하고 호흡, 산책, 신체 활동 등을 통해 조절할 수 있어야 한다(Damasio, 2017). 감정이 뒤섞이지 않도록 '이 감정은 내 것인가?'를 묻는 짧은 성찰 루틴도 유용하다. 상담 전후 짧은 명상은 상담자와 내담자 모두의 안정에 기여할 수 있다.

상담자의 자기돌봄은 전문성 유지뿐 아니라 '살아 있는 사람'으로 남기 위한 필수적인 실천이다. 매일 감정일기 쓰기, 매주 동료와 사례 나누기, 정기적인 슈퍼비전 참여 등 실천 가능한 루틴을 정하고 이를 지속하는 것이 바람직하다(Skovholt, 2001). 개인적 돌봄과 직업적 돌봄을 함께 고려한 자기관리 체계가 요구된다. 슈퍼비전, 동료 사례 모임, 자기 분석 등 전문적 차원의 자기돌봄은 이 장 4절에서 별도로 다룰 것이다.

3. 군 상담과 윤리

1) 군 상담 현장의 윤리적 특수성

군 상담자는 '심리 전문가'이자 '군 조직원'이라는 이중 정체성을 지니며, 이는 민간 상담에서는 경험하기 어려운 복합적인 윤리적 긴장을 만들어 낸다. 군대의 위계적 명령 체계, 보고 의무, 보안 환경, 조직 우선 가치 등은 상담자의 윤리적 판단에 지속적으로 영향을 미치는 구조적 요소로 작용한다.

• 비자발적 내담자와 구조적 긴장

군 조직은 본질적으로 질서, 명령, 보안을 최우선으로 하는 위계적 체계이며, 이 체계는 군 내 모든 인간관계와 행위의 원칙으로 작동한다. 이러한 구조 안에서 상담자는 비자발적 내담자를 만날 확률이 높고, 상담 초기부터 내담자의 심리적 저항, 불신, 두려움 속에서 상담을 시작하게 된다. 병사는 스스로 상담을 요청하기보다는 지휘관의 지시에 따라 상담실로 오게 되는 경우가 많으며, 이는 자율성과 비밀보장의 기본 원칙을 흔드는 구조적 출발점이 된다.

• 비밀보장인가, 보고 의무인가

상담 내용에 대한 비밀보장은 윤리적 핵심 원칙이지만, 군에서는 자살 위험, 군기 문란, 형사사건과 관련된 경우 반드시 상급 부대나 지휘관에게 보고해야 하는 의무가 따른다. 이로 인해 상담자는 내담자에게 개입 내용의 비공개를 약속하기 어려우며, 병사 또한 상담자가 '지휘 체계에 정보를 제공하는 사람'이라는 불신을 갖게 된다. 특히 민감한 정보가 병사의 인사기록이나 처벌에 영향을 미칠 수 있다는 인식은, 상담실을 '도움의 공간'이 아닌 '감시의 통로'로 여기게 만든다.

• 군 상담자의 다중 정체성

군 상담자는 단순한 심리적 조력자에 머물지 않고, 지휘관의 고충을 듣고 조언을 제공하거나, 병사의 성향을 파악하여 군무에 적합한지를 판단하는 행정적 업무에 참여하기도 한다. 이로 인해 상담자는 '개입자'이자 동시에 '평가자', '보고자'로서 다중적인 역할을 수행하게 되며, 이는 내담자에 대한 공감적 접근을 방해하거나 상담자의 전문성과 중립성에 대한 혼란을 초래할 수 있다.

• 안전과 존엄 사이의 균형

군 조직은 위기 개입과 안전 확보를 최우선으로 두는 특성상, 상담자가 상담 내용을 일부 공유하지 않으면 직무 소홀이나 보안 위반으로 간주될 수 있다. 이로 인해 상담자는 비밀보장과 보고 의무 사이에서 갈등을 겪으며, 정서적 소진이나 전문성 손상을 경험할 수 있다. 군 상담자는 인간 존엄성과 조직 안정, 전문성 유지와 직무 충실성 사이에서 지속적으로 균형을 요구받는다. 윤리 기준이 존재하더라도 모든 상황에 일률적으로 적용되기 어렵기 때문에, 상담자는 매 순간 '가장 인간적인 선택'과 '가장 안전한 조치'를 함께 고려해야 한다.

2) 비밀보장과 예외

• 비밀보장은 상담 신뢰의 기초다

비밀보장은 상담 윤리의 핵심 원칙으로, 내담자가 심리적 안전감을 느끼고 자유롭게 자신의 감정과 생각을 표현할 수 있도록 하는 기반이다. 특히 군 상담 현장에서는 지휘체계와 행정 보고 체계가 상담자에게 병사의 정보를 요구하는 경우가 많지만, 내담자의 안녕을 최우선으로 고려하는 태도는 상담의 효과성과 윤리성을 결정짓는 요소가 된다.

• 군 상담에서의 비밀보장 한계

군 조직은 자살 사고, 자해, 범죄 관련 상황 등 민감한 주제가 빈번하게 발생하는 구조이므로, 보고 의무가 병행되는 경우가 많다. 그러나 이러한 상황에서도 비밀보장의 원칙이 무시되어서는 안 되며, 상담자는 정보 제공 시점과 범위, 보호 조치 등을 함께 고려해야 한다.

• 생명 보호가 우선되는 예외 상황

자살이나 타해 위험이 임박한 경우, 비밀보장보다 생명 보호가 우선된다. 상담자는 정보를 누구에게 왜 전달하는지 내담자에게 설명하고, 위기와 관련된 핵심 정보만 보고하며, 치료적 관계를 유지하려 노력해야 한다. 이후 병원 연계나 의무기록 동의 등 추가 보호 조치도 함께 이루어진다.

• 초기 고지를 통한 신뢰 유지

비밀보장 원칙과 예외 사항은 상담 초기에 반드시 고지되어야 한다. 내담자는 상담이 어느 범위까지 안전한지, 어떤 경우에 정보가 외부에 전달될 수 있는지를 이해해야 하며, 이는 상담자에 대한 신뢰 형성과 내담자 자기결정권 보장에 중요한 절차다.

• 윤리적 민감성으로 접근해야 한다

군 상담자는 비밀보장을 단순히 '지킬 것인가, 어길 것인가'라는 이분법적 기준이 아니라, 신뢰와 생명 보호 사이의 균형을 모색하는 윤리적 민감성과 판단력으로 접근해야 한다. 매 회기, 매 상황 속에서 그 균형점을 세심하게 찾아가는 실천 역량이 요구된다.

3) 무해성의 원칙(Nonmaleficence)

무해성은 "해를 끼치지 말라"는 상담 윤리의 핵심 원칙으로, 특히 위계와 취약성이 공존하는 군 상담에서 중요한 기준이 된다(Beauchamp & Childress, 2001). 병사의 말이 지휘 체계에 전달되어 불이익으로 이어질 경우, 개입 자체가 해가 될 수 있기에 정보 전달의 시기와 방식은 매우 신중해야 한다. 스코볼트와 뢴네스타드(Skovholt & Rønnestad, 2003)는 초심 상담자의 과도한 열의가 오히려 무해성 원칙을 위반할 수 있다고 경고했다. 특히 감정 억제를 유도하거나 구조적으로 해석된 개입은 병사의 고통을 심화시킬 수 있다. 상담자의 선의는 해를 정당화할 수 없으며, 기록과 보고 역시 최소화를 원칙으로 삼아야 한다. 무해성은 언어뿐 아니라 보고, 표정, 태도 전반에 적용되어야 하며, '가장 덜 해로운 개입'을 고민하는 윤리적 실천이 요구된다.

4) 권리 존중의 원칙

권리 존중은 내담자의 판단과 신념, 감정을 독립적인 것으로 인정하고, 그의 선택을 보호하는 윤리적 태도이다. 보샹과 칠드리스(Beauchamp & Childress, 2001)는 인간이 타인의 목적을 위한 수단이 되어서는 안 된다고 강조하며, 자율성의 존중을 윤리의 핵심으로 보았다. 그러나 군 조직에서는 상담 내용이 지휘 체계와 연결되기 쉬우며, 병사가 자신의 의지와 무관하게 상담에 참여하거나, 정보가 공유되는 구조 속에 놓이기 쉽다. 이로 인해 내담자는 통제받고 있다는 느낌을 받거나, 상담을 회피하고 싶어질 수 있다.

스코볼트와 뢴네스타드(2003)는 성숙한 상담자는 내담자와 협력적인 관계를 형성한다고 보았다. 상담자는 문제를 대신 해결해 주는 사람이 아니라, 내담자의 곁을 지키는 동반자여야 한다.

상담 초반의 동의서 고지, 비밀보장의 범위 설명, 민감 사안 보고 시 동의 절차 등은 권리 존중의 실천이다. 이는 내담자의 판단을 허락하는 차원이 아니라, 존재 자체를 인정하는 윤리적 태도이며, 군 상담자는 그런 역할의 마지막 보루가 되어야 한다.

5) 시사점

군 상담자는 위계와 행정 중심의 구조 안에서 비밀보장, 무해성, 권리 존중 등 핵심 윤리 원칙이 흔들리는 긴장 상황에 자주 직면한다. 이때 단순한 감수성만으로는 대응이 어렵고, 구조적 인식과 체계적인 실천 전략이 필요하다. 상담자는 "이 개입은 안전한가?", "내담자를 존중하고 있는가?"를 반복적으로 자문하며, 슈퍼비전과 동료 피드백을 통해 윤리적 판단을 다듬어야 한다. 또한 군 조직 역시 상담자의 전문성과 판단을 존중하고 보호하는 문화가 필요하다. 별도 윤리 강령이 부재한 현실에서, 상담자는 자기 성찰과 자문을 통해 스스로 윤리성을 점검하고 유지해야 한다. 군 상담의 윤리는 정답이 아닌, 신뢰를 지켜 내려는 지속적 태도에서 시작된다.

4. 슈퍼비전의 목적과 과정

1) 슈퍼비전의 필요성

군 상담자에게 슈퍼비전은 소진을 예방하고 전문성을 유지하기 위한 중요한 자기 돌봄 수단이다(현희주, 신애자, 2018). 군 상담자는 '다기능 심리지원자'로서 정서적 소진과 윤리적 혼란을 동시에 경험하기 쉽기 때문에, 정기적인 슈퍼비전이 필수적이다. 민간과 달리 동료가 부재한 '1인 상담실' 구조 속에서 혼자 판단하고 책임져야 하는 상황이 반복되면 심리적 부담이 커진다. 자살 위기 등 긴급한 개입이 요구될 때, 고립감은 상담자의 회복을 더욱 어렵게 만든다. 이러한 현실에서 슈퍼비전은 평가의 기능을 넘어서, 인간성과 윤리성을 회복하는 정서적 자원이 된다. 특히 감정 공감과 행정 보고 사이의 균형을 점검하게 해 주며, 상담자의 입장을 돌아보는 안전한 공간이 되어 준다. 최근에는 위기 개입을 넘어 예방과 성장 지원까지 군 상담의 역할이 확장되면서, 이론과 실천을 연결하는 학습 중심의 슈퍼비전 필요성도 점점 커지고 있다.

• '평가'가 아니라 '존재 회복의 대화'

슈퍼비전은 이론이나 기술을 평가받는 자리가 아니라, 상담자가 상담자로서의 정체성을 회복하고 심리적 재충전을 경험하는 공간이어야 한다. 위기 개입과 보고 의무에 시달리는 군 상담자에게 슈퍼비전은 억눌린 감정과 피로를 나누며 "나도 인간이다"라는 감각을 회복하는 회복적 대화의 장이 된다.

• 윤리 감수성과 개입 역량을 지키는 '생태적 조건'

1인 센터 체제에서 근무하는 군 상담자는 상호작용과 피드백이 부족해 윤리 감수성과 개입 역량이 약화되기 쉽다. 정기적 슈퍼비전은 외부와의 연결을 가능하게 하는 생태적 장치로, 상담자가 자기 개입을 되돌아보고 성장을 지속할 수 있도록 돕는 필수 기반이다.

2) 슈퍼비전의 목적

군 상담에서 슈퍼비전은 기술 지도나 행정적 감독을 넘어, 상담자의 전문성 유지와 정체성 성장을 위한 핵심 지원 체계로 기능한다. 다양한 위기와 조직 내 이해관계 속에서 활동하는 군 상담자에게 슈퍼비전은 상담 개입의 타당성을 검토하고, 윤리적 기준과 자기 역할을 성찰하는 중요한 장이다.

첫째, 슈퍼비전은 전문성 향상을 위한 점검의 장이다. 군 상담은 짧은 회기 내 위기 개입과 조직과의 협조가 요구되기 때문에, 이론과 실제의 연결이 중요하다. 슈퍼비전은 상담자의 개입 방식이 적절했는지, 이론적 일관성이 유지됐는지를 되돌아보게 한다.

둘째, 슈퍼비전은 윤리적 판단과 정체성 성찰의 기회를 제공한다. 위기 상황에서 군 상담자는 비밀보장, 보고, 기록 등 복합적인 윤리 판단을 요구받는다. 이때 슈퍼비전은 외부 조망을 통해 군 상담자의 기준을 명료화하고, 정서적 어려움을 수용 받을 수 있는 회복적 장을 제공한다.

셋째, 슈퍼비전은 소진 예방과 회복 자원으로 기능한다. 군 상담자는 반복되는 위기 개입과 고립된 환경 속에서 소진과 성취감 저하를 겪기 쉽다. 슈퍼비전은 정기적인 감정 점검을 통해, 상담자가 다시 자신의 중심을 회복하도록 돕는다.

넷째, 슈퍼비전은 전문적 공동체와의 연결을 회복하는 통로이다. 상담자는 타인의 이야기를 듣는 데 익숙하지만, 자신의 이야기를 안전하게 나눌 기회는 적다. 슈퍼비전은 상호적 관계 안에서 '혼자가 아님'을 확인하고 공동체의 일원으로서 전문적 정체성을 회복하게 해 준다.

슈퍼비전은 지식의 확장, 윤리의 명료화, 정체성 통합, 회복력 강화를 통합적으로 지원하는 실천이며, 군 상담자가 자신을 지키며 지속가능하게 일할 수 있는 기반이 된다.

3) 슈퍼비전의 과정

스코볼트와 뢴네스타드(2003)는 상담자의 성장은 단순히 이론을 습득하는 것이 아니라, 반복적으로 실천하고 외부 시선의 조력으로 성찰함으로써 이루어진다고 강조한다. 슈퍼비전은 이러한 성찰의 장치로, 보고와 피드백을 넘어서 신뢰와 공동 학습을 통한 전문성 강화의 과정으로 작동한다.

특히 군 상담 환경에서는 고립된 구조와 복잡한 조직 특성을 고려해, 슈퍼비전이 일방적 평가가 아니라 상호적 성찰과 지지의 장이 되어야 한다. 상담자와 슈퍼바이저 간의 관계 형성과 전문적 성장이라는 관점에서, 슈퍼비전은 전문성 회복의 여정으로 이해되어야 한다.

• 관계 형성 및 계약 설정

슈퍼비전은 상담자와 슈퍼바이저 간의 관계 형성에서 시작된다. 이때 신뢰를 구축하고, 슈퍼비전의 목표, 빈도, 내용, 윤리적 기준, 비밀보장 범위 등을 명확히 정하는 초기 계약 단계가 매우 중요하다. 특히 군 상담에서는 슈퍼바이저와 상담자가 타 부대 소속이거나 군 계급의 위계가 존재할 수 있어, 슈퍼비전이 지시나 평가가 아니라 상담자의 전문적 권한을 지지하기 위한 것임을 분명히 인식시켜야 한다.

• 사례 탐색 및 개입 검토

상담자가 실제 사례를 제시하고, 개입의 배경과 과정, 판단의 어려움을 나눈다. 슈퍼바이저는 개입의 적절성을 검토하고, 상담자가 간과했을 수 있는 맥락이나 관점을 함께 찾아간다. 군 상담은 자살 위기, 지휘관 개입 요청 등 민감한 사안이 많기에, 기술적 조언보다는 상황에 맞는 윤리적 판단과 전략 조율이 중심이 된다.

• 정서적 반응과 윤리적 성찰

슈퍼비전은 상담적 개입 기술을 다루는 데 그치지 않고, 상담자의 내면 반응을 다루는 장이기도 하다. 반복되는 위기 사례에서 느끼는 무력감, 내담자에 대한 정서적 동일시, 지휘관과의 갈등, 상담자로서의 역할 혼란 등은 군 상담자의 개입에 직접적인 영향을 미친다. 이 단계에서는 상담자가 자신의 감정을 언어화하고, 슈퍼바이저는 공감적 경청과 윤리적 조망을 통해 상담자가 자기 자신을 회복하도록 돕는다.

• 통합 및 재구성

전체 과정을 정리하고, 얻은 통찰을 상담 실천에 어떻게 녹일지 구체화하는 단계다. 전문성의 기준과 역할 인식이 정리되며, 향후 슈퍼비전, 교육, 자기돌봄 전략 등을 점검할 수 있다. 슈퍼비전은 상담자의 전문적 방향을 재조정하고, 장기적으로 지속 가능한 실천을 설계하도록 돕는 전 과정이 되어야 한다.

4) 군 상담 환경에서 슈퍼비전의 과제

군 상담자는 폐쇄적 근무 환경, 위계 중심의 문화, 비자발적 내담자, 복잡한 행정 요구 등 독특한 조건 속에서 활동한다. 이로 인해 슈퍼비전의 필요성은 높지만, 민간 상담자의 방식 그대로 적용하긴 어렵다. 군 상담 현장에 적합한 슈퍼비전은 구조, 내용, 관계 방식에서 모두 재구성이 필요하다. 따라서 군 환경에 맞는 '맞춤형 슈퍼비전' 설계가 핵심 과제로 제기된다.

• 군 특수성을 반영한 슈퍼비전 제도 부족

현재 군 상담자는 반기별 혹은 필요시 슈퍼비전을 받는 수준에 머무르며, 이마저도 보고 중심의 일회성 회의로 그치는 경우가 많다. 이로 인해 슈퍼비전이 성장을 위한 기회라기보다 평가의 장으로 인식되기도 한다. 군 상담자들은 위기 상황에 즉각 대응 가능한 상시 슈퍼비전과 정기 순회형 슈퍼비전 등, 현장 중심의 제도적 지원을 요구하고 있다(김시정, 최윤정, 2022).

• 위계와 역할 혼재로 인한 관계 형성의 어려움

군 내부 슈퍼비전은 종종 같은 계급 체계에 놓인 상담자와 슈퍼바이저 간의 위계적 거리감을 내포한다. 이에 따라 상담자 자신의 감정이나 개입 실패를 자유롭게 털어놓기 어려우며, 진정한 슈퍼비전의 기능인 '안전한 성찰의 장'이 훼손될 가능성이 있다. 그런가 하면 반기별로 이루어지는 군 외부 슈퍼비전은 '평가'의 의미를 내포하고, 일회성에 그치는 경향이 있다. 이는 슈퍼비전이 상담자로 하여금 '도움을 받는 과정'이라기보다 '검토받는 자리'라는 경계심을 갖게 만든다. 슈퍼비전이 일관성과 빈도를 갖춘 전문적 루틴으로 자리 잡지 못하는 한, 그 효과는 제한적일 수밖에 없다.

• 윤리 · 정체성 혼란에 대한 개별화된 개입 부족

군 상담자는 지휘관과 내담자, 보고와 비밀보장, 행정과 치료 사이에서 정체성 혼란과 윤리적 긴장을 자주 겪는다. 그러나 현재 슈퍼비전은 주로 사례나 기술 중심으로 운영되어, 이러한 내면적 혼란에 대한 개별적 개입이 부족하다. 이로 인해 상담자의 성찰과 회복을 충분히 지원하지 못하는 한계가 나타난다.

• 전문적 연계망의 부재와 외부 슈퍼비전 접근 제한

군 상담자는 제한된 인적 자원과 행정 구조로 인해 민간처럼 슈퍼바이저를 자율적으로 선택하거나 특수 사례에 맞춘 외부 슈퍼비전을 받기 어렵다. 특히 성폭력, 다문화, 중독, 진로 등 특수 상황에 대한 전문적 조언을 얻기 힘든 현실은 상담자의 고립을 심화시키고, 사례 감수성과 전문성 확장을 가로막는다. 이러한 상황은 슈퍼비전을 제도 그 이상으로, 윤리적 실천과 역량 회복의 핵심 기반으로 재구성해야 함을 시사한다. 이를 위해 정기적 슈퍼비전 운영, 신뢰 기반 슈퍼바이저 양성, 외부 자문 체계 마련이 필요하며, 군 상담자의 생존력까지 아우르는 실질적 지원체계가 요구된다.

5. 윤리적 딜레마 사례분석

1) 군 상담 현장에서의 대표적 윤리 딜레마

군 상담자는 민간 상담자와는 다른 구조적 조건 속에서 활동하며, 다음과 같은 대표적인 윤리적 딜레마 상황을 자주 경험하게 된다.

• 비밀보장/보고의무

자살 위험, 자해 시도, 성 관련 사건, 군기 문란 등의 상황에서 지휘관에게 보고해야 하는 규정과 내담자의 비밀을 보호해야 하는 윤리 원칙 사이에서 갈등이 발생한다.

• 내담자의 권리/지휘관의 요구

상담 중단, 상담 내용 공유, 병사 조치 등과 관련하여 지휘관이 상담적 개입에 간섭하거나 결과를 요구할 때, 내담자의 자율성과 권리가 침해될 위험이 있다.

• 상담자 역할 혼재

군 상담자는 상담자이자 행정 담당자, 평가자, 지휘관의 조언자로서의 역할을 동시에 수행해야 하며, 이로 인해 중립성과 윤리적 판단에 혼선이 생길 수 있다.

• 기록의 정확성/기록의 파급력

상담 기록이 병사의 인사, 진급, 전출 등에 영향을 줄 수 있기 때문에, 상담자가 진실을 기록하면서도 내담자의 불이익을 우려해 내용 왜곡이나 생략을 고민하게 되는 상황이 발생한다.

• 전문성 유지/조직 순응

상담자로서의 독립성과 전문성을 지키고자 할 때, 조직 내 위계와 관행, 명령 체계에 저항해야 하는 상황에 놓일 수 있으며, 이는 직무 불이익이나 소외로 이어질 가능성도 있다.

2) 실제 사례

- 상황: A 일병은 최근 부대 내에서 연이어 발생한 사고로 인해 극심한 스트레스를 호소하여, 지휘관의 지시로 상담실에 방문하게 되었다. 초기 면담에서 그는 "아무 일도 아니다"라고 말하며 방어적인 태도를 보였으나, 두 번째 상담에서 "사실은 며칠 전부터 죽는 꿈을 계속 꾼다", "아무도 내가 없어졌을 때 신경 쓰지 않을 것 같다"는 표현을 했다. 상담자는 자살 사고가 의심되어 민감하게 반응하였고, 위험도 평가 후 고위험군으로 판단하였다.
- 윤리적 갈등 발생: 상담자는 비밀보장의 원칙을 지키며 A 일병의 신뢰를 유지하고 싶었지만, 군 규정상 고위험군 식별 시 지휘관 보고가 의무화되어 있어 보고 여부를 고민하였다. 특히 A 일병은 "지휘관이 알게 되면 저를 약한 사람으로 볼 것"이라며 정보 공개에 대해 강하게 거부 의사를 밝혔다.
- 상담자의 판단과 행동: 상담자는 내담자의 심리 상태를 우선 고려하여 즉시 지휘

관에게 전면 보고하지 않고, 병사와 함께 안전계획을 수립하고 비공식 보호자 역할을 할 수 있는 병사 1명을 연계하였다. 그러나 그날 오후, 지휘관으로부터 "A 일병은 위험군인가?"라는 직접적인 질의를 받게 되면서 상담자는 다시 딜레마에 빠졌다.

3) 슈퍼비전 적용: 윤리적 갈등 분석과 대안

이 사례의 슈퍼비전은 단순히 옳고 그름을 판단하기보다, 상담자가 어떤 윤리적 기준 아래에서 결정했는지를 성찰하는 과정이어야 한다. 상담자는 "그땐 최선이었지만 지금은 어느 쪽도 책임지지 못한 것 같다"며 혼란과 고립감을 털어놓는다. 슈퍼바이저는 판단의 결과보다 그 배경을 함께 살핀다. A 일병은 반복적으로 자살을 암시했으며, 고립 상태에 놓여 있었다. 상담자는 정보 공유보다 신뢰를 유지하며 위기 평가와 보호 계획을 먼저 시행했다. 이는 생명 보호와 비밀보장 사이에서 '신뢰를 기반으로 한 개입'을 선택한 것으로, 윤리적 고민 속에서 나온 의미 있는 결정이었다.

• 윤리적 판단, 이분법을 넘어 중간지대 모색

지휘관이 병사의 상태를 직접 문의해 오는 상황이 되자, 상담자는 다시 윤리적 교차로에 서게 된다. 슈퍼바이저는 이때 상담자가 느낀 긴장과 감정 반응을 정리하도록 도우면서, 내담자의 말에 대한 감정적 동일시와 조직의 기대에 대한 압박 사이에서 어떻게 자신을 지탱했는지를 탐색한다. 또한 이 장면은 단순한 보고의무 이행 여부가 아니라, 상담자가 '누구의 목소리에 더 귀를 기울였는가', '어디에 우선적인 가치를 두었는가'를 성찰하는 순간으로 전환된다. 슈퍼비전은 이 성찰을 '옳고 그름'의 흑백논리가 아닌, 상담자의 윤리적 민감성과 전문적 직관을 되살리는 기회로 삼아야 한다.

• 사전 고지와 단계적 보고의 윤리

슈퍼바이저는 자살 위험 사례에서 비밀보장 예외에 대한 사전 고지 강화를 조언한다. 이는 내담자가 상담자의 개입을 오해하지 않도록 돕는 중요한 윤리적 장치다. 상담자는 "그때 충분히 설명했다면 A 일병의 불신은 덜했을 것 같다"고 되돌아본다. 이어서 '3단계 보고 원칙'도 검토한다. ① 내담자와 정보 공유 필요성에 대해 먼저 논의하고, ② 지휘관에게는 최소한의 핵심 정보만 간결히 전달하며, ③ 이후 내담자에게 보호 조치를 연계하거나 신뢰 회복을 위한 상담을 진행하는 방식이다. 이 절차는 조직 협력과 내담자 신뢰 사이 균형을 유지하는 실천 전략으로 제시된다.

• 윤리는 정답이 아니라 태도이다

슈퍼비전은 단순한 개입 검토를 넘어, 상담자의 감정 관리와 자기 회복까지 포함해야 한다. 본 사례에서 상담자는 내담자 보호와 조직 요구 사이에서 반복된 긴장으로 인해 정체성과 자존감에 흔들림을 겪었다. 슈퍼바이저는 이를 윤리적 민감성을 유지한 성숙한 노력으로 조명하며, 자기 비난에서 벗어나도록 지지한다. 또한 상담자가 유사 상황에서 자신의 윤리 기준을 점검할 수 있도록 '자기 나침반'을 만드는 훈련을 권하며, "무엇이 가장 중요했는가?", "어떤 가치가 당신을 움직였는가?"라는 질문을 통해 윤리 실천의 기반을 재확인하게 돕는다. 윤리는 완벽한 판단이 아닌 방향성을 지키는 태도이며, 슈퍼비전은 상담자의 그 중심을 지지하는 공간이 되어야 한다.

부록

[부록 5-1] 군 집단상담 프로그램[1)]

- 목적: 자신의 정서 알아차림과 표현을 통해 자기 이해와 타인의 이해를 촉진하고 대인관계 향상을 돕는다.
- 대상: 10년 미만 간부, 또래 상담병, 분대장
  (육군에서는 10년 미만 간부 집단상담이 의무적 시행)
- 회기 구성: 단 회기 - 120분/ 5회기 - 각 60분
- 집단명: (정서 중심) 마음 나누기

회기	주제	활동내용	비고
1회기	오리엔테이션과 감정과 친해지기	• 집단 목적 안내하기 • 집단규칙 설명과 동의 구하기 • 자기소개하기 • 감정 스피드 게임	• 집단규칙 서면지 • 감정단어 카드
2회기	감정 알아차리기	• 최근 자신의 감정 알아보기	• 감정 시트지
3회기	감정 표현하기	• 나 전달법으로 자기 감정 표현하기 • 경청하고 공감 표현하기	• 감정 시트지
4회기	정서적 교류와 친밀감 형성	• 감정 편지 쓰기 • 지지적 메시지 전달하기	• 편지지 • 포스트잇
5회기	마무리와 피드백	• 변화공유 • 느낀 점 나누기 • 향후 계획 세우기	• 마음 자세 카드 • 필요한 마음 기록지

1) 이 프로그램은 저자가 2021부터 2025년 현재까지 육군제2신속대응사단에서 초급간부 의무 대상, 또래 상담병, 분대장을 대상으로 활동을 변형해 가며 실시한 것임.

[부록 5-2] 소개합니다: [상담 콘서트][2)]

• 목적: 평소 장병들이 상담에 부담감을 느껴 콘서트 형식으로 진행하여 상담에 대한 문턱을 낮춰 마음 편한 접근을 위함.

• 주제: 상담 콘서트

• 부제: I KNOW YOU(너의 마음을 알아 가는 시간)

순서	내용	비고
친해지기	• 생명존중 포스터와 표어 투표, 표창 • 친해지고 싶은 동료의 Episode 나누고 상담하기	• 상담관 1명과 매칭 • 즉석 사례 나누기
다가가기	• 힘들 때 동료의 다가가기를 통한 회복 Episode 나누고 상담하기	• 상담관 1명과 매칭 • 즉석 사례 나누기
손 내밀기	• 평소 손 내밀지 못했던 동료에게 손을 내미는 Episode 나누고 상담하기	• 상담관 1명과 매칭 • 즉석 사례 나누기
같이 가기	• 생명지킴이와 성인지 감수성 알아보기 • 인생에 도움되는 지지자원 교육 • 개인 상담과 집단상담의 정서적 효과 교육	• 생명 존중, 성인지 퀴즈 • 상담관 강의

[부록 10-1] 스마트폰 과의존 척도(성인용)

번호	항목	전혀 그렇지 않다 (1점)	그렇지 않다 (2점)	그렇다 (3점)	매우 그렇다 (4점)
1	스마트폰 이용시간을 줄이려 할 때마다 실패한다.				
2	스마트폰 이용시간을 조절하는 것이 어렵다.				
3	적절한 스마트폰 이용시간을 지키는 것이 어렵다.				
4	스마트폰이 옆에 있으면 다른 일에 집중하기 어렵다.				
5	스마트폰 생각이 머리에서 떠나지 않는다.				
6	스마트폰을 이용하고 싶은 충동을 강하게 느낀다.				
7	스마트폰 이용 때문에 건강에 문제가 생긴 적이 있다.				
8	스마트폰 이용 때문에 가족과 심하게 다툰 적이 있다.				

2) 이 상담콘서트는 2025년 6월 5일 육군 제2신속대응사단 인사참모처 기획으로 사단장님과 간부, 병사가 함께 참여하고 사단 6명의 상담관이 패널로 진행된 것임. 6월 10일 국방일보에 기사화됨.

번호	항목	전혀 그렇지 않다 (1점)	그렇지 않다 (2점)	그렇다 (3점)	매우 그렇다 (4점)
9	스마트폰 이용 때문에 친구 혹은 동료, 사회적 관계에서 심한 갈등을 경험한 적이 있다.				
10	스마트폰 때문에 업무(학업 혹은 직업 등) 수행에 어려움이 있다.				

[부록 10-2] 인터넷 중독 자가진단 척도(성인용)

번호	항목	전혀 그렇지 않다 (1점)	그렇지 않다 (2점)	그렇다 (3점)	매우 그렇다 (4점)
1	인터넷 사용으로 인해 학교 성적(업무 실적)이 떨어졌다.				
2	인터넷을 하는 동안 더욱 자신감이 생긴다.				
3	인터넷을 하지 못하면 무슨 일이 일어났는지 궁금해서 다른 일을 할 수가 없다.				
4	"그만해야지" 하면서도 번번이 인터넷을 계속하게 된다.				
5	인터넷 사용 때문에 피곤해서 수업(업무) 시간에 잔다.				
6	인터넷을 하다가 계획한 일을 제대로 못한 적이 있다.				
7	인터넷을 하면 기분이 좋아지고 쉽게 흥분한다.				
8	인터넷을 할 때 마음대로 되지 않으면 짜증이 난다.				
9	인터넷 사용 시간을 스스로 조절할 수 있다.				
10	피곤할 만큼 인터넷을 하지 않는다.				
11	인터넷을 하지 못하면 안절부절못하고 초조해진다.				
12	일단 인터넷을 시작하면 처음에 마음먹었던 것보다 오랜 시간 인터넷을 하게 된다.				
13	인터넷을 하더라도 계획한 일들을 제대로 한다.				
14	인터넷을 하지 못해도 불안하지 않다.				
15	인터넷 사용을 줄여야 한다는 생각을 끊임없이 한다.				

[부록 10-3] 게임이용장애 선별척도(IGD-20)

번호	문항	전혀 그렇지 않다 (1점)	그렇지 않다 (2점)	보통 이다 (3점)	그렇다 (4점)	매우 그렇다 (5점)
1	나는 하루 중 대부분의 시간을 게임에 대한 생각으로 보낸다.					
2	나는 게임을 하지 못할 때 초조하거나 불안하다.					
3	나는 기분이 나쁘거나 스트레스를 받을 때 게임을 한다.					
4	나는 더 만족을 얻기 위해 게임하는 시간을 점점 늘려야 했다.					
5	나는 게임 때문에 가족이나 친구들과 문제가 생긴 적이 있다.					
6	나는 게임으로 인해 업무나 학업에 방해를 받은 적이 있다.					
7	나는 게임을 줄이거나 멈추려고 시도했지만 실패한 적이 있다.					
8	나는 게임을 하지 않으면 하루가 의미 없다고 느낀다.					
9	나는 게임을 통해 나 자신을 더 잘 표현할 수 있다고 느낀다.					
10	나는 게임을 하느라 잠을 덜 자게 된 적이 있다.					
11	나는 게임을 하지 못할까 봐 외출이나 활동을 피한 적이 있다.					
12	나는 게임에 몰입해 현실 세계의 활동에 흥미를 잃은 적이 있다.					
13	나는 게임으로 인해 약속을 지키지 못하거나 잊은 적이 있다.					
14	나는 게임에 너무 많은 돈을 써서 후회한 적이 있다.					
15	나는 현실 문제를 피하기 위해 게임에 몰입한 적이 있다.					
16	나는 게임을 하다 보면 시간이 어떻게 가는지 모를 때가 많다.					
17	나는 게임을 줄이는 것이 매우 어렵다고 느낀다.					
18	나는 주변 사람들보다 훨씬 더 많이 게임을 한다고 느낀다.					
19	나는 게임을 못하면 짜증 나고 예민해진다.					
20	나는 게임을 하느라 가족, 친구와 보내는 시간이 줄었다.					

[부록 10-4] 도박문제 선별검사(PGSI)

번호	항목	없음 (0점)	가끔 있다 (1점)	자주 있다 (2점)	거의 항상 (3점)
1	귀하는 도박에서 잃어도 크게 상관없는 금액 이상으로 도박을 한 적이 있습니까?				
2	귀하는 도박에서 이전과 같은 흥분을 느끼기 위해 더 많은 돈을 걸어야 했던 적이 있습니까?				
3	귀하는 도박으로 잃은 돈을 만회하기 위해 다른 날 다시 도박을 한 적이 있습니까?				
4	귀하는 도박자금을 마련하기 위해 돈을 빌리거나 무엇인가를 판 적이 있습니까?				
5	귀하는 자신의 도박행위가 문제가 될 만한 수준이라고 느낀 적이 있습니까?				
6	귀하는 도박으로 인해 스트레스나 불안 등을 포함한 어떤 건강상의 문제를 겪은 적이 있습니까?				
7	귀하는 사실여부에 상관없이 다른 사람으로부터 도박행위를 비난받거나 도박문제가 있다는 얘기를 들은 적이 있습니까?				
8	귀하는 도박행위로 인해 본인이나 가정에 재정적인 문제가 발생한 적이 있습니까?				
9	귀하는 자신의 도박하는 방식이나 도박을 해서 발생한 일에 대해 죄책감을 느낀 적이 있습니까?				

[부록 10-5] 한국형 마약류 중독선별도구

번호	문항	예	아니오
1	귀하는 의학적인 용도 외로 마약류를 사용한 적이 있습니까?		
2	귀하는 의사가 처방한 마약류를 의사 지시를 벗어나 과다 사용한 적이 있습니까?		
3	귀하는 한 번에 두 종류 이상의 마약류를 사용하십니까?		
4	귀하는 원하면 언제든지 마약류 사용을 중단할 수 있습니까?		
5	귀하는 마약류 사용으로 인해 기억상실을 경험하거나 과거의 일이 회상 장면으로 재현된 적이 있습니까?		
6	귀하는 마약류 사용에 대해 기분이 나쁘거나 죄책감을 느낀 적이 있습니까?		
7	귀하의 배우자(혹은 부모)가 귀하의 마약류 사용에 대해 불평한 적이 있습니까?		
8	귀하는 마약류 사용 때문에 가족을 소홀히 한 적이 있습니까?		
9	귀하는 마약류를 구하기 위해 범법(불법) 행위를 한 적이 있습니까?		
10	귀하는 마약류 사용을 중단했을 때 금단증상을 경험한 적이 있습니까?		
11	귀하는 마약류 사용으로 인해 의학적 문제(예: 기억상실, 간염, 경련, 출혈 등)가 있었습니까?		

[부록 10-6] 군 병사 대상 중독 예방 프로그램(5회기 구성안)

회기	구분	구성
1회기		"내 디지털 사용 돌아보기"
	목표	개인의 디지털 사용 습관을 객관적으로 인식하고, 사용 이유를 탐색한다.
	내용	디지털 사용 시간, 사용 유형, 사용 시 기분을 기록하는 자가진단지 작성
	활동	1) 최근 3일 기준으로 디지털 사용 자가기록지 작성 2) 내가 스마트폰을 쓰는 순간은 언제인가?
	핵심	상담자는 병사에게 허용적인 분위기를 조성하고, '얼마나 오래 썼나?'보다 '왜 그 순간에 사용했을까?'를 탐색하도록 촉진한다.
2회기		"내 감정과 중독의 연결 이해하기"
	목표	디지털 사용 뒤에 숨어 있는 감정과 스트레스 요인을 인식한다.
	내용	감정 명명 활동, 디지털 사용 전후 감정 변화 탐색
	활동	1) 감정 카드를 사용하여 사용 시 감정과 연결하기 2) 디지털이 내 감정을 어떻게 다루었는가?
	핵심	상담자는 병사가 표현할 수 있는 감정의 어휘를 늘릴 수 있도록 돕고, 감정을 보다 구체화하는 훈련을 진행해야 한다. 예) '짜증 난다' → '서운하다', '허무하다', '화가 난다'
3회기		"내가 원하는 삶과 방해받는 요소"
	목표	중독행동이 자신의 삶의 가치와 어떻게 충돌하는지 자각한다.
	내용	가치 탐색, 삶의 방향 설정, 중독으로 인한 비용 인식
	활동	1) 중독 행위가 나에게 주는 것 VS 빼앗은 것 2) 내가 바라는 일상의 루틴 설계
	핵심	상담자는 병사가 자신이 원하는 삶을 상상할 수 있도록 촉진하고, 실현가능성보다는 '바람(want)'에 초점을 둔다.
4회기		"디지털 사용 계획과 실천 전략"
	목표	각자에게 맞는 디지털 사용 조절 계획을 수립한다.
	내용	실행 계획 수립, 대체 활동 탐색
	활동	1) '일주일간의 디지털 디톡스 계획표' 작성 2) 대체 활동 리스트 만들기
	핵심	상담사는 병사가 작게라도 성공할 수 있는 목표를 세우도록 돕고, 가능한 다양한 대체 활동을 생각해 볼 수 있도록 촉진한다.

		"함께 나누는 변화와 유지 계획"
5회기	목표	변화된 점을 되돌아보고, 지속 가능성을 함께 계획한다.
	내용	자기성찰, 긍정 강화, 강점유지, 유지 전략 및 피드백
	활동	1) 변화된 자신의 전 - 후 모습을 비교하기 2) 효율적인 방법을 이용해 유지 전략 세우기
	핵심	상담자는 성과의 크기보다 '노력과 의미'를 강조하고, 긍정의 피드백으로 강점을 유지해 나갈 수 있도록 촉진한다.

[부록 12-1] 한국 상담자의 다문화 상담역량 척도

번호	항목	전혀 그렇지 않다 (1점)	그렇지 않다 (2점)	그렇다 (3점)	매우 그렇다 (4점)
1	당신은 내담자와의 종교적 신념 차이를 경험할 때 민감성을 유지하면서도 편안하게 받아들일 수 있습니까?				
2	사회경제적 배경에 대한 당신의 고정관념이 상담을 진행하는 데 어떤 영향을 미치는지 알고 있습니까?				
3	성(gender)에 대한 당신의 고정관념이 상담에 미치는 영향을 이해하기 위해 교육이나 훈련, 슈퍼비전을 받은 경험이 있습니까?				
4	당신은 내담자가 어떤 사회경제적 배경이든 내담자를 존중합니까?				
5	당신은 내담자의 신체적 특징(장애, 외모 등)이 내담자의 삶에 어떤 영향을 미치는지 알고 있습니까?				
6	당신은 다양한 종교에 관한 최근 연구 경향을 알고 내담자를 이해하는 데 활용합니까?				
7	당신은 상담을 진행할 때 내담자의 사회경제적 배경을 존중하는 상담기법을 사용해야 한다고 생각합니까?				
8	당신은 심리검사도구나 상담기법에 포함되어 있는 소외계층에 대한 미묘한 차별적 표현들을 식별할 수 있습니까?				
9	당신은 내담자의 사회경제적 배경을 고려하면서 효과적으로 상담할 수 있습니까?				
10	당신은 내담자와의 사회 계층적 특징 차이를 경험할 때 민감성을 유지하면서도 편안하게 받아들일 수 있습니까?				
11	성(gender)에 대한 당신의 고정관념이 상담을 진행하는 데 어떤 영향을 미치는지 알고 있습니까?				
12	인종/민족에 대한 당신의 고정관념이 상담에 미치는 영향을 이해하기 위해 교육이나 훈련, 슈퍼비전을 받은 경험이 있습니까?				
13	당신은 내담자가 여성이든 남성이든 내담자를 존중합니까?				
14	당신은 내담자의 문화적 배경이 내담자의 심리적 장애 발현에 미치는 영향을 알고 있습니까?				
15	당신은 다양한 사회경제적 배경에 대한 최근 연구 경향을 알고 내담자를 이해하는 데 활용합니까?				
16	당신은 상담을 진행할 때 내담자의 성(gender)을 존중하는 상담기법을 사용해야 한다고 생각합니까?				

번호	항목	전혀 그렇지 않다 (1점)	그렇지 않다 (2점)	그렇다 (3점)	매우 그렇다 (4점)
17	당신은 심리검사도구나 상담기법에 포함되어 있는 성차별적 표현을 식별할 수 있습니까?				
18	당신은 내담자의 성(gender)을 고려하면서 효과적으로 상담할 수 있습니까?				
19	당신은 내담자와의 성(gender)역할 고정관념 차이를 경험할 때 민감성을 유지하면서도 편안하게 받아들일 수 있습니까?				
20	인종/민족에 대한 당신의 고정관념이 상담을 진행하는 데 어떤 영향을 미치는지 알고 있습니까?				
21	당신 세대의 특징으로 인한 고정관념이 상담에 미치는 영향을 이해하기 위해 교육이나 훈련, 슈퍼비전을 받은 경험이 있습니까?				
22	당신은 내담자가 어떤 인종/민족 출신이든 내담자를 존중합니까?				
23	당신은 내담자의 문화적 배경이 내담자의 도움 요청 행동에 미치는 영향을 알고 있습니까?				
24	당신은 성(gender)역할에 대한 최근 연구경향을 내담자를 이해하는 데 활용합니까?				
25	당신은 상담을 진행할 때 내담자의 인종/민족 정체성을 존중하는 상담기법을 사용해야 한다고 생각합니까?				
26	당신은 소수 인종/민족 출신의 내담자가 상담서비스를 이용할 때 경험할 수 있는 어려움을 알고 있습니까?				
27	당신은 내담자의 인종/민족 정체성을 고려하면서 효과적으로 상담할 수 있습니까?				
28	당신은 내담자와의 인종/민족 정체성 차이를 경험할 때 민감성을 유지하면서도 편안하게 받아들일 수 있습니까?				
29	특정 신체적 특징(장애, 외모 등)을 가진 사람들에 대한 당신의 고정관념이 상담을 진행하는 데 어떤 영향을 미치는지 알고 있습니까?				
30	특정 신체적 특징(장애, 외모 등)을 가진 사람에 대한 당신의 고정관념이 상담에 미치는 영향을 이해하기 위해 교육이나 훈련, 슈퍼비전을 받은 경험이 있습니까?				
31	당신은 내담자의 신체적 특징(장애, 외모 등)에 개의치 않고 내담자를 존중합니까?				
32	당신은 내담자의 문화적 배경이 내담자의 자존감과 자아개념에 미치는 영향에 대해 알고 있습니까?				

번호	항목	전혀 그렇지 않다 (1점)	그렇지 않다 (2점)	그렇다 (3점)	매우 그렇다 (4점)
33	당신은 다양한 인종/민족의 현안에 대해 알고 내담자를 이해하는 데 활용합니까?				
34	당신은 상담을 진행할 때 내담자의 연령을 존중하는 상담기법을 사용해야 한다고 생각합니까?				
35	당신은 심리검사도구나 상담기법에 내재된 연령 차별적 표현들을 식별할 수 있습니까?				
36	당신은 내담자의 연령을 고려하면서 효과적으로 상담할 수 있습니까?				
37	당신은 내담자와의 신체적 특징(장애, 외모 등) 차이를 경험할 때 민감성을 유지하면서도 편안하게 받아들일 수 있습니까?				
38	성적 소수자(게이, 레즈비언, 양성애, 트랜스젠더 등)에 대한 당신의 고정관념이 상담을 진행하는 데 어떤 영향을 미치는지 알고 있습니까?				
39	당신은 문화적 배경이 다른 사람들과의 상담을 위해 교육이나 훈련, 슈퍼비전을 받은 경험이 있습니까?				
40	당신은 내담자의 국적에 개의치 않고 내담자를 존중합니까?				
41	당신은 내담자의 문화적 배경이 내담자의 대인관계에 미치는 영향에 대해 알고 있습니까?				
42	당신은 다양한 인종/민족의 특성이 정신건강과 심리상태에 미치는 영향에 대한 최근 연구 경향을 알고 내담자를 이해하는 데 활용합니까?				
43	당신은 상담을 진행할 때 내담자의 신체적 특징(장애, 외모 등)을 존중하는 상담기법을 사용해야 한다고 생각합니까?				
44	당신은 독특한 신체적 특징(장애, 외모 등)을 지닌 내담자가 상담서비스를 이용할 때 경험할 수 있는 어려움을 알고 있습니까?				
45	당신은 내담자의 신체적 특징(외모, 장애 등)을 고려하면서 효과적으로 상담할 수 있습니까?				

<요인별 문항번호>
상담자 문화에 대한 수용: 1, 10, 19, 28, 37/ 상담자 문화에 대한 지식: 2, 11, 20, 29, 38/ 상담자 문화의 영향 조절 노력: 3, 12, 21, 30, 39/ 내담자 문화에 대한 존중: 4, 13, 22, 31, 40/ 내담자 문화에 대한 지식: 5, 14, 23, 32, 41/ 다문화적 지식 활용: 6, 15, 24, 33, 42/ 다문화적 기법 수용:7, 16, 25, 34, 43/ 개입기법의 차별적 요소에 대한 지식: 8, 17, 26, 35, 44/ 다문화적 상담개입 기술: 9, 18, 27, 36, 45

참고문헌

강부자, 최연실(2017). 군 장병이 인지한 가족건강성이 군생활 적응에 미치는 영향: 자아탄력성과 심리적 독립의 매개효과. 가족과 가족치료, 25(1), 137-153.

강석우(2024). 직업군인의 일과 가정 양립을 위한 제도 개선 방안연구: 군인 가족의 특수성을 중심으로. 육군사관학교 화랑대연구소: 한국군사학논집, 80(1), 27-54.

고창영(2017). 군 다문화 장병의 군복무 조기 적응방안 연구. 합동군사대학교 석사학위논문.

국가인권위원회(2022). 군 내 성폭력으로 인한 생명권 침해 근절 권고.

국가인권위원회(2023). '군인권 교육 운영현황 실태조사' 연구용역보고서.

국방부(2010). 다문화시대의 선진강군.

국방부(2018.8.22.). '국방개혁 2.0 인권 존중의 군 문화 조성' 보도자료.

국방부(2022). 군 성희롱·성폭력 사건처리 매뉴얼.

국방부(2024). 국방통계연보 2024.

국방부(2024.5.29.). 병영생활전문상담관 운영에 관한 훈령, 훈령 제2931호.

군인권센터(2023). 2023 군인권센터 연례보고서.

군인권센터(2023). 성폭력 실태 관련 군내 설문조사 결과 발표.

권석만(2012). 현대 심리치료와 상담이론. 서울: 학지사.

권석만(2013). 현대 이상심리학(2판). 서울: 학지사.

김미희(2023). 병영환경 및 장병특성변화와 역설적 리더십. 국방논단, 제1955호, 23-30.

김시정, 최윤정(2022). 군 상담관이 인식한 군 상담 수퍼비전 요구에 대한 개념도. 상담학연구, 23(6), 229-258.

매일경제(2019.10.03.). "도박 상담받는 군인 1년새 3배로 늘었다"(검색일: 2025.06.04.).

박미은(2019). 군인의 직업적 특성이 군인 아내들의 스트레스에 미치는 영향, 한국군사회복지학, 12(2), 61-87.

박선하(2020). 단기상담의 성과 평가 모형 개발. 한국교원대학교 대학원 박사학위논문.

박중규(2011). 단일회기치료. 서울: 학지사

박지수(2022). 군 병사의 군 생활 스트레스가 군 생활 적응에 미치는 영향. 아주대학교 공공정책대학원 석사학위논문.

박철우(2017). 자살위기개입과 자살예방 관련하여 병영생활전문상담관들이 지각하는 어려운 점과 극복 방안. 한국군사회복지학, 10(1), 69-92.

병무청(2024.01.03.). '병무청, 입영대상자 전원 마약검사 실시' 보도자료.

서울신문(2024.09.30.). "병사 휴대전화 사용 후 사이버 도박 5년간 2129건"(검색일: 2025.06.04.).

손영철(2009). 군상담 이렇게 합니다. 서울: 시그마프레스.

식품의약품안전처(2024.7.02.). '지난해 우리 국민 1,991만명, 의료용 마약류 복용' 보도자료.

신성만, 권정옥, 손명자(2006). 동기강화 집단상담: 변화준비 시키기(2판). 서울: 시그마프레스.

신성만, 이자명, 권선중, 권정옥, 금창민, 김선민, 김윤희, 김재환, 김주은, 라영안, 박상규, 서경현, 송원영, 이영순, 이은경, 장문선, 정여주, 조현섭, 최승애, 최정헌(2025). 중독상담학개론(2판). 서울: 학지사.

연합뉴스(2020.08.02.). "[청소년 도박의 뒤끝] ③ 군대가도 못끊는 도박... 휴대전화 허용 후 급증" (검색일: 2025.06.04.).

오은경(2025). 군 코칭리더십에 관한 체계적 문헌고찰: 국내 학위논문 · 학술지 중심으로. 한국산학기술학회논문지, 26(5), 305-315.

이동귀, 김광식, 이기학, 이희경, 박현주(2013). 병영생활전문상담관 운영 및 활동 매뉴얼 개발연구. 국방부 병영정책과.

이용권(2022). MZ세대 특성에 적합한 코칭리더십 효과성 평가. 한국군사학논총, 11(1), 125-144.

이장호, 강숙정(2016). 집단지도자와 집단상담 경험자를 위한 집단상담의 기초 원리와 실제(제2판). 서울: 박영story.

이현엽, 강성록, 현승주, 최윤영, 고재원(2023). 병사 스마트폰 과의존 척도 요인구조 분석 및 개인적 · 조직적 보호요인. 한국군사학논집, 79(3), 45-72.

이현엽, 현승주, 황원준, 고재원(2021). 육군 장병의 스마트폰 과의존이 주관적 웰빙에 미치는 영향. 사회융합연구, 5(6), 113-126.

이형국, 김영혜, 지승희(2019). 병영생활전문상담관의 직무지속요인에 관한 탐색적 연구. 한국군사학논집, 75(3), 119-142.

임은미, 강혜정, 김성현, 구자경(2018). 한국 상담자의 다문화 상담역량 척도 개발 및 타당화. 상담학연구, 19(1), 421-442.

전종희(2023). 현역 병사의 군 생활 부적응 경험에 관한 현상학적 연구: 정신건강의학과에 내원한 병사를 중심으로. 부산대학교 사회복지대학원 석사학위논문.

전지경(2018). 육군 병사들의 커플관계에 관한 연구: 군 생활 스트레스, 커플관계 탄력성, 그리고 군 생활 적응의 관계, 디지털융복합연구, 16(2), 47-56.

정문자, 이영분, 김유순, 김은영(2024). 해결중심 가족상담-이론과 실제(2판). 서울: 학지사

정송화(2020). 청소년 스마트폰 중독 치료를 위한 집단상담 프로그램의 효과에 관한 메타분석. 경북대학교 대학원 박사학위논문

제이티비씨 JTBC(2023.10.05.). "군 극단적 선택 5년간 320명... 장교 · 부사관 등 간부가 절반 이상"(검색일: 2025.6.01.).

조성진, 김수환(2024). Facial Emotion Recognition을 활용한 군 간부 복무적응도 검사 개선 방안 연구. 대한산업공학회지, 50(2), 89-96.

최온유(2022). MZ세대 사무직 근로자가 경험한 기성세대와의 세대갈등에 관한 연구. 숭실대학교 석사학위논문.

최은석(2021). 선진 병영문화 환경변화에 따른 군 정신교육: 신세대(MZ세대) 특징을 중심으로. 통일문제연구(통권 제75호), 33(1), 29-63.

최진호(2023). 군 인권교육의 문제점 및 개선방안에 관한 연구. 한양법학, 34(3), 97-114.

최한선(2021). 신인성검사2.0과 생체인식지표의 상관관계에 관한 연구: 복무적응도 검사2.0 결과를 중심으로. 서울과학기술대학교 일반대학원 석사학위논문.

태유월, 구자경(2014). 군인가족 중년여성의 사회경제적 요인과 자아정체감의 관계: 역할적응의 조절효과를 중심으로. 상담학연구, 15(1), 519-534.

한국군상담학회(2009). 군 상담의 이론과 실제. 서울: Grace publisher(은혜출판사),

한국상담학회, 군경소방상담학회(2021). 군상담 이론과 실제. 서울: 동문사.

한국일보(2024.10.11.). "'마약 공급책'으로 전락한 장병들.. 군 압수 마약 5년간 1.8kg 달해"(검색일: 2025.06.07.).

한국코치협회(2024). KAC 인증과정 가이드라인. 서울: 한국코치협회.

현희주, 신애자(2018). 병영생활전문상담관의 직무스트레스에 관한 현상학적 연구. 한국군사회복지학, 11(2), 139-172.

小林弘幸(2023). 잠 못들 정도로 재미있는 이야기: 자율신경계. [図解眠れなくなるほど面白い自律神経の話] (양지영 역). 서울: BM성안당(원저출간: 2020).

Bachelor, A., & Horvath, A. O. (1999). Client ratings of the alliance as predictors of therapy outcome. *Journal of Counseling Psychology, 46*(3), 328-335.

Bandura, A. (1977). Self-efficacy: Toward a unifying theory of behavioral change. *Psychological Review*, 84, 191-215.

Beauchamp, T. L., & Childress, J. F. (2001). *Principles of biomedical ethics* (5th ed.). New York: Oxford University Press.

Bernard, J. M. (1979). Supervisor training: A discriminative model. *Counselor Education and Supervision,* 12, 60-68.

Bowlby, J. (1982). Caring for the young: Influences on development. In R. Cohen, S. H. Weissman, & B. J. Cohler (Eds.), *Parenthood.* (pp. 269-284). New York: Guilford Press.

Brubacher, L. L. (2019). 변화 요인을 통해 본 정서중심 부부치료.]Stepping into emotionally focused couple therapy] (박성덕, 안강호, 이지수, 정유리, 김기원, 한승민 역). 서울: 학지사 (원저 출간: 2017).

Caplan, G. (1964). *Principles of preventive psychiatry*. New York: Basic Books.

Damasio, A. (2017). 데카르트의 오류. [Decartes'error: Emotion, reason, and the human brain] (김린 역). 서울: 눈출판그룹(원저 출간: 1994).

Diamond, G. S., Russon, J. M., & Levy, S. (2016). Attachment based family therapy: A review of the empirical support. *Family Process, 55*(3), 595-610.

Falkenström, F., Granström, F., & Holmqvist, R. (2014). Working alliance predicts psycho therapy outcome even while controlling for prior symptom improvement. *Journal of Counseling Psychology, 60*(3), 317-328.

Flückiger, C., Del Re, A. C., Wampold, B. E., & Horvath, A. O. (2020). The alliance in adult psychotherapy: A meta-analytic synthesis. *Psychotherapy, 55*(4), 316-340.

Greenberg, L. S., & Johnson, S. M. (1988). Emotionally focused therapy for couples. New York: Guilford Press.

Greenberg, L. S., & Paivio, S. C. (2018). 심리치료에서 정서를 어떻게 다룰 것인가 [Working with Emotions in Psychotherapy] (이흥표 역). 서울: 학지사(원저출간: 1997).

Hall, L. K. (2012). 군인가족상담. [Counseling military families: What mental health pro fessionals need to know] (이정원, 류숙희, 한수미, 역). 경기: 교육과학사(원저 출간: 2008).

Ivey, A. E., Ivey, M. B., & Zalaquett, C. P. (2016). *Intentional Interviewing and Counseling: Facilitating Client Development in a Multi cultural Society* (8th ed.). Pacific Grove, CA: Brooks/Cole.

Johnson, S. M. (2008). Emotionally focused couple therapy. In A. S. Gurman (Ed.)., *Clinical handbook of couple therapy.* NY: Guilford Press.

Lazarus, R. S., & Folkman, S. (1984). *Stress, appraisal, and coping.* NY: Springer.

Levine, P. A. (1997). *Waking the tiger: Healing trauma.* Berkeley, CA: North Atlantic Books.

Maslach, C., & Leiter, M. P. (1997). *The truth about burnout: How organizations cause personal stress and what to do about it.* San Francisco, CA: Jossey-Bass.

Miller, W. R., & Rollnick, S. (2002). *Motivational interviewing: Preparing people for change* (2nd ed.). New York: Guilford Press.

Norcross, J. C., & Goldfried, M. R. (Eds.). (2019). *Handbook of Psychotherapy Integration* (3rd ed.). New York: Oxford University Press.

Novella, J. k., & Ng, K.-M (2025). Therapeutic Working Alliance in Brief Therapy with College Students: In-Person Versus Telemental Health. *Journal of Technology in Behavioral Science.* 10. 112-120.

Ogden, P., Minton, K., & Pain, C. (2006). *Trauma and the body: A sensorimotor approach to psychotherapy.* New York: W. W. Norton & Company.

Roberts, A. R. (2005). *Crisis intervention handbook: Assessment, treatment, and research* (3rd ed.). New York: Oxford University Press.

Skovholt, T. M. (2001). *The resilient practitioner: Burnout prevention and self-care strategies for counselors, therapists, teachers, and health professionals.* Boston, MA: Allyn & Bacon.

Skovholt, T. M., & Rønnestad, M. H. (2003). *The developing practitioner: Growth and stagnation of therapists and counselors.* New York: Routledge.

WHO(1993). The ICD-10th Classification of Mental and Behavioural Disorders: Diagnostic criteria for research. World Health Organization, Geneva.

Whitmore, J. (1992). *Coaching for Performance: Growing People, Performance and Purpose.* London: Nicholas Brealey Publishing.

Whitmore, J. (2009). *Coaching for Performance* (4th eds). London: Nicholas Brealey Publishment.

Wright, K. M., Riviere, L. A., Merrill, J. C., & Cabrera, O. A. (2013). Resilience in military families: A review of programs and empirical evidence. In B. T. Sinclair & T. W. Britt (Eds.), *Building psychological resilience in military personnel: Theory and practice* (pp. 167-191). Washington, DC: American Psychological Association.

Yalom, I. D., & Leszcz, M. (2025). 최신 집단정신치료 이론과 실제 (제6판). [The Theory and Practice of Group Psychotherapy] (최해림, 장성숙 역). 서울: 하나의학사(원저 출간: 2020).

군인권센터 홈페이지. https://mhrk.org

마약청정 대한민국 홈페이지. https://nodrugzone.mfds.go.kr

스마트쉼센터 홈페이지. https://www.iapc.or.kr

한국도박문제예방치유원 홈페이지. https://www.kcgp.or.kr

한국마약퇴치운동본부 홈페이지. https://drugfree.or.kr

한국지능정보사회진흥원 홈페이지. https://www.nia.or.kr

찾아보기

(ㅇ)

(ㅈ)

(ㅋ)

(ㅌ)

(ㅍ)

(ABC)

저자 소개

오은경 공군 교육사령부 교수
한국상담심리학회 1급, 한국코치협회 KPC 인증코치

고혜인 제주국제명상센터 상담교육원장
임상심리사 1급, 청소년상담사 1급

임려원 모은상담심리연구소 대표
한국상담심리학회 1급

김은경 정부인천청사 공무원마음건강센터 센터장
한국상담심리학회 1급

신수진 육군 병영생활전문상담관
한국상담심리학회 1급

이지은 육군 병영생활전문상담관
임상심리사 1급, 청소년상담사 1급

김미소 해군 병영생활전문상담관
한국상담심리학회 1급, 임상심리사 1급

이지연 숭실대학교 글로벌미래교육원 심리학 전공 지도교수
한국상담심리학회 1급, 임상심리사 1급

박미영 이두형정신건강의학과 부설 두마음상담연구소 심리상담전문가
한국상담심리학회 1급, 임상심리사 1급, 청소년상담사 1급

박성림 해군 병영생활전문상담관
임상심리사 1급, 청소년상담사 1급

정현주 성모 정신건강의학과 상담심리사
임상심리사 1급

김인숙 육군 병영생활전문상담관
임상심리사 1급, 청소년상담사 1급

신말숙 정부춘천청사 공무원마음건강센터 센터장
한국상담심리학회 1급

노성현 새숨심리상담센터 대표
상담학박사(가족상담 전공)

조정미 육군 병영생활전문상담관
임상심리사 1급

군 상담 이론과 실제

1판 1쇄 인쇄 — 2025년 7월 25일
1판 1쇄 발행 — 2025년 7월 30일

저　　자 - 오은경 고혜인 임려원 김은경 신수진 이지은
김미소 이지연 박미영 박성림 정현주 김인숙
신말숙 노성현 조정미
발 행 인 - 강철원
발 행 처 - 양성원
주　　소 - 경기도 파주시 검산로 173번길 29-20
전　　화 - 031-946-3861(代)
팩　　스 - 031-946-3864
이 메 일 - tnwpub@naver.com
홈페이지 - tnwpub.co.kr
출판등록 - 2015년 8월 31일 제 2015-000211 호

ISBN 979-11-6126-652-7 (93370)

정가 22,000원